AF173002

# Macht und Gewalt.
# Hannah Arendts „On Violence" neu gelesen

Mirko Wischke · Georg Zenkert
(Hrsg.)

# Macht und Gewalt. Hannah Arendts „On Violence" neu gelesen

 Springer VS

*Hrsg.*
Mirko Wischke
Neue Schule Wolfsburg
Wolfsburg, Deutschland

Georg Zenkert
Pädagogische Hochschule Heidelberg
Heidelberg, Deutschland

ISBN 978-3-658-27005-6      ISBN 978-3-658-27006-3   (eBook)
https://doi.org/10.1007/978-3-658-27006-3

Die Deutsche Nationalbibliothek verzeichnet diese Publikation in der Deutschen National-
bibliografie; detaillierte bibliografische Daten sind im Internet über http://dnb.d-nb.de abrufbar.

Springer VS
© Springer Fachmedien Wiesbaden GmbH, ein Teil von Springer Nature 2019
Das Werk einschließlich aller seiner Teile ist urheberrechtlich geschützt. Jede Verwertung, die
nicht ausdrücklich vom Urheberrechtsgesetz zugelassen ist, bedarf der vorherigen Zustimmung
des Verlags. Das gilt insbesondere für Vervielfältigungen, Bearbeitungen, Übersetzungen,
Mikroverfilmungen und die Einspeicherung und Verarbeitung in elektronischen Systemen.
Die Wiedergabe von allgemein beschreibenden Bezeichnungen, Marken, Unternehmensnamen
etc. in diesem Werk bedeutet nicht, dass diese frei durch jedermann benutzt werden dürfen. Die
Berechtigung zur Benutzung unterliegt, auch ohne gesonderten Hinweis hierzu, den Regeln des
Markenrechts. Die Rechte des jeweiligen Zeicheninhabers sind zu beachten.
Der Verlag, die Autoren und die Herausgeber gehen davon aus, dass die Angaben und Informationen in diesem Werk zum Zeitpunkt der Veröffentlichung vollständig und korrekt sind.
Weder der Verlag, noch die Autoren oder die Herausgeber übernehmen, ausdrücklich oder
implizit, Gewähr für den Inhalt des Werkes, etwaige Fehler oder Äußerungen. Der Verlag bleibt
im Hinblick auf geografische Zuordnungen und Gebietsbezeichnungen in veröffentlichten Karten
und Institutionsadressen neutral.

Springer VS ist ein Imprint der eingetragenen Gesellschaft Springer Fachmedien Wiesbaden GmbH
und ist ein Teil von Springer Nature.
Die Anschrift der Gesellschaft ist: Abraham-Lincoln-Str. 46, 65189 Wiesbaden, Germany

# Inhaltsverzeichnis

# Einleitung

## Macht und Gewalt bei Hannah Arendt

Arendts Essay „On Violence" erschien 1970 im Kontext der studentischen Protestbewegungen. Er richtet sich gegen extremistische Politikauffassungen, die Gewalt
als einen Modus politischer Macht betrachten. Während Macht nach Arendt als
Möglichkeit gemeinsamen Handelns zu verstehen ist, gilt Gewalt als Inbegriff
instrumenteller Mittel zur Durchsetzung strategischer Ziele. Mit dieser Unter-
scheidung zielt sie auf den Kern des Begriffs des Politischen. Zwar wurde diese
Begriffsprägung durchaus zur Kenntnis genommen, konnte aber unter dem
Primat von Max Webers kategorialer Bestimmung von Macht als Chance der
Durchsetzung eines Willens gegen den Willen anderer nicht ernsthaft die Auf-
merksamkeit politiktheoretischer Auseinandersetzungen auf sich ziehen. Arendts
Begriffsbestimmung sperrt sich gegen das dogmatisch verfestigte Modell von
Politik als Ausübung von Herrschaft. Paradigmatisch ist der Versuch von Habermas, Arendts Unterscheidung auf der semantischen Folie der Herrschaftssoziologie als unrealistisch darzustellen.[1] Zugleich reklamiert er das normative Potential des Machtbegriffs unter dem Stichwort der "kommunikativen Macht" für die
Diskurstheorie. Ähnlich verfährt Honneth indem er erwägt, ob Arendts Überlegungen zu Macht und Gewalt sich in der Perspektive von „Pathologien der sozialen Welt" auflösen würden, sofern diese die „kommunikativen Voraussetzungen
einer öffentlichen Diskussion politischer Belange zu zerstören drohen".[2] Arendt

---

[1]   Habermas 1973.

[2]   Honneth 1994. Ähnlich argumentiert Jaeggi 1997. Der das gesamte Werk Arendts
      durchziehende Versuch einer Unterscheidung von Macht und Gewalt (vgl. Vollrath
      1971) als Fokussierung „auf eine soziale Fehlentwicklung" greift zu kurz, ebenso

© Springer Fachmedien Wiesbaden GmbH, ein Teil von Springer Nature 2019
M. Wischke und G. Zenkert (Hrsg.), *Macht und Gewalt. Hannah Arendts*
*„On Violence" neu gelesen*, https://doi.org/10.1007/978-3-658-27006-3_1

wäre demnach auf halbem Wege stehen geblieben, sofern Macht, recht verstanden, sich im Diskurs sublimiert. So konnte auch in wohlwollender Rezeption das Anliegen Arendts nur verzerrt wahrgenommen werden. Weil die Begriffsbildung sich nicht den gewohnten Koordinaten des Politischen fügte, wurde sie bis zur Unkenntlichkeit transformiert oder als Randphänomen, als Indiz eines „Unbehagens am Politischen"[3] verbucht.

Angesichts der neuerdings zu verzeichnenden Erosionen in der politischen Welt, die offensichtlich auch die politische Theoriebildung völlig überrascht, stellt sich die Frage, ob Arendts Begrifflichkeit nicht doch eine größere analytische Relevanz zuzusprechen ist.[4] Eine Untersuchung dieser Frage steht vor zwei Herausforderungen. Einerseits geht es um eine angemessene theoretische Annäherung an das Phänomen der Gewalt. Andererseits ist die Konzeptualisierung von Macht immer noch überlagert von herrschaftssoziologischen Schemata,[5] die zu einem Verständnis des Politischen kaum beitragen. Sie ist aber auch erschwert von einer wachsenden Skepsis gegenüber demokratischer Politik, die auch theoretisch ihren Niederschlag findet. Hier könnte Arendts am Politikverständnis der Antike geschulte Begriffsbildung neue Horizonte eröffnen,[6] aber auch vertraute Sprachmuster in Frage stellen. Beide Problemfelder sind in der Forschung zu Hannah Arendt kaum thematisiert worden – und wenn ja, so unter eingeengtem Blickwinkel.[7] Jedes Vorhaben, das diese Problemfelder zu erschließen sucht, stößt auf die Schwierigkeit, dass Arendt zwar mit ihrer Abgrenzung von Macht und Gewalt einen wichtigen Beitrag zur politischen Theorie leistet, allerdings keine adäquate Begrifflichkeit zu entwickeln vermag, in der sie die Erfahrung von Gewalt und ihren Dimensionen angemessen zum Ausdruck bringen kann.

Bereits die Unterscheidung von Macht und Gewalt wirft eine Reihe von Fragen auf, die dieser Band aufzunehmen sucht. Georg Zenkert zeigt in seinem Bei-

---

die Behauptung, dass eine solche Fehlentwicklung für „die modernen Gesellschaften selbst dann noch Brisanz und Aktualität behalten sollte, als der Nationalsozialismus schon zerschlagen war und der stalinistische Herrschaftsapparat seine terroristischen Züge weitgehend verloren hatte". Honneth 1994, S. 47.

3    Kemper 1991, S. 11.

4    Was in der derzeitigen Forschung die Ausnahme ist. Vgl. Benhabib (2006).

5    Zur Lage der Diskussion um beide Begriffe: Figal (1994).

6    Wie das erfolgen kann, zeigt u.a. Raimondi (2016), wenn sie sich mit den von Arendt untersuchten politischen Ursachen von Flucht und Staatenlosigkeit auseinandersetzt. Nicht minder überzeugend ist der Vorschlag, Arendts Konzept des Politischen als Vorbedingung für eine angemessene Thematisierung „sozialer Fragen" zu verstehen (Jaeggi, 2016), unter die auch Immigration fällt.

7    Exemplarisch Jaeggi (2016).

trag, dass sich in Arendts Machtbegriff zwei Konzepte überlagern. Dies hat weitreichende Konsequenzen für die Einschätzung politischer Verfassungen. Indem
die Differenz von Handlungsmacht und konstitutiver Macht der verfassten Gemeinschaft amalgamiert wird, kann der Raum der Repräsentation, der auch für
Arendts Modell pluralistischer Meinungsbildung wesentlich ist, nur unzureichend
zur Darstellung kommen.

Auf den Zusammenhang zwischen Arendts *politischen* Konzeption des Machtbegriffs und ihrer Analyse totaler Herrschaft konzentriert sich der Beitrag von Waltraud Meints-Stender. Mit Blick auf den Unterschied zwischen gesellschaftlicher
und politischer Macht wird gezeigt, wie Arendt aus der Analyse des Totalitarismus
heraus die Struktur eines demokratischen Gemeinwesens entwickelt. In Absetzung
zu Webers Begriff der Herrschaft wird Arendts Machtbegriff konturiert durch ein
Konzept politischer Freiheit, das sich der Auseinandersetzung mit Kants Idee des
sensus communis verdankt.

Phänomen und Begriff der Macht stehen laut Andreas Großmann im Zentrum von Arendts politischer Philosophie. Hier laufen die Fäden ihres politischen
Denkens zusammen. Das Phänomen der Macht ist bei Arendt sowohl in einem
positiven als auch zugleich eigenwilligen Sinne akzentuiert. Großmann geht es in
seinem Beitrag um Macht als dem Urphänomen der Pluralität, wobei er Macht in
einem spezifischen Sinne gleichsam als Mutterboden des Politischen expliziert.
Dazu vergegenwärtigt er zunächst grundlegende Parameter von Arendts politischem Denken, um sodann ihren Begriff einer horizontalen, lateralen Macht zu
entfalten. Dieser dient abschließend als Hintergrund, vor dem mit der Digitalisierung verbundene problematische Herausforderungen der Politik angesprochen
werden.

Arendts Konzept der Macht für ist Wolfgang Heuer ohne ihr Konzept der
Pluralität undenkbar. Er betrachtet dieses als Gegenentwurf zu unserem liberalen
Pluralitätsverständnis. Da die politischen und gesellschaftlichen Verhältnisse eine
solche Pluralität nur in seltenen Ausnahmefällen zulassen würden, stellt Arendts
Konzept von Pluralität laut Heuer eine dauerhafte Kritik der gegenwärtigen Verhältnisse dar. In der abschließenden Betrachtung der Folgen einer Abwesenheit
von Pluralität werden die praktischen Implikationen dieses Konzepts deutlich. Am
konkreten Beispiel der Staatsgründung Israels lässt sich zeigen, wie aufgrund der
Missachtung von Pluralität und einem an nationalstaatlicher Herrschaft orientierten Verständnis von Macht eine föderale Gründung gescheitert ist.

Dass die Differenzierung von Macht und Gewalt entscheidend ist für ein angemessenes Verständnis von Revolutionen ist der Ausgangspunkt der Überlegungen von Karl-Heinz Breier. Er beschäftigt sich mit dem für Arendt bedeut-
samen Moment des revolutionären Anfangs. Mit ihrem Konzept der Revolution

richtet sie sich gegen ein Politikverständnis, das durch den Begriff der Herrschaft zentriert ist. Ausschlaggebend für die politische Qualität einer Revolution ist das gemeinsame Handeln, das den Raum der Freiheit stiftet. Weder die Rebellion noch die daraus resultierenden Akte der Befreiung können mit dem Akt der Etablierung des politischen Raumes gleichgesetzt werden, in dem die Freiheit des Sprechens und Handelns erfahrbar wird. Auf dieser Basis zeichnet Breier die Umrisse der republikanischen Verfassung nach, die Arendt im Kontext der Theoriegeschichte entwirft.

Auf den Gewalt-Diskurs nimmt Hannah Arendt wiederholt Bezug, ohne sich jedoch konkret einordnen zu lassen: einerseits rechtfertigt sie Gewalt, andererseits verteufelt sie Gewalt; mal nimmt sie kritische Stellung zum ambivalenten Verhältnis von Politik und Gewalt, mal scheinen sich Gewalt und politisches Handeln auszuschließen. Im Kontext ihres Gewalt-Diskurses konnte Arendt Walter Benjamins Aufsatz *Zur Kritik der Gewalt* philosophisch wenig abgewinnen; in „Macht und Gewalt" erwähnt sie diesen Aufsatz mit keinem Wort. Dass für die Lektüre von „Macht und Gewalt" gleichwohl ein genauerer Blick auf Benjamins Aufsatz theoretisch gewinnbringend ist, zeigt der Beitrag von Hans-Martin Schönherr-Mann. Er untersucht die Rolle der Gewalt in Arendts Denken vor der Folie von Benjamins *Zur Kritik der Gewalt*. Damit eröffnet sich eine Perspektive politischer Philosophie, die Orientierung bietet und Totalitarismus sowie gelenkte beziehungsweise partizipatorische Demokratie zu verstehen hilft.

Da Gewalt zu einem Zentralbegriff in „Arendts Versuch einer Neubestimmung des Politischen" zählt,[8] sich jedoch nur schwer identifizieren lässt, liegt es nahe, diesen Begriff bei Arendt genau zu untersuchen. Mit dem Beitrag von Mirko Wischke wird nicht nur klar, dass Arendts Urteil über Gewalt ambivalent ist; es werden auch verschiedene Begriffe von Gewalt bei Arendt sichtbar gemacht, mit denen sie einerseits Gewalt prinzipiell vom politischen Handeln ausschließt und andererseits Gewalt als ein letztes Mittel politischer Ohnmacht rechtfertigt. Diese spannungsvolle Breite gewinnt Arendts Gewalt-Diskurs durch die Unterscheidung der *Ursachen* von Gewalt. Um die unvorstellbare Gewalttätigkeit, die das 20. Jahrhundert prägte, zu erklären, erscheinen ihr diese Schemata jedoch allesamt als ungeeignet.

Welche Bedeutung die Sprache nicht nur für Arendts Gewalt-Diskurs, sondern auch in der Analyse von aktuellen Phänomenen von Gewalt hat, untersucht Kristin Freter. Im Fokus ihres Beitrags steht das Selbstverständnis der Neuen Rechten, das sie vor dem Hintergrund der Doppelrolle der Sprache untersucht: als ein handlungsbegleitendes Medium der Kommunikation und als ein instrumentalisierbares

---

8    Kemper 1993, S. 8.

Mittel zur Schaffung von Realitäten. Dabei untersucht sie unter anderem die aktuellen Phänomene des Terrorismus und des Populismus hinsichtlich ihres Gewaltpotenzials. Anknüpfend an Arendts Annahme, dass Gewalt selbst stumm ist, unfähig, sich im Wort adäquat äußern zu können, erschließt Freter das Nicht-reden-Wollen als eine Form der Gewaltausübung, wie sie für den Populismus charakteristisch sei.

Für Arendts Gewalt-Diskurs sind unterschiedliche politische Positionierungen charakteristisch. Um die geistigen Wurzeln ihrer Positionierung geht es Reinhard Mehring. Er legt in seiner Studie die Spuren jüdischer Identität in Arendts Denken frei, die sich in der Entstehung der Monographie über Rahel Varnhagen und dem Essay über die „verborgene Tradition" des Judentums finden lassen. Das stark autobiographisch gefärbte Varnhagen-Buch erlaubt Rückschlüsse auf Arendts Selbstverständnis, das von Motiven der Romantiker geprägt wird. Seine literaturgeschichtliche Einordnung öffnet ein ganzes Feld neuer Fragen der Arendt-Forschung. Von hier aus erscheint auch ihre politische Positionierung in einem neuen Licht.

Der geplante Sammelband vereinigt Studien, die Arendts Überlegungen kritisch prüfen, in den theoriegeschichtlichen Überlieferungszusammenhang von der Antike bis in das 20. Jahrhundert stellen und im aktuellen Diskursumfeld verorten. Dabei sollen die Stärken und gegebenenfalls auch die Schwächen der Entgegensetzung von Macht und Gewalt zur Sprache kommen. Geprüft wird dabei, inwiefern Arendts Überlegungen nicht nur die blinden Flecken der gegenwärtigen Diskussion zu identifizieren erlauben, sondern die Grundlage für weiterführende Theoriebildung liefern können.

Eine Beschäftigung mit Hannah Arendt ist konfrontiert mit gravierenden Einwänden und erscheint daher rechtfertigungsbedüftig. Wie kaum eine andere Autorin steht das Denkpotenzial von Arendt im Schatten wirkungsgeschichtlicher Interpretationen und deren Perspektiven.[9] Dieses Schicksal teilt sie mit vielen großen politischen Denkern. Gleichwohl halten es viele Rezipienten für angebracht, die Widerlegung von potenziellen Einwänden ihrer Beschäftigung mit Arendt voranzustellen, um auf anschlussfähige Ressourcen zu verweisen. Die im vorliegenden Band versammelten Beiträge haben sich für einen anderen Weg entschieden; sie begreifen Arendts Denken als Ermutigung dazu, sich der darin angelegten Möglichkeiten und Unzulänglichkeiten bewusst zu werden, um sich den Phänomenen der Gewalt und Macht sowie ihres Verhältnisses zueinander theoretisch anzunähern und damit zu einem Verständnis des Politischen beizutragen. Im Vordergrund stehen dabei weniger die Suche nach anschlussfähigen Ressourcen

9 Einen schönen Überblick über diese Interpretationsperspektiven gibt Jaeggi 2016.

als vielmehr die Frage nach der analytischen Relevanz ihres Denkens. Maßgeblich angeregt wurde dieser Band durch die im Wintersemester 2016/17 an der Pädagogischen Hochschule Heidelberg mit großem Zuspruch durchgeführte Vorlesungsreihe „(Keine) Gewalt!". Unser Dank gilt Martin Hailer, ohne dessen tatkräftige Unterstützung diese Veranstaltung nicht zustande gekommen wäre.

## Literatur

Benhabib, Seyla (2006), Hannah Arendt. Die melancholische Denkerin der Moderne, Frankfurt a. M.

Figal, Günter (1994), Öffentliche Freiheit. Der Streit von Macht und Gewalt. Zum Begriff des Politischen bei Hannah Arendt. In: Politisches Denken. Jahrbuch, S. 123–136.

Habermas, Jürgen (1973), Hannah Arendts Begriff der Macht, Merkur, XXX. Jg., H. 10, S. 946–960.

Honneth, Axel (1994), Pathologien des Sozialen. Tradition und Aktualität der Sozialphilosophie, in: Ders. (Hrsg.), Pathologien des Sozialen. Aufgaben der Sozialphilosophie, Frankfurt a. M., S. 9–69.

Jaeggi, Rahel (1997), Welt und Person. Zum anthropologischen Hintergrund der Gesellschaftskritik Hannah Arendts, Berlin.

Jaeggi, Rahel (2016), Wie weiter mit Arendt? Hamburg.

Kemper, Peter (1993), Die Zukunft des Politischen – Ausblicke auf Hannah Arendt (Hrsg.), Frankfurt a. M.

Raimondi, Francesca (2016), Prekäre Politik. Hannah Arendt zur Flüchtlingsfrage. In: HannahArendt.net. Zeitschrift für politisches Denken, Band 8, Nr. 1. (http://www.hannaharendt.net/index.php/han/article/view/346)

Vollrath, Ernst (1971), Politik und Metaphysik. Zum politischen Denken Hannah Arendts, in: Zeitschrift für Politik, Jg. 18 (NF) Heft 3, S. 205–232.

# Das Ende der Gewalt?

## Fragen und Konjekturen zu Hannah Arendts Essay über Macht

Georg Zenkert

Gewalt steht am Anfang der Geschichte. Die großen Mythen berichten von Kämpfen der Menschen und Götter. Auch die monotheistischen Religionen zeichnen das Bild einer von Gewalt geprägten Geschichte, versprechen aber zugleich in langfristiger Perspektive das Ende aller Gewalt. Für sie ist die Differenz zwischen den Guten und den Bösen, den Friedfertigen und den Ungläubigen grundlegend. Sie zwingt alle Betroffenen zu einer klaren Entscheidung und zieht damit eine scharfe Grenze zwischen Freund und Feind. Deren Separation ist die Voraussetzung für den Sieg über die Gewalt. Das Ende der Gewalt setzt eine apokalyptische Konzentration der Gewalt voraus, die sich gegen diejenigen kehrt, die als Ursprung der Gewalt ausgemacht wurden.

Die großen Revolutionen in Frankreich, Russland und China haben sich die Logik der Überwindung des Übels durch Gewalt zu Eigen gemacht und weiterentwickelt. Ihre Eschatologie zielt auf eine Zeit des weltlichen Heils, der Freiheit, der sozialen Gerechtigkeit, des Fortschritts oder ähnlicher utopischer Versprechen, die aber nur durch den Preis eines letzten Gewaltaktes realisiert werden können. Solche Visionen, Gewalt durch Aufbietung aller Kräfte ein für alle Mal aus der Welt zu schaffen, münden jedoch in Katastrophen, die sich durch keine Erfolgsbilanz rechtfertigen lassen.

Menschenfreundlicher erscheint hier die Position der Verurteilung von Gewalt, die auch noch die gewalteinschränkende Gewalt in Frage stellt. In politischer Di-

© Springer Fachmedien Wiesbaden GmbH, ein Teil von Springer Nature 2019
M. Wischke und G. Zenkert (Hrsg.), *Macht und Gewalt. Hannah Arendts*
*„On Violence"* neu gelesen, https://doi.org/10.1007/978-3-658-27006-3_2

mension positioniert sich so die Idee des ewigen Friedens, die in Kants Reflexionen ihre elaborierte Form gefunden hat. Ironisch kommentiert jedoch selbst Kant
die naiven Versuche, Frieden durch das Ende der Gewalt herzustellen, durch das
wohl von Leibniz übernommene Bild einer Tafel mit der Aufschrift *Zum ewigen
Frieden*, die einen Friedhof zeigt.[1] Die Friedhofsruhe ist in der Tat der Zustand
des Endes aller Gewalt. Kants eigener Vorschlag ist viel weniger utopisch, als in
der neueren Rezeption der Schrift zumeist angenommen, und bietet keinesfalls
das Bild einer Welt ohne Gewalt. Er läuft darauf hinaus, den Einsatz von Gewalt
durch Bedingungen des Rechts einzuschränken. Gewalt ist damit nicht eliminiert,
sondern nur eingehegt durch die Institutionen.[2]

Der Traum von einer Welt ohne Gewalt erscheint auf den ersten Blick vielver-
sprechend, wirkt aber in seinem utopischen Vorgriff und der radikalen Beseitigung
aller bestehenden Verhältnisse theoretisch so gewaltsam wie dessen Gegenteil,
die Apotheose der Gewalt. Benjamins Diskreditierung aller rechtsetzenden und
rechtserhaltenden Gewalt, die sich auf eine göttliche Gewalt beruft,[3] verstrickt sich
nicht weniger in Widersprüche als Sorels Verherrlichung der Gewalt, die auf den
Einbruch des Erhabenen in die Geschichte hofft.[4]

Viel komplexer als diese Denkfiguren ist die Semantik des Begriffes selbst.
Das aus dem Indogermanischen stammende Wort *Gewalt* ist zweideutig, meint
ursprünglich so etwas wie Stärke, Herrschaftskompetenz, Verfügungsmacht,
ohne dass damit eine Entscheidung über Rechtmäßigkeit oder Unrechtmäßigkeit
verbunden wäre. In der römischen Welt (und folglich auch in den romanischen
Sprachen) gibt es aber eine klare Unterscheidung zwischen *potestas*, der rechtlich
begründeten Herrschaftsbefugnis, und *violentia*, der destruktiven Gewalt. In der
Begegnung mit der römischen Welt wurde *Gewalt* indes als Übersetzung beider
Begriffe herangezogen und so variiert der Gebrauch des Begriffs seither zwischen
diesen Bedeutungsfeldern. Unter Staatsgewalt ist einerseits die rechtlich konstituierte Macht zu verstehen in der Trias von Legislative, Exekutive und Judikative.
Unter einer Gewalttat versteht man andererseits Gewalt im Sinne von Unrecht. So
kann auch die als Instanz grundsätzlich legitimierte Staatsgewalt illegitime Gewalt ausüben.

Im alltäglichen, aber auch im wissenschaftlichen Gebrauch hat sich ein semanti-
sches Labyrinth gebildet, dessen Strukturen von denen, die sich darin verirren, am
heftigsten verteidigt werden. Dies trifft auch auf andere Termini im semantischen

---

1  Kant 1974, Bd. XI, S. 195.
2  Zenkert 2002.
3  Benjamin 1965, S. 64.
4  Sorel 1928.

Umfeld zu. Die Begriffe Macht, Gewalt, Herrschaft und Autorität werden häufig promiscue und inkonsequent verwendet. Vielfach finden sich willkürliche Sinnverschiebungen. Die Verwirrung steigert sich durch das Übersetzungsproblem. So wird insbesondere die wirkmächtige Prägung des Herrschaftskonzepts durch Max Weber in der angelsächsischen Welt von einflussreichen Autoren wie Talcott Parsons unter dem Begriff der *authority* rezipiert. In der Rückübersetzung englischsprachiger Literatur wird dann die Differenz von Herrschaft und Autorität unscharf, wenn nicht vollkommen verwischt.

## 1 Die Unterscheidung von Macht und Gewalt

Zerschlägt Arendt mit ihrer Unterscheidung von Macht und Gewalt den Gordischen Knoten? Zunächst bietet die von ihr vorgeschlagene Begriffsklärung eine im Kontrast zum sozialwissenschaftlichen Begriffsgebrauch erfreulich Klarheit: Macht „entspricht der menschlichen Fähigkeit, nicht nur zu handeln oder etwas zu tun, sondern sich mit anderen zusammenzuschließen und im Einvernehmen mit ihnen zu handeln".[5] Gewalt dagegen ist „durch ihren instrumentellen Charakter gekennzeichnet. Sie steht dem Phänomen der Stärke am nächsten, da die Gewaltmittel, wie alle Werkzeuge, dazu dienen, menschliche Stärke bzw. die der organischen ‚Werkzeuge' zu vervielfachen".[6] Diese Bestimmungen sind indes alles andere als eindeutig. Macht wird als Fähigkeit verstanden, die dem Menschen generell, und das heißt, dem Handeln des einzelnen Menschen zukommt. Andererseits realisiert sich diese Fähigkeit nur dadurch, dass mehrere Menschen gemeinsam handeln.

Die früheren Ausführungen Arendts zum Phänomen der Macht sind hier eindeutiger: „Was einen politischen Körper zusammenhält, ist sein jeweiliges Machtpotential".[7] Gemäß dieser Formulierung etabliert sich Macht dort, wo ein Gemeinwesen realisiert ist, während die spätere Bestimmung den Prozess der Machtbildung hervorhebt und das die Gemeinsamkeit begründende Handeln betont. Hintergrund beider Varianten ist das griechische *dynamis*, das gleichermaßen Macht und Möglichkeit meint. Während Arendt in *Vita activa* das Machtpotential des politischen Körpers apostrophiert, verschiebt sich in den späteren Überlegungen in *Macht und Gewalt* die Potentialität auf die Fähigkeit zum gemeinsamen Handeln. Mag der Unterschied sich auch dadurch relativieren, dass

---

5    Arendt 1970, S. 45.
6    Ebd., S. 47.
7    Arendt 1981, S. 193.

er nur einer Änderung der Perspektive in der Betrachtung desselben Sachverhalts geschuldet ist, so macht sich darin doch eine begriffliche Ungenauigkeit bemerkbar, die weitere Fragen aufwirft. Wenn das Machtpotential laut Arendt sich dem gemeinsamen Handeln verdankt, bleibt unklar, ob die Macht des politischen Körpers nichts anderes ist als die sichtbare Manifestation des Handelns, oder ob damit eine neue Macht gestiftet wird, Macht also durch die Institutionalisierung eine neue Qualität gewinnt.

Arendt setzt, um den Machtbegriff zu konturieren, auf die Opposition von Macht und Gewalt und geht so weit, von einem Gegensatz beider zu sprechen.[8] Allerdings lässt sich in Arendts Begriffsbestimmung von Macht und Gewalt kein logischer Gegensatz erkennen. Weder bildet diese einen privativen Gegensatz ab in dem Sinne, dass Gewalt auf einem Mangel dessen beruht, was Macht auszeichnet, noch kann von einem polaren Gegensatz die Rede sein, denn die Charakteristika der Gewalt enthalten keine Negation dessen, was Macht ist. Realiter können allerdings Macht und Gewalt in Widerstreit geraten, aber dabei handelt es sich nicht um einen Gegensatz, sondern um eine Konkurrenz, möglicherweise um eine Verdrängung von Gewalt durch Macht. Auf diese Entwicklungen beziehen sich Arendts Bemerkungen zum Verhältnis von Macht und Gewalt. Sie schränkt die Formel vom Gegensatz auf die Situation ein, dass da, wo Gewalt absolut herrscht, Macht nicht vorhanden ist. Indirekt lässt sich daraus schließen, dass Macht und Gewalt nicht den gleichen Raum besetzen können. Über die Funktion von Macht und Gewalt und ihr Verhältnis zueinander ist damit aber noch nichts bestimmt.

Diese Präsentation beider Begriffe hat Anlass zu mannigfachen Fehldeutungen gegeben. Die auffälligste und zugleich folgenreichste stammt von Habermas, der Arendts Formulierung, „Macht *entspricht* der menschlichen Fähigkeit, mit anderen zu handeln", fälschlicherweise zitiert als „Macht *entspringt* der menschlichen Fähigkeit ...".[9] Lehmkuhl hat auf diese signifikante Modifikation und ihre Konsequenzen hingewiesen und sieht darin ein Indiz für die kommunikationstheoretische Uminterpretation des Arendtschen Machtbegriffs.[10] Handeln wird kurzerhand in Sprechen verwandelt, die Pluralität der unterschiedlichen Handlungsperspektiven in Einstimmigkeit, in die nach Habermas nicht-pathologische Kommunikation zwangsläufig mündet. Es ist genau diese Verschiebung von einer pluralistischen Handlungswelt zu einer auf Konsens verpflichteten Kommunikationsgesellschaft,[11] die sich unter dem Einfluss von Habermas in der Wirkungsgeschichte

---

8    Arendt 1970, S. 57.
9    Habermas, 1976, S. 946f.
10   Lehmkuhl, 1999, S. 43.
11   Weitere Hinweise bei Thaa 2018, S. 52ff.

des Arendtschen Machtbegriffs niederschlägt. Im Effekt bedeutet dies eine Verschiebung der Perspektive von der Idee demokratischer Selbstbestimmung auf ein im Kern moralisches Modell. Eine moralphilosophische Substruktion des Politischen, wie sie unter dem Eindruck der Kommunikationstheorie im Hinblick auf Arendts Machtbegriff eingeklagt wird,[12] verfehlt aber gerade das Spezifikum ihres politiktheoretischen Ansatzes.

Aber auch Lesarten, die philologisch gewissenhafter sind, führen leicht zu missverständlichen Deutungen. Exemplarisch sei hier nur die Arbeit von Meyer genannt, die davon ausgeht, dass Arendts Machtbegriff auch Durchsetzungsmacht einschließt.[13] Zu Recht wendet sich Meyer zwar gegen die Versuche, in Arendts Konzeption eine Zweideutigkeit zu diagnostizieren, um eine problematische agonale von einer kommunikativen Macht zu unterscheiden[14] und weist entschieden die Unterstellung zurück, Arendt setze gute Macht gegen böse Gewalt.[15] Allerdings ist auch diese Interpretation tendenziös, sofern sie die Unbestimmtheit der Arendtschen Begrifflichkeit dadurch zu kompensieren sucht, dass sie die Unterscheidung von Macht und Gewalt mit Foucaults Machtkonzept überblendet, das nicht weniger mehrdeutig ist. So kommt sie zu einer Konstellation, die sich als „Macht der Gewalt" zeigt,[16] ein Interpretament, das Foucaults Diagnosen zugrunde liegt, aber kaum geeignet sein dürfte, die Funktion der Macht, von der Arendt ausgeht, auch nur ansatzweise zu rekonstruieren. Der Zirkel von Macht und Gewalt, in dem diese Begrifflichkeit sich verfängt, kann positive Macht nur noch in den Praktiken des Widerstands identifiziert werden, denen aber das Potential abzusprechen ist, politische Verhältnisse zu stiften. Diese Sichtweise fällt wider Willen doch in das Schema von guter Macht und böser Gewalt zurück, das nun aber iterativ noch auf die Macht selbst bezogen wird. Die gängigen Attribuierungen, mit denen Arendts Machtbegriff versehen wird, sind insgesamt wenig hilfreich,[17] da sie meist mehr über das politische Denken der Interpreten verraten als zum Verständnis des Konzeptes beitragen.

---

12 Forst 2011, S. 207; Benhabib 2006, S. 302ff.

13 Meyer 2016, S. 89ff.

14 Benhabib 2006, S. 202.

15 Žižek 2002, S. 39; Meyer 2016, S. 124.

16 Meyer 2016, S. 156ff.

17 Einen kurzen Abriss bietet Volk 2013, S. 505–528.

# 2    Gute Macht und böse Gewalt?

Arendt selbst leistet der wertenden Betrachtung von positiver Macht und negativer
Gewalt durch missverständliche Formulierungen Vorschub. „Macht ist, was den
öffentlichen Bereich, den potentiellen Erscheinungsraum zwischen Handelnden
und Sprechenden überhaupt ins Dasein ruft", lautet schon die entsprechende Charakterisierung in *Vita activa*, während Gewalt davon abgesetzt wird durch ihre
Wirkung, Macht zu zerstören.[18] Die Ausführungen im späteren Essay setzen die
Akzente anders. Hier wird Gewalt wertfrei als instrumentale Verstärkung menschlicher Kräfte vorgestellt.[19] Dabei kann nicht verleugnet werden, dass Arendt selbst
der Zweideutigkeit des Begriffes Gewalt nicht entkommt. Gewalt, *violence* ist nach
allgemeinem Verständnis eine Verletzung von Rechten oder schützenswerten Gü-
tern. Der politische Diskurs nimmt jedoch ein Spektrum von Gewalt in den Blick,
das unverkennbar offen hinsichtlich einer normativen Bestimmung ist.

Diese Ambivalenz findet auch in Arendts Überlegungen ihren Niederschlag.
Einerseits hebt sie die in Bezug auf Macht destruktive Wirkung der Gewalt hervor,
andererseits gilt ihr Gewalt als neutrales Instrument, dessen Einsatz unter Umständen auch gerechtfertigt ist. Gewalt kann bedrohte Macht schützen.[20] Ob und
inwiefern Macht auf Dauer dieses Schutzes bedarf, ob ein präventiver Schutz gerechtfertigt wäre, scheint hingegen keiner Erörterung würdig. Sie stellt allerdings
lapidar fest, dass Macht zu jedem Gemeinwesen gehört, Gewalt jedoch nicht.[21]
Der Vorwurf politischer Naivität lässt sich hier nur vermeiden, wenn man diese
Bemerkung als rein analytische Feststellung versteht, die den Begriff des Staates
betrifft. Die Wirklichkeit erfordert nach allgemeiner Erfahrung die Bereitschaft
jedes Gemeinwesens, sich notfalls mit Gewalt gegen Gewalt im Innern und nach
außen zu verteidigen. Offen bleibt dabei die Frage, wie eine überzeugende Rechtfertigung von Gewalt auszusehen hätte. Als Bezugspunkt bietet sich hier nur die
etablierte Macht an, in deren Namen der Einsatz von Gewalt erfolgt. Aber nicht
jede Konfiguration der Macht ist bekanntlich per se legitim. Auch der totalitäre
Staat setzt Macht voraus und jede auf Befehl gegründete Herrschaftskonstellation
funktioniert nur dann, wenn sie sich auf eine Machtbasis verlassen kann.[22]

Wenn sich eine pauschal wertende Betrachtung somit verbietet, stellt sich die
Frage nach dem angemessenen Verhältnis von Macht und Gewalt. Beide treten

---

18    Arendt 1981, S 194, bzw. S. 196.
19    Arendt 1970, S. 47, S. 52.
20    Ebd., 1970, S. 48.
21    Ebd., S. 52.
22    Ebd., S. 51.

meist zusammen auf, aber „wo die eine absolut herrscht, ist die andere nicht vor-handen".[23] Auf den ersten Blick wäre zu vermuten, dass diese Verabsolutierung grundsätzlich negativ zu beurteilen ist. Dies gilt gewiss für die Gewalt, auch wenn Arendt nicht erklärt, warum ihr die Tendenz zur Beseitigung der Macht inne-wohnt, ohne die sie ja doch nicht existiert. Dass die entfesselte Gewalt eines tota-len Krieges Macht destruiert, ist evident. Damit aber beraubt sich die Gewalt ihres eigenen Fundaments. Insofern gilt, dass totale Gewalt selbstdestruktiv ist. Von diesem Extrem abgesehen, das bereits eine tiefgreifende Schwächung der Macht voraussetzt, wird der Einsatz von Gewalt immer einhergehen mit dem Versuch der Stabilisierung derjenigen Macht, die ihrem erfolgreichen Vollzug zugrunde liegt. Arendts Formulierungen sind hier zumindest missverständlich und in der Sache wohl eher überzogen.

Macht ihrerseits kennzeichnet Arendt als etwas „Absolutes", als Selbstzweck. Überraschenderweise spricht sie in diesem Zusammenhang davon, dass Macht der Legitimität bedarf.[24] Diese Beschreibung irritiert insofern, als ein Absolutes keiner Legitimität bedarf, sondern sie gegebenenfalls einfach besitzt. Ansonsten wäre es kein Absolutes im politischen Sinne. Dass Macht per se Legitimität be-sitzt, kann Arendt indes wohl kaum meinen. Aus Andeutungen und Bemerkungen in ihren einschlägigen Schriften kann geschlossen werden, dass Macht, so ver-standen, durch einen besonderen Gründungsakt legitimiert wird. Macht legitimiert sich durch ihren Ursprung, der mit der Konstitution der jeweiligen Gruppe zu-sammenfällt.[25] Das historische Paradebeispiel der modernen Welt ist nach Arendts Auffassung der Prozess der Gründung der Vereinigten Staaten, der zu einem nachgerade idealischen Gründungsakt stilisiert wird.[26] Dass sich Arendt auf diese historische Situation kapriziert, ist jedoch nicht unproblematisch. So entsteht der Eindruck, Macht legitimiere sich nur retrospektiv, durch Beschwörung des Macht-ursprungs. Der revolutionäre Akt selbst wäre dann eine Art Urknall, der sich der Legitimationsfrage entzieht. Im Hinblick auf eine demokratische Konzeption von Macht wäre diese Auskunft jedoch desaströs, da sich jede Gestalt der Macht, so-fern sie nur stabile Formen annähme, dadurch gewissermaßen selbst legitimieren würde.

Spätestens an diesem Punkt taucht die Frage nach der Struktur und Existenz-form des Gemeinwesens auf, das mit dem Gründungsakt ins Werk gesetzt wird. Aus dem Gründungsakt selbst kann zwar die Gemeinschaft als solche ihre

---

23  Ebd., S. 57.
24  Ebd., S. 52f.
25  Ebd., S. 53.
26  Arendt 1974, S. 183ff.

Legitimität beziehen, aber nicht jede Folgeentscheidung lässt sich durch Rekurs auf den revolutionären Ursprung sanktionieren. Sachlich spricht vieles für eine Unterscheidung zwischen dem flüssigen Aggregatzustand von Macht, der sich im Gründungsakt veranschaulicht, und den institutionellen Formen der Macht, die sich in der damit begründeten politischen Ordnung manifestiert.[27] Diese Differenzierung findet sich zumindest in Arendts Bemerkung: „Alle politischen Institutionen sind Manifestationen und Materialisationen von Macht; sie erstarren, und verfallen, sobald die lebendige Macht des Volkes nicht mehr hinter ihnen steht […]".[28] Über das Verhältnis beider Formen ist nicht mehr zu erfahren, als dass dieses durch die Approbation seitens des Volkes garantiert wird, die sich im Medium der Meinungen vollzieht.

Dieses Modell einer Differenzierung zwischen Gründungsmacht und manifester Macht der Institutionen ist Arendts Version der Unterscheidung zwischen dem pouvoir constituant des Volkes und dem pouvoir constitué der verfassten Staatsgewalt, die auf Sieyès zurückgeht. Durch die Akzentuierung der ‚lebendigen‘ Macht des Volkes, auf die Arendt besonderen Wert legt, rückt dieses Modell jedoch nolens volens in die Nähe der traditionellen Vertragskonstruktionen, die das frühneuzeitliche Staatsdenken prägten. Der Gründungsakt verleiht hier nicht nur dem Staat selbst, sondern allen darauf folgenden Aktivitäten seiner Instanzen und Institutionen die erforderliche Legitimität.

Damit sind zwei Prämissen verbunden: Erstens gilt der Gründungsakt selbst als sakrosankt oder absolut. In der Tat reklamiert Arendt für ihren Machtbegriff diese Absolutheit. Zweitens sind die Legitimationsprozesse, die innerhalb der staatlichen Strukturen ablaufen, von nur untergeordneter Bedeutung. Dass Arendt sich über demokratische Legitimationsverfahren nur rhapsodisch äußert, ist nicht nur mit ihrer Ablehnung repräsentativer Verfahren zu erklären, sondern spiegelt genau diese Entwertung institutionellen Handelns im Verhältnis zum Ursprungsakt.

Arendt sieht ihren Machtbegriff in der Traditionslinie der athenischen Polis und der römischen res publica.[29] Dies ist insofern gerechtfertigt, als sie einen Machtbegriff zur Sprache bringt, der den neuzeitlichen Primat der Herrschaft unterläuft. Aristoteles definiert die Polis als Gemeinschaft um des guten Lebens willen und die Verfassung als Ordnung dieser Gemeinschaft.[30] Weil sich darin der höchste Zweck menschlichen Handelns erfüllt, ist die Polis selbstzweckhaft. Die teleologische Konzeption der Aristotelischen Polis ist geprägt von der Hand-

---

27  Dafür plädieren Meints-Stender 2012, S. 119–136 und Volk 2013, S. 505–528.
28  Arendt 1970, S.42.
29  Ebd., 1970, S. 41.
30  Aristoteles, Politik, 1274 b 39 u. 1280 b 33

lungsperspektive. Der Zweck, das gute Leben der Mitglieder einer Gemeinschaft, realisiert sich im Vollzug, nicht im institutionellen Bestand der Gemeinschaft als solcher. Deshalb kommt auch den dynamischen Elementen der Polis-Verfassung, der Beratung, der Ausübung der Ämter und der Rechtsprechung eine besondere Bedeutung zu. Auch die Daseinsform der Polis ist deshalb nach Aristoteles eine Form des Handelns.[31] Anders als bei Arendt besitzt aber hier der Gründungsakt keine besondere legitimitätsstiftende Funktion. Die Legitimität der Polis, sofern dieses Kriterium überhaupt für das politische Denken der Antike angemessen ist, verdankt sich nicht dem Ursprung, sondern ihrem Ziel, dem gelungenen Handeln. Sowohl das individuelle Handeln der Bürger eines Staates und seiner Funktionsträger als auch die Institutionen des Staates sind dann legitimiert, wenn und sofern sie zum gelingenden gemeinsamen Leben beitragen. Damit steht im Prinzip jederzeit alles zur Disposition. Diese *dynamis* des Handelns bewirkt, dass die griechische Polis ein großes Innovationspotential aufweist,[32] aber sie ist auch die Ursache der Instabilität, die nach Platon die Demokratie als Herrschaftsform disqualifiziert.

Das Modell der römischen *res publica*, auf das sich Arendt ebenfalls bezieht, scheint eher der Vorstellung zu entsprechen, dass die Legitimation auf einen fiktiven oder realen Gründungsakt zurückzuführen ist. Allein auch hier fallen eher die Differenzen ins Gewicht. Die Republik besteht nicht nur aus einer Bürgervereinigung, wie Arendt hervorhebt, sondern aus einem komplexen Institutionengebilde. Nicht die ursprüngliche Macht der Bürger, sondern das Prinzip der *auctoritas*, dessen elaborierte Erscheinungsform sich im Senat findet, prägt die römische Republik.[33]

In beiden historischen Konstellationen, der athenischen Polis sowohl als der römischen Republik, lässt sich ein Machtbegriff identifizieren, der nicht auf das in der Neuzeit dominante Prinzip der Herrschaft zurückzuführen ist, sondern sich aus einem Handlungskonzept entwickelt, das im Falle Athens den Bereich des politisch Möglichen erschließt und im Falle Roms die bewährten Institutionen und eingespielten Autoritätsstrukturen trägt. Auch Arendts Konzeption des Politischen ist auf das Handeln fokussiert, aber sie folgt weder der Idee der Autarkie politischen Handelns, die Athen prägt, noch dem Traditionalismus Roms, das an seinen Institutionen und dem Autoritätsgefälle festzuhalten sucht. Bei Arendt dient der Ursprungsakt als Legitimationsquelle nicht von Institutionen, sondern des ak-

---

31  Ebd., 1325 b 14ff.

32  Thukydides präsentiert die Athener, gespiegelt im Blick Spartas, als Neuerer, die vor keiner Veränderung zurückschrecken (Thukydides 1991, S. 64).

33  Meier 1988, S. 48f.; Siehe auch Zenkert 2004, S. 89ff.

tuellen Handelns. Politisches Handeln legitimiert sich durch die Aktualisierung des revolutionären Gründungsereignisses. Die Institutionen andererseits besitzen keinen Eigenwert, sondern nur eine untergeordnete Funktion. Damit folgt Arendt de facto der Logik der neuzeitlichen vertragstheoretischen Staatskonstruktionen mit dem Unterschied, dass die Erfüllung des Vertrags nicht in Institutionen oder einer vertraglich gebundenen Herrschaft zu finden ist, sondern in einem der Vergangenheit verpflichteten Handeln, das diese ursprüngliche Stiftung stets aufs Neue vergegenwärtigt. Diese fast religiös anmutende Beschwörung des Bundes wird von Arendt indes nicht konkreter entwickelt. Bekannt sind ihre Ablehnung repräsentativer Strukturen und ihr Votum für eine Räterepublik, aber differenziertere Ausführungen zur institutionellen Infrastruktur fehlen. Unverkennbar liegt ihr der amerikanische Gründungsmythos näher als die antiken Strukturen. Hamilton hat dieser Auffassung emphatisch Ausdruck verliehen in seinem Plädoyer für die unumschränkte Macht der Föderation: „The fabric of American empire ought to rest on the solid basis of THE CONSENT OF THE PEOPLE. The streams of national power ought to flow immediately from that pure, original fountain of all legitimate authority."[34] Anders als die Gründerväter lässt sich Arendt jedoch nicht ernsthaft auf die Frage ein, wie dieser Konsens des Volkes im politischen Leben der Gemeinschaft zu realisieren ist.

# 3   Der Leviathan: Staatsgewalt und politische Herrschaft

Die institutionelle Leere in Arendts Konzept politischer Macht ist kein Zufall. In ihrem Katalog der politischen Grundbegriffe taucht neben Macht, Gewalt und Autorität der Begriff der Herrschaft nicht auf. Das ist umso erstaunlicher, als es Arendt ja auch darum geht, die Differenz von Macht und Gewalt, die durch einen dogmatisch verhärteten und ideologisch überlagerten Begriff von Herrschaft verdeckt wird, freizulegen und zu beleuchten. Arendts Invektive richtet sich also gerade gegen die dominierende Auffassung des Staates und der politischen Macht, die im Wesentlichen auf Max Weber zurückgeht. Mit Weber stimmt Arendt darin überein, dass „der Staat seinem Wesen nach organisierte und institutionalisierte Macht" ist.[35] Aber sie bestreitet, dass der Staat nach der Definition Webers „ein auf das Mittel der legitimen (das heißt: als legitim angesehenen) Gewaltsamkeit gestütztes Herrschaftssystem von Menschen über Menschen" ist.[36]

---

34   Madison, Hamilton, Jay 1978, Nr. 22, S. 184 (Hervorh. im Original).
35   Arendt 1970, S.53.
36   Weber 1980, S. 507.

Arendt zitiert diese Formulierung Webers in einem Zusammenhang, der nahelegt, dass sie Webers Konzept in die Reihe der Theorien einordnet, die Macht und Gewalt als letztlich identisch betrachten beziehungsweise für die Gewalt nur eine Manifestation von Macht ist.[37] Dabei ist festzuhalten, dass Webers Begriff der Herrschaft nicht auf dem Moment der Gewalt basiert, auch wenn Gewalt faktisch institutionalisierte Herrschaft begleitet und der Staat als Inbegriff rational organisierter Herrschaft das Monopol physischer Gewalt beansprucht. Seine kanonisch gewordene Definition der Herrschaft als „die Chance, für einen Befehl bestimmten Inhalts bei angebbaren Personen Gehorsam zu finden"[38] hat den Vorteil einer rein strukturellen Begriffsbestimmung, die von realen Kräfteverhältnissen zu abstrahieren erlaubt. Referenzpunkt legitimer Herrschaft ist der Legitimitätsglaube, nicht die dabei eventuell einsetzbare Gewaltdrohung.

Die Definition ist jedoch weniger voraussetzungslos, als auf den ersten Blick zu erkennen. Die Herrschaftssoziologie basiert insgesamt auf der Unterstellung der Legitimität des Herrschaftsanspruchs. Sie ist die Prämisse jeder institutionalisierten Form von Herrschaft, die im Rahmen eines politischen Verbandes zu einer mehr oder weniger dauerhaften Ordnung geronnen ist. Hinter dem scheinbar unverfänglichen Begriff der *Chance* verbirgt sich nicht nur die intrapsychische Bereitschaft zum Gehorsam, sondern die Vorstellung etablierter Ordnungsverhältnisse, die im Idealfall als Rechtssystem institutionalisiert sind. Webers Definition erwähnt diesen Zusammenhang nicht explizit, weil sie auf der stillschweigenden Voraussetzung einer Analogie von soziologischer und rechtlicher Ordnung beruht, ein Modell, das sich dem Zugriff einer methodologisch von ihren sozialen Bedingungen abstrahierenden Rechtswissenschaft verdankt, das Weber nun umgekehrt für die Soziologie heranzieht.[39] Der Glaube an die Rechtmäßigkeit der Herrschaft ist ihr tragendes Prinzip.

Arendt nimmt indirekt Bezug auf die Herrschaftskonzeption Webers, wenn sie daran erinnert, dass Befehle nur dort sinnvoll sind, wo sie auf Macht und damit auf einem grundlegenden Einverständnis beruhten, ihre Wirksamkeit sich also nicht der schieren Gewalt verdankt.[40] Daraus lässt sich schließen, dass Herrschaft grundsätzlich auf Macht beruht. Offen bleibt in Arendts Darlegungen, ob Herrschaft damit, im Unterschied zu Webers Konzeption, als ein Aspekt von Macht zu interpretieren ist oder ob sie einen eigenständigen Modus sozialer Beziehungen

---

37   Arendt 1970, S. 36.

38   Weber 1972, S. 28.

39   Webers Gewährsmann in juristischen Fragen ist Jellinek (1900).

40   Arendt 1970, S. 50.

bildet. Da Arendt nicht explizit auf das Phänomen der Herrschaft eingeht und keinen eigenständigen, von Webers Definition abgesetzten Begriff entwickelt,[41] ist zu vermuten, dass sie Herrschaftsstrukturen insbesondere in der Erscheinungsform des modernen Staates als ein Ergebnis des Zusammenwirkens von Macht und Gewalt interpretiert.[42]

Andererseits muss es einen Unterschied zwischen totaler und rationaler Herrschaft geben, der sich auch strukturell im Verhältnis von Macht und Gewalt abzeichnet. Tatsächlich tauchen beide Formen in Arendts politischem Denken auf. Ihre Analysen staatlicher Herrschaft identifizieren zum einen die pervertierten Gestalten imperialer und totaler Herrschaft, die auf Gewalt als Mittel der Politik rekurrieren, und zeichnen zugleich das Bild einer Herrschaft des Rechts, die sich davon abhebt.

Aber auch hier greift Arendt auf Webers Konzeption des modernen Anstaltsstaats als Herrschaftsgebilde zurück, die sie als begriffliche Konstruktion in Frage stellt und doch zugleich als historisches Entwicklungsstadium des modernen Staates zu erkennen meint. Die Herrschaft des Rechts realisiert sich im Prozess der Entwicklung des europäischen Staates in Verbindung mit der „Eroberung des Staates durch die Nation".[43] Der moderne Nationalstaat, in dessen Form sich das Prinzip verfassungsmäßiger Regierung durchsetzt, ist nach Arendt also belastet durch die Hypothek eines den nationalen Interessen verpflichteten Willens. Das Volk entscheidet damit, was Recht ist.

Darin sieht sie die Wirkung der Idee der Volkssouveränität, ein Theorem, das sich nach Arendt als Konstruktionsfehler des Nationalstaats niederschlägt.[44] Damit öffnen sich zwei Fronten: Zum einen bezweifelt sie die Rechtmäßigkeit einer volonté générale, die sich in der politischen Willens- und Entscheidungsbildung als letzte Instanz behauptet, zum anderen entzieht sie dem modernen Staat kontinentaleuropäischer Prägung, der sich als Herrschaft des Rechts versteht, die Legitimität. Der Staat im Sinne Webers, auf dessen Begrifflichkeit Arendt zur Zeit der Abfassung der Studie über totale Herrschaft noch rekurriert, lässt keinen Raum für Institutionen, die eine politische Kultur diskursiv-demokratischer Verständigungsprozesse ausbilden. Solidarität etabliert sich nur über vorpolitische

---

41  Auch in der Studie Über die Revolution, in der die Unterscheidung von Macht, Autori-
    tät und Gewalt grundlegend ist, wird Herrschaft nicht als weiterer Grundbegriff er-
    wähnt, sondern nur die Reduktion von Macht auf Herrschaft bemängelt (Arendt 1986,
    S. 232).
42  Zu dieser Einschätzung kommt Volk 2010, S. 184.
43  Arendt 1986, S. 575.
44  Siehe dazu Volk 2010, S. 184ff.

nationale Interessen, die sich dem Staat oktroyieren. Arendt übernimmt Webers Modell des Staates, um es dann zu diskreditieren. Eine alternative Konzeption zeichnet sich jedoch nur vage ab. Ihre Staatstheorie bleibt trotz der negativen Einschätzung im Bann der Weberschen Begriffsbildung.

Die Diagnose des Nationalstaates ist das Ergebnis einer Auseinandersetzung, die auf Webers Begrifflichkeit basiert und diese zugleich in Frage stellt. Aber auch die spätere begriffliche Unterscheidung von Macht und Gewalt, die sich von Webers Schemata löst, bietet wenig Anhaltspunkte für eine Konzeption politischer Institutionen. Herrschaft sublimiert entweder in eine nur schwer greifbare, weil prozesshaft vorgestellte Erscheinungsform von Macht oder muss sich den Vorwurf einer Koalition von Macht und Gewalt gefallen lassen, die deren Legitimität grundsätzlich in Frage stellt. In der Rezeptionsgeschichte zeichnet sich diese Ambivalenz ab, indem beispielsweise wie bei Habermas, die sanfte kommunikative Macht in Abgrenzung zu den Gestalten der Herrschaft beschworen wird, oder, wie in neueren, von Foucault geprägten Darstellungen, die Tendenz zur „Gewalttätigkeit der Macht" hervorgehoben wird.[45]

Webers Begriff der Herrschaft, von dem Arendt in ihren früheren Arbeiten ausgeht, wird auch im Essay über Macht und Gewalt nicht revidiert. Er wirkt dort als blinder Fleck. Die Fokussierung auf den Grundungsakt als die exklusive Quelle von Legitimität führt zu einer Konstellation, die dem Hobbesschen Leviathan nahesteht, zugleich aber ein grundsätzliches Misstrauen gegenüber jedem Legitimitätsanspruch staatlicher Macht zementiert. Die Macht der Vielen konzentriert sich im pouvoir constituant, ohne indes einen angemessenen Platz im etablierten Institutionengefüge zu finden, in dem sich der Staat manifestiert. Politische Verständigung, die über die Vergegenwärtigung des Gründungsaktes hinausgeht, steht deshalb unter dem hohen Erwartungsdruck, als prozessuales Geschehen die Einheit zu verbürgen und zugleich in der Vielfalt der Interessen, Meinungen und Perspektiven, die sich unerachtet der Gemeinsamkeit artikulieren, eine für alle verbindliche und als im Großen und Ganzen legitim erachtete politische Entscheidung zu gewährleisten.

## 4   Der Doppelsinn von Macht

Diese irreduzible Doppelung der Aufgaben ist systematisch rekonstruierbar. Angesichts des kaum zu überschätzenden Verdienstes, den sich Arendt mit der Erinnerung an einen von Herrschaft und Gewalt grundsätzlich abzuhebenden

---

45   Meyer 2016, S. 105.

Begriffes von Macht erworben hat, ist leicht zu übersehen, dass Arendts Machtbegriff zwei funktional abzugrenzende und nicht auf einen gemeinsamen Nenner
zu bringende Konzepte umfasst.[46] Einerseits schließt sie explizit an Handlungsmacht im Sinne der griechischen *dynamis* an, andererseits gilt der Gründungsakt
einer Gemeinschaft als selbstzweckhafter Ursprung der Macht. Aber bereits die
Poliskonzeption kennt hier die Differenz zwischen dem Handlungsvermögen in
seiner Pluralität und der Einheit der Polisverfassung, die mehr ist als die Schnitt-
menge der differenten Handlungen. Vielmehr ergeben sich aus der etablierten Gemeinschaft, die den Status einer vom kontingenten Handelns relativ unabhängigen
Entität angenommen hat, ganz neue Handlungsmöglichkeiten. Die Verfassung,
verstanden als die in den Institutionen manifest gewordene Ordnung der Gemeinschaft, ist eine Machtkonstellation sui generis. Friedrich Schlegel hat dafür, weitgehend unbemerkt, den Begriff der konstitutiven Macht geprägt.[47] Dieser Begriff
ist nicht zu verwechseln mit dem Konzept des pouvoir constituant, der verfassunggebenden Gewalt, deren Funktion der Verfassung vorangeht. Seine Manifestation
ist die Verfassung selbst, verstanden als politische Form einer Gemeinschaft. Es
ist der neuzeitlichen Fixierung auf das Phänomen der Herrschaft zuzuschreiben,
dass die konstitutive Macht in der neueren Theoriebildung kaum berücksichtigt
wird. Der Sache nach ist das Konzept jedoch in der Geschichte des politischen
Denkens seit den Griechen mit wechselnder Akzentuierung nachzuweisen,[48] findet aber seine Ausgestaltung erst im Zusammenhang mit der Doktrin der Volkssouveränität.

Die bisherigen Darlegungen machen deutlich, dass Arendts Konzept zwischen
beiden Begriffen oszilliert. Eine ideengeschichtlich beleuchtete Analyse ihres Begriffs gibt zu erkennen, dass sich in ihrem Konzept zwei Begriffe überlagern, die
aus sachlichen und historischen Gründen zu unterscheiden sind. Handlungsmacht
und konstitutive Macht finden sich als Amalgam, dessen Zusammensetzung in
dieser Form nur schwer kenntlich zu machen ist. Göhlers auf Arendts Konzept bezogene Differenzierung von transitiver und intransitiver Macht[49] erlaubt eine über-

---

46  Eine Ambivalenz in Arendts Machtbegriff registrieren Meints-Stender (2012, S. 130)
    und Volk (2013, S. 508ff.). Volk unterscheidet die Aktionsmacht des gemeinsamen
    Handelns einerseits und die Macht der politischen Ordnung andererseits. Letztere deu-
    tet er als materialisierte Macht. Dies ist nur insofern zutreffend, als sich Ordnungen im
    Prinzip immer manifestieren. Sie lassen sich jedoch nicht auf das Dasein politischer
    Institutionen reduzieren.
47  Friedrich Schlegel spricht von der „konstitutiven Macht"der Verfassung (Schlegel
    1966, S. 18).
48  Siehe dazu Zenkert 2004, S. 216ff.
49  Göhler 2013, S. 225.

zeugendere Bestimmung des Verhältnisses von Macht und Herrschaft. Aber auch hier überlagern sich der Modus der Handlungsmacht und die aus der Gemeinsamkeit entstehende kollektive Macht in einer ungeklärten Beziehung.

Arendt bestreitet zwar, dass Macht einem Einzelnen zukommt und erklärt emphatisch, dass Macht ein menschliches Attribut ist, „das nicht dem Menschen selbst anhaftet, sondern dem weltlichen Zwischenraum eignet, durch den Menschen miteinander verbunden sind".[50] Aber in dieser Feststellung überlagern sich anthropologische und politische Bestimmungen. Der Raum, in dem menschliches Handeln sich vollzieht, ist nicht gleichzusetzen ist mit einem politischen Gemeinwesen, das sich einem wechselseitigen Versprechen verdankt. Auch in den vielfältigen Beziehungen des Handelns der Individuen untereinander artikuliert sich Macht, ohne dass sich damit ein Gemeinwesen realisiert. Handeln selbst ist Ausdruck von Macht. Gerade wenn Macht nicht mit Herrschaft, das heißt mit Macht über andere gleichgesetzt wird, spricht alles dafür, dass auch einzelnem Handeln in diesem Zwischenraum Macht zukommt, dass Handlungsvermögen unterschiedlich ausgelegt sein können und dass dieses Potential kooperativ oder agonal eingesetzt werden kann. Das Verhältnis zwischen dem Handlungsvermögen der Vielen, das sich im politischen Raum entfaltet, und der Verpflichtung auf eine institutionalisierte Gemeinsamkeit, die auch bei abweichender Einzelmeinung den Anspruch auf Legitimität erheben kann, ist nicht durch einen graduell verlaufenden Übergang, sondern durch eine prinzipielle Differenz bestimmt.

Handlungsmacht und die durch Gemeinsamkeit konstituierte Macht bilden zwei unterschiedliche Typen, die sich aufeinander beziehen, aber nicht auf einen einzigen Machttypus reduzierbar sind. Macht ist in einem elementaren Sinne operative Macht, beruhend auf dem Handlungsvermögen dessen, der etwas ins Werk zu setzten vermag. Eine andere Form der Macht manifestiert sich in der fundamentalen Gemeinsamkeit als konstitutive Macht, die als unhintergehbare Bedingung jeglicher politischen Organisation verstanden werden kann. Macht erscheint schließlich in einem dritten Aggregatszustand als regulative Macht, als Herrschaft, die in der Organisationsstruktur von Staaten sichtbaren Ausdruck findet in der Rechtsordnung und den traditionellen Gewalten, der Legislative, Exekutive und Judikative. Im Zusammenhang der Sphären von operativer, konstitutiver und regulativer Macht ergibt sich ein komplexes Bild des modernen Verfassungsstaats.[51]

---

50  Arendt 2011, S. 227.
51  Für eine umfassende historisch-systematische Darstellung der Machttypen siehe Zenkert 2004.

Der Typus der operativen Macht oder Handlungsmacht umfasst die Möglichkeiten, die sich manifestieren im Vermögen und im Können der Handelnden. Handeln vollzieht sich nicht in der Perspektive isolierter Individuen, sondern steht sowohl hinsichtlich seiner Genese als auch seiner Wirksamkeit im Kontext des Handelns anderer. Die aus der Verschränkung der Handlungsperspektiven hervorgehenden Chancen gemeinsamen Handelns bilden die Voraussetzung für politisches Handeln. Die Koordination und Organisation des Handelns eröffnet neue Möglichkeiten und bietet eine sowohl quantitative als auch qualitative Erweiterung des Handlungsraums. Das Medium dieser Form der Macht bilden die Meinungen, deren politisch relevante Gestalt als öffentliche Meinung apostrophiert wird.[52] Handlungsmacht im politischen Maßstab basiert auf dem Austausch der Meinungen, auf gegenseitiger Korrektur und Beleuchtung der Handlungsperspektiven und schließlich auf der gemeinsamen Orientierung hinsichtlich allgemeiner und übergreifender Zielsetzungen. Die prominente Rolle der Beratung in der aristotelischen Konzeption der Politik ist das klassische Paradigma operativer Macht, das bis in die Neuzeit wirkt und noch den modernen Demokratiegedanken prägt. Beratung erschließt den Horizont des Möglichen, in dem dann die konkreten Handlungsziele entworfen und die anstehenden Entscheidungen getroffen werden können.

Dieses gewiss idealisierte Bild scheint die moderne, von den Medien geprägte Politik zu konterkarieren. Allein auch hier bildet Rhetorik im Konzert mehr oder weniger plausibler Meinungen einen entscheidenden Machtfaktor. Nicht immer geht es um Argumentation im strengen Sinne. Wichtiger ist die Artikulation grundlegender Überzeugungen im Hinblick auf aktuelle Situationen, die Ausdifferenzierung unterschiedlicher Perspektiven und die Bekundung gemeinsamer Zielsetzungen. Trotz hoher Flexibilität ist die organisatorische Leistung dieses Machttypus sehr begrenzt. Rhetorisch fundierte Macht bedarf stets neuer Aktualisierung und ist in hohem Maße der Kontingenz des Handelns ausgesetzt.

Von diesem Typus ist die konstitutive Macht als eigenständiger Machtmodus zu unterscheiden. Sie verkörpert diejenige Macht, die sich in der politischen Organisation und der Verfassung manifestiert. Sie resultiert daraus, dass ein Gemeinwesen sich als Ganzes, als eine Einheit etabliert. Die politische Einheit stellt eine besonders intensive und wirkungsvolle Form der Macht dar, sofern sie die Voraussetzung für die Entfaltung von Handlungskompetenz und das Fundament für die Etablierung legitimer Herrschaft ist. Mit Rousseaus Idee der Volkssouveränität wird dieses Konzept der Macht zu einem erfolgreichen Kampfbegriff, der jedoch auch zu vielen Missverständnissen führt und der ideologischen Verkleidung von Herrschaft Vorschub leistet. Dies ist insbesondere dann der Fall, wenn Volks-

---

52   Dazu Zenkert 1992.

souveränität als Modus von Herrschaft gedeutet wird. Konstitutive Macht mündet jedoch nicht in Herrschaft, sondern realisiert sich als Macht der verfassten Kollektivität. Sie stellt eine Voraussetzung für verfassungsgemäße Herrschaft dar, kann selbst aber die Funktion regulativer Macht nicht übernehmen.

Auch die von konstitutiver Macht zu unterscheidende, aber ihr funktional zugeordnete und auf sie bezogene Idee der verfassunggebenden Gewalt macht deutlich, inwiefern die Einheit einer konkreten Gemeinschaft, die sich rechtlich in der Verfassung dokumentiert, selbst nicht Produkt rechtsförmiger Herrschaft, sondern deren Bedingung ist. Dieser „Grenzbegriff des Verfassungsrechts"[53] verweist nicht nur auf die unwägbaren historischen Kräfte, dank deren sich in Zeiten revolutionärer Umbrüche Verfassungen etablieren, sondern auf die Zirkularität von kollektiver Einigung und verfassungsrechtlicher Form. Die Legitimation der Verfassung verdankt sich der verfassunggebenden Gewalt einer Gemeinschaft, die um dieses Gründungsaktes willen bereits eine zumindest informelle Form, eine zumindest rudimentäre Verfassung besitzen muss, um als Gemeinschaft auftreten zu können. Anders ließe sich die Autonomie, die eine souveräne Gemeinschaft in normativer Hinsicht beansprucht, nicht explizieren.[54] Dieser Zirkel beschreibt zugleich die Grenzen politischer Machbarkeit. Kollektive Macht ist nicht planmäßig aufzubauen und nur bedingt instrumentalisierbar. Grundsätzlich gilt für konstitutive Macht, dass sie stets einer institutionellen Infrastruktur bedarf. Ihre Erscheinungsform ist die Organisation, die nicht auf die bloße Herrschaftsstruktur reduziert werden kann, sondern als „politische Wirkungseinheit" zu verstehen ist.[55] Als Organisationsform bietet sie die Basis für Herrschaftsstrukturen und stiftet deren Form, aber sie erschöpft sich nicht darin. Herrschaft oder regulative Macht entsteht nur in Bezug auf operative und konstitutive Macht. Sie spannen den Rahmen auf, in dem auf Dauer gestellte Herrschaftsbeziehungen sich etablieren können.

Erst die begriffliche Unterscheidung der Machttypen gibt den politischen Raum zu erkennen, in dem sich die Verständigungsprozesse abspielen. Meinungs- und Willensbildung sind, wie Arendt mit Bezug auf die amerikanische Verfassung veranschaulicht, ein wesentlicher Bestandteil des politischen Handelns. Die Sphäre der Meinungen ist aber, worauf Arendt unermüdlich hinweist, geprägt von der

---

53   Böckenförde 1991, S. 90ff.
54   Die juristische Einordnung bereitet deshalb besondere Schwierigkeiten. Die Auffassungen, die verfassunggebende Gewalt hebe sich mit dem Gründungsakt gewissermaßen auf (Kriele 1990, S. 66) oder müsse durch das Recht diszipliniert und zu einer verfassungsinternen Instanz transformiert werden (Steiner 1966), sind Strategien, ihre politische Bedeutung zu eskamotieren.
55   Heller 1983, S. 259ff.

Pluralität der Handlungswelt. Meinungen sind zunächst immer die Meinungen Einzelner.[56] Umso überraschender ist gerade angesichts der Kritik am Konzept der volonté générale die Auskunft, dass die Macht der Meinungen und die Macht des „ursprünglichen Konsenses"[57] koinzidieren. Wenn Arendt damit nicht auf ein kontraktualistisches Modell rekurriert, wofür es keine belastbaren Anhaltspunkte gibt, dann muss sich der Konsens prozessual, als Austausch von Meinungen interpretieren lassen.

## 5    "All governments rest on opinion"

Es besteht kein Zweifel, dass Arendt unter Konsens keine explizit aus einem argumentativ ausgetragenen Disput hervorgegangene Einstimmigkeit versteht. Konsens ist hier im schwachen Sinne verstanden als eine auf dem Handeln basierende Gemeinsamkeit. Deren Verständigungsmodus ist nicht der rationale Diskurs, sondern der Austausch der Meinungen. Dass Arendt die politische Bedeutung der Meinungen hervorgehoben hat, stellt einen wichtigen Beitrag zum politischen Denken des 20. Jahrhunderts dar, der selten gebührend gewürdigt wird. Noch darin wirkt die neuzeitliche Verdrängungsgeschichte nach, die Meinungen als defizitär, als beeinflussbar und epistemisch unzureichend diskreditiert.[58] Die antike Rhetoriktradition, die trotz der Dominanz des rationalistischen Paradigmas der Neuzeit stets weiterlebt, bietet hier ein Korrektiv. Im politischen Denken ist es vor allem die angelsächsische Philosophie des 18. Jahrhunderts, in der die fundamentale Bedeutung der Meinungen zur Geltung kommt: „It is therefore, on opinion only that government ist founded",[59] lautet Humes Antwort auf die Frage nach der Möglichkeit von Herrschaft. Damit sucht er der vom Vertragsmodell verdeckten rhetorischen Natur des Menschen wieder zu ihrem Recht zu verhelfen. Die philosophische Tradition hat diese Funktion der Meinungen, wie Arendt bemerkt, weitgehend vernachlässigt.

Dieser konstitutiven Funktion der Meinungen, die vor allem in den Federalist Papers dokumentiert ist, wird in Arendts Darstellung der Amerikanischen Revolution Rechnung getragen. Dort finden sich die detaillierten Ausführungen zum Zusammenhang von Macht und Meinung, der im Essay über Macht und Gewalt

---

56    Arendt 1986, S. 292.
57    Arendt 1970, S. 42.
58    Siehe dazu Ptassek et. al. 1992 und Ptassek 1997.
59    Hume 1963, S. 110.

nur angedeutet wird.[60] Fundamental ist die These, „dass es keine echte Meinungsbildung geben kann, wo alle Meinungen zusammenfallen".[61] Betrachtet man Arendts Konzept der Macht im Licht dieses Prinzips, so erscheint es als völlig ausgeschlossen, dass die Gemeinsamkeit des Zusammenhandelns, die Macht begründet, als Homogenität oder Konsens aufgefasst werden könnte. Meinungen sind vielmehr „dynamisch" und pluralistisch. Wenn Arendt in notorischer begrifflicher Unschärfe von der „lebendigen Macht des Volkes" spricht,[62] dann ist damit vermutlich der Prozess der Meinungsbildung und des Meinungsaustauschs gemeint, dessen Zusammenwirken die Macht begründet.

Wie sich Gemeinsamkeit in der Pluralität abzeichnet, hat Arendt nur andeutungsweise zur Sprache gebracht. Dass sich Macht als „Fortsetzung des ursprünglichen Konsenses" artikuliert,[63] ist im Kontext eines revolutionären Narrativs noch plausibel, kann aber nicht als Charakteristikum von Macht überhaupt postuliert werden. Der Begriff des Konsenses selbst ist in diesem Zusammenhang mehr als missverständlich. Die Erinnerung an die Idee von „Konsent" macht immerhin deutlich, dass Arendt mit Konsens immer auch die Vielfalt und Multiperspektivität des Meinens im Blick hat, die sich in Beratungsprozessen zu erkennen geben.[64] Konsens ist folglich kein Stillstand einer erreichten Einstimmig keit. Weder die Beschwörung einer historischen Vergangenheit noch die ideale Antizipation einer Harmonie der Meinungen eignen sich als Modelle dessen, was Meinungsbildung in der pluralistischen Gesellschaft leistet.

Dass Macht sich aus der Gemeinsamkeit des Handelns ergibt, bedeutet also nicht, dass hier auch eine Identität des Meinens vorläge. Die Handlungsmacht, die Arendt zur Sprache zu bringen sucht, ist eine Auswirkung der Macht des Handelns einzelner, die sich trotz ihrer unaufhebbaren Differenzen zu einem kooperativen Handeln durchringen. Politische Macht generiert sich demnach aus der Macht des Handelns einzelner, ist keine creatio ex nihilo, sondern das Werk der Vielen, die ihre Fähigkeiten und Potentiale zusammentragen, damit aber eine Wirklichkeit schaffen, die über die Addition der Kräfte hinausgeht.

---

60   Arendt 1970, S. 50; hier begnügt sich Arendt mit dem eher trivialen Hinweis, dass Befehle nur insoweit wirken, als sie befolgt werden, insofern also meinungsabhängig sind. Dass Macht selbst durchgängig meinungsbedingt ist, kann daraus nicht geschlossen werden.

61   Arendt 1986, S. 290.

62   Arendt 1970, S. 42.

63   Ebd.

64   Arendt 1986, S. 96.

Die Meinungsbildung, die sich als Austausch und Konfrontation unterschiedlicher Meinungen gestaltet, kontrastiert Arendt mit dem Konglomerat einer einheitlichen Meinung, die unter dem Titel der „öffentlichen Meinung" firmiert.[65]
„Öffentliche Meinung", erklärt sie drastisch, „ist der Tod aller Meinungen".[66]
Eine sich abzeichnende Identität ist nach dieser Auffassung das Gegenteil von
Meinungsbildung, die immer die Pluralität der Perspektiven noch umfasst, die Di-
versität nicht absorbiert, sondern handhabbar macht.

Da gemeinsames Handeln jedoch nur unter der Bedingung gemeinsam geteilter Meinungen denkbar ist, muss geklärt werden, wie Differenz und Konsens
zugleich möglich sein sollen. Dissens kann zum einen als Vorbedingung der
Konsensbildung verstanden werden, indem durch die kontrastive Wirkung unterschiedlicher Meinungen die bessere Meinung sich im Wettbewerb durchsetzt.
Diese von Mill vertretene Auffassung plädiert für die Pluralität der Meinung als
Vehikel einer schließlich evolutionär erscheinenden Wahrheit.[67] Aber hier steht
im Hintergrund das epistemische Modell eines am Ideal wissenschaftlicher Erkenntnis orientierten Wissens. Arendt dagegen folgt dem rhetorisch geprägten
Konzept der Meinungen, die sich nicht am Maßstab theoretischen Wissens messen
lassen, sondern der Logik des Beratens und der praktischen Vernunft entstammen.
Seine systematische Grundlegung erfährt dieses Konzept in der Aristotelischen
Philosophie.[68] Arendts Referenztexte sind jedoch vor allem die Federalist Papers
und Kants Kritik der Urteilskraft. In letzterer sieht sie die Grundlage für Kants
nicht ausgearbeitete, aber im Prinzip rekonstruierbare politische Philosophie. Die
Logik des ästhetischen Urteils erlaubt, Differenz und Übereinstimmung anders zu
denken als im Modus des propositionalen Wissens. Der Wahrheitsanspruch eines
auf Erkenntnis ausgerichteten Satzes zielt auf eine zustimmende Stellungnahme
seitens des Empfängers. Zwar wird die Zustimmung auch bei Geschmacksurteilen
erwartet, aber hier erfolgt sie nicht auf der Basis objektiver Gründe oder empi-
rischer Erkenntnis, sondern unter Voraussetzung eines Gemeinsinns, eines Vermögens, das nach Kant die Kompatibilität differenter Standpunkte unter einem
übergreifenden und umfassenden, jedoch in seiner inhaltlichen Bestimmung nicht
definitiv festgelegten Prinzip zu denken erlaubt.[69] In diesem Kontext ist Arendts

---

65  Arendt 1986, S. 294.
66  Ebd.
67  Mill 1985, Chap. II.
68  Ptassek et al. 1992, S. 60ff.
69  Arendt stellt diesen Zusammenhang in ihren Vorlesungen dar. Siehe dazu insbesondere
    Arendt 1985.

Verwendungsweise des Konzepts eines ‚ursprünglichen Vertrags'[70] zu sehen. Auch Kant insinuiert mit diesem Terminus nicht ein kontraktualistisches Modell, sondern verwendet ihn, um auf die Voraussetzung einer Gemeinsamkeit zu verweisen, die nicht deduziert werden, aber als heuristische Voraussetzung eines Bemühens um Verständigung dienen kann, in der sich, von unterschiedlichen Positionen ausgehend und mit unterschiedlichen Präferenzen, eine Gemeinsamkeit auf der Ebene übergreifender Gesichtspunkte zumindest in Aussicht stellen lässt. Urteilskraft ist die Fähigkeit, allgemeine Prinzipien auf einzigartige Konstellationen von Meinungen zu beziehen, die nicht einem übergeordneten Prinzip subsumiert werden können, die aber dennoch nicht in unversöhnliche Gegensätze münden.

Die Gemeinsamkeit, die sich in der Logik der Urteilskraft im günstigen Falle abzeichnet, präsentiert sich nicht als Identität der Standpunkte, sondern als deren komplexe Verbindung. Eine partielle Überlagerung oder Überschneidung der Überzeugungen ist ebenso möglich wie gleiche Meinungen bei unterschiedlichen Prämissen oder unterschiedlichen Interpretationen der Lage. Der „ursprüngliche Konsens", den Arendt auch in der Deutung der Amerikanischen Revolution beschwört, ist folglich weder eine Fiktion, wie in den vertragstheoretischen Konstruktionen, noch ein mystisch überhöhter historischer Gründungsakt, sondern der Topos eines Verständigungsraumes. In ihm können sich die divergierenden Meinungen so aufeinander beziehen, dass am Ende eines Willensbildungsprozesses eine Entscheidung steht, die idealiter von allen getragen, wenngleich nicht von allen konsentiert wird.

Der übergreifende Konsens betrifft primär das Verfahren und seine Grundsätze, nicht das Ergebnis der konkreten Vereinbarungen. Er manifestiert sich in der Verfassung. Diese verkörpert einen Machttypus sui generis. Ihre Erscheinungsform ist die Existenz funktionierender Institutionen, in deren Rahmen sich die Meinungs- und Entscheidungsbildung abspielt. Auch die Verfassung wird von Meinungen und Überzeugungen getragen, ohne die sie keine Wirksamkeit entfalten könnte. Aber diese beruht gerade darauf, dass sie die Kontingenz des Meinens dadurch neutralisiert, dass sie den Organisationsrahmen der Meinungsbildung stiftet. Die Wahrnehmung dieses Forums des Austausches durch dissentierende Meinungsäußerungen bekräftigt die Legitimität des institutionellen Gefüges, das sie ermöglicht. Ein Dissens in politischen Fragen ist nicht per se ein Dissens über

---

70  Kant 1974, Bd. X, S. 230. Arendt kommentiert in ihren Vorlesungen § 41 der Kritik der Urteilskraft über das Geschmacksurteil in der Gesellschaft und hebt dabei den Begriff des ursprünglichen Vertrags hervor, der bei Kant den Status einer regulativen Idee besitzt (Arendt 1985, S. 99).

die Verfassung. Ohne die Entkoppelung dieser beiden Machtsphären wäre ein Gemeinwesen handlungsunfähig.

## 6      Der Raum der Repräsentation

Dass Arendt diese Differenz nivelliert, hat unmittelbare Auswirkungen auf ihre Einschätzung der Meinungsbildungsprozesse selbst. Ihr grundsätzliches Misstrauen gegenüber Repräsentationsverfahren geht auf diese fragwürdige Gleichsetzung von meinungsbasierter Handlungsmacht und konstitutiver Macht und auf die Marginalisierung der regulativen Macht zurück. Arendt setzt auf einen linearen Handlungszusammenhang, der sich über die Artikulation und den Austausch von Meinungen vollzieht. Repräsentiert werden in ihrer Darstellung Interessen, nicht Meinungen, weil diese nur im unmittelbaren Handeln präsent sein können.[71] Damit ist das Handeln strukturell überfordert; in der unmittelbaren Konfrontation mit den Herrschaftsverhältnissen offenbart sich die Ohnmacht der Meinungen. Es überrascht nicht, dass Arendt weder in der Gegenwart noch in der Vergangenheit ein Beispiel gelungener politischer Repräsentation findet, die ihren Vorstellungen entspräche.

Der machttheoretische Kurzschluss verdeckt den Raum der Repräsentation, auf den jede Meinungsbildung in politischer Dimension angewiesen ist. Die Differenz operativer, regulativer und konstitutiver Macht eröffnet genau die Sphäre, die von Repräsentationsbeziehungen ausgefüllt werden kann. Auch wenn Arendt konzediert, dass Urteilen im politischen Sinne generell repräsentativ genannt werden kann, weil mit einer Meinungsäußerung die Meinungen anderen präsent sind,[72] entgeht ihr doch, dass politische Meinungsbildung im modernen Staat grundsätzlich die Distanz zwischen dem individuellen Meinen und der institutionellen Infrastruktur der Macht qua Herrschaft überbrücken muss und dass dies nicht ihr Mangel, sondern gerade ihre besondere Leistung ist.[73] Dass politische Repräsentation der „Raum des Urteilens" ist,[74] in dem die Vielen auf ganz unterschiedliche Weise an der gemeinsamen Meinungsbildung partizipieren, basiert auf dem Potential der Meinungen, politische Perspektiven und Deutungen gleichzeitig zu relativieren

---

71   Arendt 1974, S. 346.
72   Arendt 2012, S. 342.
73   Vollrath bezeichnet diese Funktion in kritischer Auseinandersetzung mit Arendt als „Differenzrepräsentation" (Vollrath 1992, S. 76).
74   Siehe dazu die instruktive Darstellung von Dormal 2017, S. 91ff.

und zu verallgemeinern. Dies gelingt nur durch ein komplexes Gefüge von Organisationen, die Meinungsäußerungen strukturieren und kanalisieren.

Durch diese Mediatisierung entsteht auch der Eindruck, nicht unmittelbar auf das Ergebnis einwirken zu können und den eigenen Standpunkt nur bedingt im Resultat wiederzuerkennen. Das mit der Idee der volonté générale verbundene Versprechen einer Identität von individuellem und kollektivem Wollen sucht diese Unmittelbarkeit festzuhalten und stellt damit in der Tat die Alternative zum System einer repräsentativ aufgefassten Meinungsbildung dar. Dass Arendt diesen Weg und die damit verbundene Idee von Identität ablehnt, liegt in der Konsequenz der von ihr ins Zentrum gestellten Konzeption von Meinungsbildung und politischem Urteilen. Dass sie aber dem Repräsentativsystem keinen Kredit zu geben scheint, beruht, wie gezeigt, auf der Überblendung zweier Machtkonzepte, deren Unterscheidung erst die Vermittlungsleistung zu erkennen gibt, die repräsentative Strukturen erbringen.

Dabei läge es nahe, von der zentralen Bedeutung des politischen Urteilens ausgehend, die Strukturen der Repräsentation zu ermitteln. Die Vorstellung direkter und unmittelbarer Beteiligung greift hier zu kurz, denn die Wege der Vermittlung sind in der modernen Massendemokratie nicht nur aufgrund der schieren Quantität der Beteiligten unüberschaubar lang. Auch die thematische Breite der Agenda verlangt von allen Beteiligten, sich auf repräsentativ generierte Meinungsbildung einzulassen. Eine am Modell des kultivierten Gesprächs abgenommene Konzeption authentischer Meinungsbildung, in der das Urteil durch direkte Konfrontation der Ansichten und durch wechselseitige Kritik geschärft wird, lässt sich nicht auf den politischen Maßstab übertragen. Das Urteilen in politischer Dimension ist nicht nur quantitativ, sondern qualitativ von den semi-öffentlichen Diskursen der intellektuellen Sphäre zu unterscheiden. Es bedarf der Institutionen, die den öffentlichen Raum konstituieren.[75]

Repräsentation basiert auf der Kommunikation der unterschiedlichen Machtsphären unter der Bedingung der Aufrechterhaltung ihrer Differenz. Repräsentation ist insofern ein unverzichtbares Strukturprinzip jeder Form politischer Organisation, ganz besonders aber der demokratischen Verfassungen. Die Unterscheidung repräsentativer und direkter Demokratie ist insofern schief. Auch direktdemokratische Verfassungen kommen nicht ohne repräsentative Strukturen aus. Allerdings sind diese dann meist informell und bisweilen auch kaschiert durch autoritäre Verhältnisse. Explizite Repräsentation ist angreifbar, verlangt Rechtfertigung und setzt sich der Kritik aus. Implizite Repräsentation basiert auf

---

75   Von diesem Punkt ausgehend entwickelt Dormal seine Kritik an Arendt (Dormal 2017, S. 91ff.).

den zufälligen Konstellationen der medialen Verhältnisse, der gesellschaftlichen Einflusssphären, der vorpolitischen und bisweilen auch verdeckt politischen Mittel und Potentiale der dominanten Organisationen. Politische Repräsentation entzieht sich der Opposition zu direktdemokratischen Strukturen, weil auch in diesen vergegenwärtig werden muss, was nicht bereits durch die bloße Beteiligung von Individuen gewährleistet ist: das Volk in seiner politischen Bedeutung.

Pierre Rosanvallon unterscheidet zwischen Sozial-Volk, Wahl-Volk und Ideal-Volk.[76] Volk im Sinne des Sozial-Volks ist der Name für die soziale Vielheit und wechselhafte Erscheinungsweise der Mitglieder einer Gesellschaft, der Personen, die ihren privaten Interessen und Geschäften nachgehen. Diese Erscheinungsweise entspricht der Handlungswelt als dem Ort der Meinungsbildung, der Entfaltung unterschiedlicher und auch gegenläufiger Interessen. Das Volk ist aber auch Wahl-Volk, die in Individuen zerfallende Gruppe, die in regulären Personenwahlen oder in außergewöhnlichen Volksabstimmungen ihr Votum abgibt. Die Wähler sind dabei Subjekte der Herrschaft im doppelten Sinne: von ihnen geht die Macht aus, aber sie sind zugleich auch der Macht unterworfen. Drittens schließlich ist das Volk einer demokratischen Verfassung das Ideal-Volk als Souverän, als einheitliches Ganzes. Es verkörpert die Macht der Verfassung, sofern es selbst das verfasste Volk ist. Es ist bestimmt durch seine Individualität als konkrete, abgegrenzte Gemeinschaft. Seine Identität ist nicht als Faktum gegeben, aber es ist dennoch keine bloße Fiktion. Es wird präsent durch seine Re-präsentation als Bezugspunkt der politischen Auseinandersetzungen, die demokratische Politik als reflexive Gestaltung von Macht durch Macht voraussetzt. Repräsentation, die Kommunikation der Machtsphären unter der Bedingung der Aufrechterhaltung ihrer Differenz, vermittelt zwischen dem Sozial-Volk und dem Wahl-Volk. Das Sozial-Volk wechselt in die Rolle des Wahl-Volkes, um damit Herrschaft zu legitimieren, die im Namen aller ausgeübt wird, und faktisch doch nur von einem Teil der Betroffenen und meist unter Vorbehalt unterstützt wird. Dieses Verhältnis ist nicht mandatorisch, keine Vertretung, sondern repräsentativ in der Bedeutung, dass die Differenz zwischen Sozial-Volk und Herrschaft überbrückt wird durch die Vergegenwärtigung des Ideal-Volks, der Gesamtheit der Bürgerschaft, die allein die Kraft demokratischer Legitimation besitzt. Die konstitutive Macht des Volkes als Souverän, die sich nicht im Ergebnis von Wahlen oder Abstimmungen erschöpft, aber genauso wenig durch die kulturelle Identität abbilden lässt, bildet die Voraussetzung für das Gelingen des demokratischen Machtkreislaufes. Sichtbare Diskrepanzen innerhalb des Volkes sowie zwischen Sozial-Volk und Wahl-Volk sind insofern wesentlich für die Dignität demokratischer Gemeinwesen.

---

76   Rosanvallon 2013, S. 161f.

Fatal dagegen wäre jeder Versuch, deren Gleichschaltung anzustreben. Konsens als Maßstab des Politischen auf der Ebene der Meinungsbildung anzusetzen, ist demokratietheoretisch destruktiv.

Für diese Funktion der Übersetzung operativer in konstitutive Macht, die repräsentativen Instanzen obliegt, gibt es kein angemessenes Äquivalent. Varianzen gibt es lediglich insofern, als die Repräsentation explizit oder implizit, offen oder verdeckt vonstattengeht. Die Gestaltung dieser Beziehungen basiert nach Arendts Nomenklatur auf Autorität. Die lapidare Charakterisierung des Autoritätsbegriffs durch die Feststellung, dass Kennzeichen der Autorität „die fraglose Anerkennung seitens derer, denen Gehorsam abverlangt wird",[77] klingt in dieser knappen Formulierung missverständlich. Während sie das Autoritätskonzept vor allem mit der antiken Tradition verbindet, gibt sie zugleich zu erkennen, dass sie in den Revolutionen Versuche der Anknüpfung an diese Tradition sieht, die mit Gewalt neue Grundlagen für die politische Welt zu legen beabsichtigen. Mit der Ausnahme der amerikanischen Revolution münden diese bislang in Gewaltexzesse.

Der Verlust von Autorität, im Zuge einer falsch verstandenen Aufklärung als Demokratisierung gefeiert, hinterlässt ein politisches Vakuum. Die Entstehung totalitärer Herrschaft deutet Arendt als Zeichen des Autoritätsverlustes. In die Leerstelle, die Autorität hinterlässt, macht sich der politische Aktivismus breit, dessen Ausdrucksform die Gewalt ist. Möglicherweise verstellt diese auf vergangene Epochen bezogene Diagnose indes den Blick auf zeitgenössische Formen von Autorität, die sich in den repräsentativen Strukturen etabliert. Obwohl Arendt davon ausgeht, dass die amerikanische Verfassung die Grundlage für einen modernen Republikanismus geschaffen hat, ignoriert sie doch die für die amerikanische Verfassung fundamentale Institutionalisierung der Repräsentation. Für die Autoren der Federalist Papers, auf deren Urteil Arendt ansonsten großen Wert legt, wird die Übertragung der Idee des Republikanismus auf den modernen Flächenstaat allein durch die Einführung repräsentativer Strukturen möglich.[78] Diese halten sie für die größte Neuerung der amerikanischen Verfassung und nur in diesem sehen sie die Möglichkeit, den Gefahren der reinen Demokratie, ,popular government' genannt, zu begegnen.

Dies ist der systematische Ort, an dem sich Autoritätsbeziehungen entwickeln können. Die Anerkennung mündet hier nicht in Gehorsam im Sinne der Befolgung von Anweisungen, sondern zeigt sich im Vertrauen. Vertrauen ist die moderne Gestalt von Autorität, die sich im Verhältnis von Repräsentanten und Volk niederschlägt. Dass die von extremen Kräften beförderten populistischen Tendenzen

---

77 Arendt 1970, S. 46.
78 Madison, Hamilton, Jay 1978, Nr. 10.

den Vertrauensverlust eher verstärken als beheben, lässt sich in der gegenwärtigen Krise der demokratischen Verfassungsstaaten beobachten.

## 7    Epilog: Das Ende der Gewalt?

Wenn Macht sich auflöst, droht Gewalt an ihre Stelle zu treten; aber auch bestehende Macht kann durch Gewalt zerstört werden. Es gehört deshalb zu den lebenserhaltenden Funktionen jedes Gemeinwesens, sich durch die Bereitschaft zur Gewalt gegen destruktive Gewalt zu schützen. Die Aufhebung aller Gewalt ist jedoch kein legitimes politisches Ziel. Politik, die sich dem Ende aller Gewalt verschworen hat, diskreditiert ihre eigene Legitimitätsgrundlage. Wenn Arendt Recht zu geben ist mit der Feststellung, dass Macht durch Gewalt vernichtet werden kann, so ist zugleich festzuhalten, dass die endgültige Überwindung der potentiellen Bedrohung nur durch eine Hypertrophie der Macht und die Bereitschaft zum Einsatz grenzenloser Gewalt gewährleistet werden könnte. Ein Machtgebilde, dass sich so dem Kalkül der Gewalt ausliefert, würde sich selbst ad absurdum führen.

Alles in allem bleibt Arendts Begriff der Gewalt eigenartig unterbestimmt. Gewalt ist weder eine Naturkraft noch ein genuin politisches Phänomen, obwohl sie Auswirkungen auf die politischen Verhältnisse haben kann. Sie erscheint in einem opaken Zwischenraum und lässt sich nur in Bezug auf politische und rechtliche Standards identifizieren, indem sie entweder als Normverletzung oder als normativ sanktionierter Einsatz von Mitteln interpretiert wird. Als Instrument im Einsatz für politische Ziele kann sie von beiden Seiten, der verfassten Gemeinschaft und ihrer internen oder externen Opposition in Anspruch genommen werden. In diesem Sinne folgt die Gewalt der Macht wie ein dunkler Schatten. Die Erosion politischer Macht aber führt in allen Fällen zur Entfesselung der Gewalt.

## Literatur

Arendt, Hannah (1986): Elemente und Ursprünge totalitärer Herrschaft. Antisemitismus, Imperialismus, Totalitarismus. München.
Arendt, Hannah (1957): Was ist Autorität? In: dies., Fragwürdige Traditionsbestände im politischen Denken der Gegenwart. Frankfurt a. M.
Arendt, Hannah (1970): Macht und Gewalt. München.
Arendt, Hannah (1974): Über die Revolution. München.
Arendt, Hannah (1985): Das Urteilen. Texte zu Kants politischer Philosophie. München.
Arendt, Hannah (2012): Zwischen Vergangenheit und Zukunft. München.
Aristoteles (1991), Politik. Werke in deutscher Übersetzung. Bd. 9. Übers. u. erläutert von Eckart Schütrumpf. Berlin.

Benjamin, Walter (1965): Zur Kritik der Gewalt und andere Aufsätze. Frankfurt a. M.

Benhabib, Sheyla (2006): Hannah Arendt. Die melancholische Denkerin der Moderne. Frankfurt a. M.

Böckenförde, Ernst-Wolfgang (1991): Die verfassunggebende Gewalt des Volkes – Ein Grenzbegriff des Verfassungsrechts. In: ders., Staat, Verfassung, Demokratie. Studien zur Verfassungstheorie und zum Verfassungsrecht. Frankfurt a. M.

Dormal, Michel (2017): Nation und Repräsentation. Theorie, Geschichte und Gegenwart eines umstrittenen Verhältnisses. Baden-Baden.

Forst, R. (2011): Republikanismus der Furcht und der Rettung. Zur Aktualität der politischen Theorie Hannah Arendts. In: ders., Kritik der Rechtfertigungsverhältnisse. Perspektiven einer kritischen Theorie der Politik. Berlin, S. 196–208.

Göhler, Gerhard (2013): Transitive und intransitive Macht. In: Brodocz, André/Hammer, Stefanie (Hrsg.): Variationen der Macht. Baden-Baden.

Habermas, Jürgen (1976): Hannah Arendts Begriff der Macht. In: Merkur 30, H.10, S. 956–960.

Heller, Hermann (1983): Staatslehre (1934). Tübingen.

Hume, David (1963): Of the First Principles of Government (1741). In: Essays Moral, Political, and Literary. Oxford.

Jellinek, Georg (1900): Allgemeine Staatslehre. Leipzig.

Kant, Immanuel (1974): Werkausgabe. Hrsg. v. W. Weischedel. Frankfurt a. M.

Kriele, Martin (1990): Einführung in die Staatslehre. Die geschichtlichen Legitimitätsgrundlagen des demokratischen Verfassungsstaates. 4. Aufl. Opladen.

Lehmkuhl, Ursula (1999): Pax Anglo-Americana. Machtstrukturelle Grundlagen anglo-amerikanischer Asien- und Fernostpolitik in den 1950er Jahren. München.

Madison, James; Hamilton, John; Jay, John (1987): Federalist Papers (1788). Hg. v. I. Kramnick. London/New York.

Meints-Stender, Waltraud (2012): Reflektierende Urteilskraft als Ethos der Macht – eine Annäherung an einen emanzipatorischen Begriff von Macht. In: Brier, K.H./Gantschow, A. (Hrsg.): Politische Existenz und republikanische Ordnung. Baden-Baden, S. 119–136.

Meier, Christian (1988) : Res publica amissa. Eine Studie zur Verfassung und Geschichte der späten römischen Republik. Frankfurt a. M.

Meyer, Katrin (2016): Macht und Gewalt im Widerstreit. Politisches Denken nach Hannah Arendt. Basel.

Mill, John Stuart (1985): On Liberty (1859). London.

Ptassek, Peter; Sandkaulen, Birgit; Wagner, Jochen; Zenkert, Georg (1992): Macht und Meinung. Die rhetorische Konstitution der politischen Welt. Göttingen.

Ptassek, Peter (1997): Rhetorische Rationalität. Stationen einer Verdrängungsgeschichte von der Antike bis zur Neuzeit. München.

Rosanvallon, Pierre (2013): Demokratische Legitimität, Unparteilichkeit – Reflexivität – Nähe. Berlin.

Schlegel, Friedrich (1966): Versuch über den Republikanismus (1776). Kritische Ausgabe Bd. 7. Hg. V. E. Behler. München/Paderborn/Wien.

Schulze Wessel, Julia; Volk, Christian; Salzborn, Samuel (Hg.) (2013): Ambivalenzen der Ordnung. Der Staat im Denken Hannah Arendts. Wiesbaden.

Steiner, Udo (1966): Verfassunggebung und verfassunggebende Gewalt des Volkes. Berlin.

Sorel, Georges (1928): Über die Gewalt. Innsbruck.

Thaa, Winfried (2018): Politische Macht in der repräsentativen Demokratie. Drei alternative Konzeptualisierungen und ihre Folgen für Gleichheit und Pluralität, in: G. Zenkert (Hrsg.) Die Macht der Demokratie. Zur Organisation des Verfassungsstaats. Baden-Baden.

Thukydides (1991): Geschichte des Peloponnesischen Krieges, übers. v. G. Landmann. München.

Volk, Christian (2013): Hannah Arendt und die Kritik der Macht. In: Deutsche Zeitschrift für Philosophie, 61, H.4, S. 505–528.

Volk, Christian, (2010): Die Ordnung der Freiheit. Recht und Politik im Denken Hannah Arendts. Baden-Baden.

Vollrath, Ernst (1988): Institutionenwandel als Rationalisierungsprozess bei Max Weber. In: Hartwich, Hans-Hermann, (Hrsg.): Macht und Ohnmacht politischer Organisationen, Opladen. S. 88–102.

Vollrath, Ernst (1992): Identitätsrepräsentation und Differenzrepräsentation. Rechtphilosophische Hefte. Band 1. Recht und Moral. Frankfurt.

Weber, Max (1972): Wirtschaft und Gesellschaft. 5. Aufl. Tübingen.

Weber Max (1980): Politik als Beruf. In: ders., Gesammelte Schriften. Hrsg. v. J. Winckelmann. Tübingen.

Zenkert, Georg (1992): Die Macht der öffentlichen Meinung. In: Der Staat 1992, 31/3, S. 321–345.

Zenkert, Georg (2002): Kants Utopie des ewigen Friedens und die Topik der Politik. In: Dialektik, 2002/1.

Zenkert, Georg (2004): Die Konstitution der Macht. Kompetenz, Ordnung, Integration in der politischen Verfassung. Tübingen.

Žižek, Slavoj (2002): Arendt? Nein, danke! In: Literaturen 09/02, Sept. 2002.

# Protestgewalt als gewaltlose (göttliche) Gewalt?

## Arendts Machtbegriff und Benjamins „Zur Kritik der Gewalt"

Hans-Martin Schönherr-Mann

Hannah Arendt und Walter Benjamin waren eng befreundet. Im Exil half sie ihm nicht nur über die Runden zu kommen, indem sie ihm Jobs verschaffte. Sie hatte auch das Manuskript seiner Geschichtsphilosophischen Thesen in ihrem Fluchtgepäck von Montauban nach New York. Außerdem widmete sie ihm einen Essay, in dem sie manches sagt, was wirklich nur eine gute Freundin sagen darf.

Philosophisch bleibt der Bezug zum Werk von Benjamin bei Arendt aber blass. Besonders verwundert, dass sie in *Macht und Gewalt* Benjamins Aufsatz *Zur Kritik der Gewalt* aus dem Jahr 1921 mit keinem Wort erwähnt,[1] zufälligerweise aber einen Aufsatz vom noch unbekannten Giorgio Agamben, der Jahrzehnte später ausführlich die Debatte zwischen Benjamin und Carl Schmitt darstellt wie den Rückgriff von Jacques Derrida auf Benjamin. Derrida entwickelt vor dem Hintergrund von Benjamins Aufsatz die Dekonstruktion als eine politische Philosophie, die ebenfalls der Gewalt nachgeht, um der Gerechtigkeit Genüge zu tun.

Wenn man Schmitts Rezeption betrachtet, der durch Benjamins Aufsatz zur Entwicklung seines Souveränitätsbegriffs, vor allem aber desjenigen des Aus-

---

1    Auch im von Detlev Schöttker und Erdmut Wizista herausgegebenen Band Arendt und Benjamin – Texte, Briefe, Dokumente, Frankfurt/M. 2007 spielt diese Beziehung keine Rolle.

© Springer Fachmedien Wiesbaden GmbH, ein Teil von Springer Nature 2019
M. Wischke und G. Zenkert (Hrsg.), *Macht und Gewalt. Hannah Arendts*
*„On Violence" neu gelesen*, https://doi.org/10.1007/978-3-658-27006-3_3

nahmezustands angeregt wird, dann erscheint es indes als wenig verwunderlich, dass Arendt diesem Text Benjamins offenbar wenig abgewinnen konnte. Trotzdem gerät sie nicht nur mehrfach thematisch in die Nähe von Benjamins Aufsatz. Beide Texte beziehen sich auch jeweils mehrfach auf Georges Sorels *Réflexions sur la violence* aus dem Jahr 1908. Wie Sorel trennt Arendt *Macht und Gewalt* – eine in der politischen Philosophie eher seltene Differenzierung. Allerdings fragt Arendt, wie Macht jenseits von Gewalt entsteht, während Sorel mit der Gewalt der Macht widerstreiten will. Benjamin dagegen transformiert Sorels proletarische Gewalt in Gewaltlosigkeit, so dass sich Benjamins Ansatz Arendts Bemühung zumindest in einer bestimmten Perspektive annähert, an der auch Derrida partizipiert. Es geht in der folgenden Argumentation daher darum, mit Benjamins *Zur Kritik der Gewalt* die Rolle der Gewalt in Arendts Machtbegriff zu erhellen.

# 1    Die Stabilität der Demokratien

Wie Benjamin fragt auch Arendt nach der Rolle der Gewalt in der Revolution, wiewohl vor keinem entsprechenden aktuellen Hintergrund wie 1921 der Russischen, sondern angesichts häufig gewaltsamer Proteste rings um 1968, die ja weltweite Resonanz fanden. Diese Proteste mündeten bekanntlich nirgendwo in eine Revolution, was durchaus verwundern darf. Denn nach Arendt – dabei folgt sie Sorel – gelingt eine Revolution nicht gegen einen starken Staat, sondern nur gegen einen schwachen. Wenn sich nämlich Revolutionäre mit einem starken Staat anlegen, dann verlieren sie regelmäßig. Wenn ein Staat indes geschwächt ist, dann kommt es eigentlich nur darauf an, ob eine revolutionäre Organisation existiert, die die Gelegenheit nutzen kann – Vorbild für dieses Modell ist sicherlich die Oktoberrevolution, bei der Trotzki eine solche Organisation gebildet hatte.

Nirgendwo gelang das rings um die Proteste des Jahres 1968. Offenbar waren die Regime nicht entsprechend schwach, nicht mal in Frankreich, wo De Gaulle immerhin in eine gewisse Bredouille geriet, wie Arendt betont. Das müsste vor allem rechte, konservative, aber auch linke Vordenker überrascht haben, die die Demokratien gemeinhin als schwach abkanzeln. In den fünfziger Jahren kritisieren insbesondere Arnold Gehlen und Eric Voegelin die westlichen Staaten, dass sie den Konsum förderten, anstatt die Militärausgaben zu erhöhen. Carl Schmitts Liberalismus- und Parlamentarismus-Kritik stammt ja bereits aus der Zeit nach 1918 und wird seither im rechten Lager fleißig wiederholt. Auch Sorel hält die Bourgeoisie für so dekadent, dass sie sich um einen sozialen Ausgleich bemüht, anstatt das Proletariat in einer Art verschärftem Klassenkrieg zu bekämpfen. Solch ein sozialer Ausgleich schwächt nach Sorel die Macht und stärkt sie nicht.

So erläutert Arendt: „Sorel entwarf seine ‚Apologie der Gewalt', weil er in ihr die größte, wenn nicht einzige Manifestation des Lebens sah"‚[2] zu der das Bürgertum nicht mehr fähig wäre.

Nicht nur im orthodox marxistischen Lager erwartet man folglich den Untergang des Kapitalismus. Von offizieller Seite wurden in den kommunistischen Staaten die westlichen Länder immer als schwach dargestellt – man denke an Maos Spruch, die Imperialisten und Reaktionäre seien Papiertiger. So aufgeklärt wie marxistisch prophezeit noch 2015 der britische Fernsehjournalist Paul Mason den Untergang des globalen Kapitalismus: „was uns bevorsteht: der Zusammenbruch unserer Welt."[3]

Neben den immensen ökonomischen Erfolgen übersah man dabei auch geflissentlich die militärischen Leistungen der USA und Großbritanniens während des zweiten Weltkriegs: letztere sollten nur durch US-Hilfe überlebt haben und erstere gewannen am Ende *nur* ob ihrer materiellen Überlegenheit, womit man ein entscheidendes Element klein redete, was aber der Vietnam-Krieg – so auch Arendt – gerade zu bestätigen schien. Doch die materielle Überlegenheit kam dabei nicht von ungefähr, nämlich durch einen leistungsfähigen Kapitalismus. Die USA gewannen einen Krieg, den sie gleichzeitig an mehreren Fronten führten, während der rechtsradikale, rassistische, antisemitische Nationalsozialismus wie der Faschismus komplett untergingen. Und die Sowjetunion wird sich Jahrzehnte später sogar selbst und vor allem friedlich abwickeln – immerhin eine beachtliche Leistung.

Man wollte bei den Rechten wie den Linken auch partout nicht anerkennen, dass sich die demokratischen Länder auf eine breite Unterstützung ihrer Bevölkerungen stützen können. Dagegen lobte man rechts die Leistungen der deutschen Bevölkerung wie der Wehrmacht, die erst ein Land nach dem anderen erobert hatten und dann jahrelang einem weltweiten Bündnis widerstanden. Links lobte man die ungeheure Opferbereitschaft der sowjetischen Bevölkerung.

## 2    Macht jenseits der Gewalt

Trotzdem stand Arendt auch vor dem anderen Phänomen, dass sich ebenfalls die totalitären Staaten wie Nazi-Deutschland und die stalinistische Sowjetunion offenbar nicht allein auf Gewalt gründeten, fanden sie vielmehr in ihren jeweiligen Bevölkerungen durchaus keinen geringen Zuspruch. Just dadurch konnten sie eine

---

2    Arendt [15]2003, S. 70.
3    Mason 2016, S. 316.

weitreichende Macht entfalten, die sich nicht nur schlichter Gewalt bediente. Vor diesem historischen Hintergrund trennt Arendt *Macht und Gewalt*, was von verschiedener Seite kritisiert wird. Sie schreibt: „Macht entspricht der menschlichen Fähigkeit, nicht nur zu handeln oder etwas zu tun, sondern sich mit anderen zusammenzuschließen und im Einvernehmen mit ihnen zu handeln. Über Macht verfügt niemals ein Einzelner; sie ist im Besitz einer Gruppe und bleibt nur solange existent, als die Gruppe zusammenhält."[4]

Die Propagandaapparate sowohl von Nazideutschland wie auch der Sowjetunion haben diesen Eindruck verstärkt und während man selbst in der Linken der Propaganda letzterer gemeinhin wenig Vertrauen entgegenbrachte, so ging man ersterem bereitwilliger auf den Leim, was man ja auch im konservativen Lager nicht ungern hörte. Erst im Todesjahr von Arendt wird der britische Historiker Timothy W. Mason an diesem Mythos erhebliche und wohl begründete Zweifel anmelden, als er einen breiten Widerstand in der Bevölkerung gegen den Nationalsozialismus dokumentierte.[5] Aber das hat bis heute über den Kreis der Experten hinaus kaum öffentliche Verbreitung erlebt. Das ändert auch nichts an der Unterstützung eines anderen Teiles der deutschen Bevölkerung, nur, dass dieser nicht so groß war, wie gerne behauptet.

Wenn Arendt ihre Trennung von *Macht und Gewalt* als sinnvoll demonstrieren wollte, stand sie einerseits vor der Frage nach der Macht in den totalen Herrschaften und andererseits sah sie sich mit dem Problem der wenig anerkannten Stabilität der westlichen Demokratien konfrontiert, was ihren Begriff von Macht jenseits von Gewalt in Schwierigkeiten bringt. Beider Stärken wollen zueinander so gar nicht passen bzw. verschmutzen sie sich gegenseitig. Damit konnte man die linke Behauptung untermauern, dass sich die Demokratie nicht wesentlich von einer Diktatur oder vom faschistischen Totalitarismus unterscheidet. Daher möge man sich mit einer linken Diktatur doch bitte schön einrichten – eine These, wie sie Sorel noch verschärfte, sich damit von Marx aber kaum entfernt: „Die proletarische Gewalt [...] steht im Dienste der zutiefst begründenden Interessen der Zivilisation; sie ist vielleicht nicht die geeignetste Methode, um unmittelbare materielle Vorteile zu erlangen, aber sie vermag die Welt vor der Barbarei zu erretten."[6] Umgekehrt lässt sich mit der Stärke der totalitären und der Schwäche der demokratischen Gesellschaften auch die rechte Behauptung bekräftigen, dass es keinen wesentlichen Unterschied zwischen Diktatur und Demokratie gebe. Der Vorteil der ungeschminkten Diktatur gegenüber den Demokratien sei aber, dass

---

4    Arendt [15]2003, S. 45.
5    Vgl. Mason 1975; und ders 1977.
6    Sorel 1928, S. 103.

erstere eine entscheidungsfähige Gestaltungsmacht entwickeln würde, die bestimmten Teilen der Bevölkerung – gerade den Armen – mehr nütze als demokratische Rechte oder parlamentarische Debatten.

Dieses Argument taucht nicht nur bei den heutigen Rechtspopulisten wieder auf, die sich ja gleichfalls einer großen Popularität in Bevölkerungen weltweit erfreuen, sondern ironischerweise auch bei dezidiert Linken, die Neoliberalismus, Globalisierung und einer emanzipatorischen Zivilgesellschaft vorwerfen, sie würden sich um die Interessen gerade des ärmeren Teiles der Bevölkerungen gar nicht kümmern; der liberale Internationalismus verhindere eine sozialstaatlich orientierte Politik, so dass die dezidiert Linken mit den Rechtspopulisten just darin übereinstimmen, dass nur ein starker Nationalstaat heute die Politik wieder befähigen könnte, das neoliberale Primat der Ökonomie zu durchbrechen. So bemerkt der Soziologe Wolfgang Streeck, „dass die politischen Klassen des neoliberalen Kapitalismus nach der populistischen Revolution gezwungen sind, wieder mehr auf ihre Staatsvölker zu hören. Nationale Demokratie kommt nach Jahrzehnten globalisierungsförderlicher institutioneller Austrocknung als Kanal für die Artikulation von Unzufriedenheit von unten erneut in Gebrauch."[7] Bereits Sorel vertritt eine ähnliche Position, die ihn nicht von ungefähr sogar in die Nähe des italienischen Faschismus bringt.

Aber auch Arendt kritisiert ähnlich wie Schmitt die liberale Demokratie, dass sie die Trennung zwischen Privatheit und Öffentlichkeit verwischen würde, d.h. dass ökonomische Interessen eine immer größere Rolle in der Politik spielen. So konstatiert Arendt: „Freiheit kann der Sinn von Politik nur sein, wenn wir unter dem Politischen einen öffentlichen Raum verstehen, der sich nicht nur von der Sphäre des Privatlebens abgrenzt, sondern sogar immer in einem gewissen Gegensatz zu ihr steht."[8]

Trotzdem, vor dem Hintergrund der scheiternden Achtundsechziger Proteste braucht Arendt einerseits eine Erklärung für die vermeintlich überraschende Stärke der westlichen Demokratien, die just nicht so geschwächt waren, dass eine revolutionäre kleine Gruppe wie Trotzkis Rote Garden schnell die Macht übernehmen könnte. Die letzte Revolution, aber nach jahrelangem Bürgerkrieg, war damals die Machtübernahme der Kommunisten auf Cuba.

In Vietnam gerieten die USA einerseits zwar durch einen immer besser gerüsteten Feind in Schwierigkeiten, aber andererseits auch durch den innenpolitischen Widerstand gegen diesen Krieg in den Parlamenten, wie auch auf der Straße bzw. in der Bevölkerung: also Proteste, teilweise auch gewalttätige, die die

---

7    Streeck 2017, S. 266.
8    Arendt 2000, S. 209.

Kriegführung der USA in Vietnam beeinträchtigten, nicht aber den Staat aus dem Lot bringen und die man durchaus auch als einen Impuls verstehen könnte, der politische Macht generiert bzw. Reformen anstößt, mögen diese Arendt auch teilweise unsinnig erscheinen.

So führt die Trennung von Macht und Gewalt in gewisse Schwierigkeiten: Die in demokratischen Regimen durch die Zustimmung der Bevölkerung entstandene Macht ist zumindest umstritten, erlauben die Demokratien, wie man heute wieder erleben darf, zudem antidemokratische Schwenks, sei es in den USA, in Italien oder in Polen, die sich durchaus einer großen Zustimmung erfreuen, die nach Arendt Macht generiert. Und auch die totale Herrschaft kann sich keinesfalls auf Gewalt allein stützen, will sie Macht entfalten, obwohl sie durch den Terror der Geheimpolizei und des Konzentrationslagers gezeichnet ist, wie es Arendt in *Elemente und Ursprünge totaler Herrschaft* analysiert. Oder die Protestgewalt der Straße schlägt in Demokratien gelegentlich sogar in Macht um.

## 3    Macht zwischen Untertänigkeit und Mündigkeit

Trotzdem widerspricht Arendt explizit dem Satz Maos, dass die Macht aus den Gewehrläufen käme. Selbst die antike Sklavenhaltergesellschaft gewinnt ihre Stabilität nicht durch offene Gewalt, sondern durch eine überlegene Organisation, die den Sklaven Widerstand austreibt und den Gehorsam mit Vorteilen verbindet. So gibt es nach Arendt eine weit verbreitete Neigung zum Gehorsam. Ausführlich schildert sie das anhand des Typus *Eichmann in Jerusalem*.

Die Unterstützung aus dem Volk, die den Staat mächtig werden lässt, besitzt somit einen durchaus ambivalenten Charakter, nämlich einerseits im Gehorsam, wenn sich der Untertan nach Schmitt vom Souverän vorschreiben lässt, wer der öffentliche Feind ist, und andererseits im demokratisch partizipierenden Bürger, der seine politischen Repräsentanten auch scharf, womöglich gewalttätig kritisiert, ohne dabei aber die politische Ordnung als solches immer grundsätzlich in Frage stellen zu wollen oder zu können. Arendt erlebt den ersteren Typus vor allem in Deutschland 1933, den zweiten in den USA bereits nach ihrer Flucht und sieht sich mit dem dritten auf andere Weise 1968 konfrontiert.

Die rechte, die konservative wie die orthodox marxistische Theorie betrachten die Untertänigkeit als Voraussetzung für einen machtvollen Staat, der sich dabei auch auf die Gewalt stützt. Für die liberale, die sozialdemokratische, aufgeklärt linke wie die zivilgesellschaftliche politische Philosophie generiert sich Macht heute dagegen eher durch die Mündigkeit und die Emanzipation der Bürger. Für die Vertreter einer starren politischen Ordnung würde das wiederum keine hinlängliche politische Stabilität gewährleisten, somit eine zu schwache Macht entfalten, neigen sie dazu, demokratische Rechte ganz oder zumindest teilweise aufzuheben. Arendt und Benjamin zählen zu den Vertreterinnen der Mündigkeit, die Arendt in der Rätebewegung verwirklicht sieht und die Benjamin 1921 eher anarchistisch denkt, was voneinander nicht so weit entfernt ist.

Anders als bei Max Weber, Carl Schmitt oder Leo Strauss, für die sich die Macht durch die Gewalt manifestiert, gehört für Arendt die Gewalt nicht unbedingt zum Staat, stützt sie dessen Macht jedenfalls nicht entscheidend. Die Gewalt erzeugt Macht höchstens am Rande, obgleich sie durchaus den Staat im Krisenfall sichern hilft, ist Arendt ja keine Verfechterin der Gewaltlosigkeit oder des Pazifismus, erlebte sie, dass gegen die Nazideutschen nur alliierte Panzer helfen. Die reine Tyrannis aber entfaltet keine Macht, sondern stützt sich auf Gewalt und operiert für Arendt daher verantwortungslos, d.h. sie verantwortet sich nicht gegenüber der Gesellschaft, die vielmehr durch einen Gewaltapparat entmachtet wird.

Doch die Macht, die ein Staat zur eigenen Stabilität braucht, verdankt sich ähnlich wie bei Spinoza der Zustimmung der Menge bzw. der Gesellschaft, mag diese auch aus Untertanen bestehen, wie die Gesellschaften des 19. Jahrhunderts. Insoweit ist Arendts Machtbegriff gar nicht ambivalent, sondern schlicht diagnostisch: Macht hat keinen notwendig demokratischen Ursprung. Wenn es sich aber um demokratisch generierte Macht handelt, dann stützen sich deren Institutionen jedenfalls nicht nur nicht auf Gewalt, sondern wirken dieser auch noch entgegen. Arendts Beispiel dafür ist Gandhis gewaltloser Widerstand gegen die britische Kolonialmacht, der von den Nazis oder von Stalin einfach gewaltsam hinweggefegt worden wäre.

Also sollte Arendts These von der gewaltneutralen Macht zumindest weiter differenziert werden, hat sie selbst die Differenz zwischen der Zustimmung von Untertanen und jener mündiger Bürger nicht explizit weit genug durchdacht. Denn für sie braucht Macht keine Rechtfertigung. Nun, sie verdankt sich der Zustimmung der Menge. Aber die Folgen können gravierend sein, wie sich diese Menge konstituiert. Daraus ließe sich die Frage nach der Legitimität aufwerfen, also einer Macht, die sich durch die Mündigkeit und Emanzipation derjenigen legitimiert, die sie konstituieren, und jener, die sich der Unterwerfung der Menge verdankt und dabei regelmäßig andere Gruppen diskriminiert. Wie schreibt doch Carl Schmitt: „Erklärt ein Teil des Volkes, keinen Feind mehr zu kennen, so stellt er sich nach Lage der Sache auf die Seite der Feinde und hilft ihnen, aber die Unterscheidung von Freund und Feind ist damit nicht beseitigt."[9]

---

9    Schmitt 2005, S. 207.

# 4    Gewalt als Mittel

Während sich für Arendt die Macht derart von selbst ergibt, braucht die Gewalt
eine Rechtfertigung. Aber diese besitzt niemals eine Legitimität, auch nicht durch
die Zustimmung welcher Menge auch immer. Die Rechtfertigung erhält die Gewalt dadurch, dass sie als Instrument eingesetzt wird, um bestimmte Zwecke zu
verfolgen, konstatiert Arendt: „Es liegt im Wesen der Gewalthandlung, dass sie
wie alle Herstellungsprozesse im Sinne der Zweck-Mittel-Kategorie verläuft."[10]
Hier zeigt sich eine Parallele zu Benjamins *Kritik der Gewalt*. Für diesen braucht
das Recht notwendig Gewalt. Als Naturrecht dient diese bestimmten Zwecken, beispielsweise wenn Robespierre die Tugend mit dem Terror durchzusetzen versucht.
In diesem Sinn beruft sich Arendt sowohl auf Engels als auch auf Clausewitz, die
beide in der Gewalt ebenfalls ein Mittel sehen. Oder wenn Leo Strauss 1953, also
im Angesicht des Koreakrieges, auf Aristoteles verweisend schreibt: „Eine wohl-
gesittete Gemeinschaft wird nicht in den Krieg ziehen, es sei denn, es handele sich
um eine gerechte Sache. Was sie aber während eines Krieges tun wird, das hängt
bis zu einem gewissen Grad von dem ab, was ihr der Feind – möglicherweise ein
absolut gewissenloser und barbarischer Feind – zu tun aufzwingt."[11]

Just das gilt für Arendts damals aktuelles Beispiel des Guerillakrieges. Aus
der Perspektive des Befreiungskrieges – man denke an den Kolonialismus – rechtfertigt sich die Guerilla als Mittel, mit dem man einem übermächtigen Feind zu
begegnen vermag. Nicht mehr das Schlachtfeld entscheidet, auf dem sich zumeist
die überlegene Armee durchsetzt. Der Sieg auf dem Schlachtfeld führt nicht zur
Unterwerfung der Besiegten, die vielmehr ihren Krieg als Guerilla fortsetzen –
dem z.B. die napoleonischen Armeen in Spanien nicht widerstanden.

Aber nicht nur Zwecke bestimmen den Einsatz der Gewalt als Mittel. Arendt
kennt auch den umgekehrten Fall, wenn der Zweck von der Gewalt als Mittel ver-
schoben wird. Sie schreibt: „Wo die Gewalt mit ihren Geräten der Machtbasis ver-
lustig gegangen ist, die ihr Ziele und Grenzen setzt, tritt die bekannte Umkehr des
Zweck-Mittel-Verhältnisses in Kraft; nun sind es die Mittel, die Werkzeuge der
Vernichtung, die die Zwecke bestimmen – mit dem Resultat, dass der tatsächlich
erreichte Endzweck die Vernichtung aller Macht ist."[12] Der Zweck, der durch die
Wirkung des Mittels erreicht werden soll, verdankt sich dem Mittel selbst. Die Gewalt entfaltet eine nicht vorhergesehene Wirkung, die nun performativ zum Zweck

---

10    Arendt [15]2003, S. 8.
11    Strauss 1977, S. 165.
12    Arendt [15]2003, S. 56.

erhoben wird. Damit bestimmt die Gewalt selbst den Zweck. Das Mittel wird zum Zweck, bzw. die Gewalt zum Selbstzweck.

Benjamin beschreibt diese Wirkung im Rahmen des positiven Rechts. Wenn sich Recht strukturell und immer auf Gewalt stützt, dann wird die Gewalt rechts-positivistisch selbst zum Zweck und beschränkt sich keineswegs darauf, Mittel zu bestimmten Zwecken zu sein. Jeder Rechtsvertrag – so Benjamin – „führt, wie sehr er auch friedlich von den Vertragschließenden eingegangen sein mag, doch zuletzt auf mögliche Gewalt. Denn er verleiht jedem Teil das Recht, gegen den andern Gewalt in irgendeiner Art in Anspruch zu nehmen, falls dieser vertragsbrüchig werden sollte."[13] Die Polizeigewalt ist unter verbreiteten positiv rechtlichen Um-ständen für Benjamin schierer Selbstzweck, besitzt sie nicht nur eine rechtser-haltende, sondern auch eine rechtssetzende Funktion. Zumindest beherbergt sie heute in modernen Rechtstaaten immer noch einen operativen Spielraum.

Die Bürokratie, zu der auch die Polizei zählt, entfaltet für Arendt keine Macht, stützt sie sich vielmehr auf Gewalt, die ja bei Benjamin dem Recht inhärent ist. Wie die Tyrannis verantwortet sich die Bürokratie nicht gegenüber der Gesell-schaft, sondern folgt ihren Regeln bzw. dem Recht. Auch die bürokratische Herr-schaft entmachtet die Gesellschaft, so dass sie eben auf Gewalt und nicht auf Macht beruht. „In einer vollentwickelten Bürokratie gibt es", so Arendt, „wenn man Verantwortung verlangt oder auch Reformen, nur den Niemand. Und mit dem Niemand kann man nicht rechnen, ihn kann man nicht beeinflussen oder über-zeugen, auf ihn keinen Druck der Macht ausüben. Bürokratie ist diejenige Staats-form, in welcher es niemanden mehr gibt, der Macht ausübt; und wo alle gleicher-maßen ohnmächtig sind, haben wir eine Tyrannis ohne Tyrannen."[14] Bürokratisch prägt Stalin die sozialistischen Strukturen den Gesellschaften in der UdSSR auf. So wurden unter Marxisten die Vor- und Nachteile der Bürokratisierung fleißig diskutiert. In der Bürokratie wandelt sich die Gewalt zum Selbstzweck, so dass sich ihre Macht ja gerade nicht auf die Zustimmung der Bürger stützt, sondern sich wie die Tyrannis nur der Gewalt verdankt.

Für Arendt folgte daraus, dass sich politische Macht, die sich auf die Zu-stimmung der Bürger stützt, gegen die Gewaltstrukturen der Bürokratie durch-setzen muss. Max Weber entwickelt den Begriff der bürokratischen Herrschaft als Idealtypus, deren reale starre Strukturen die charismatische Herrschaft auf-brechen soll. Der Präsident sollte gemäß der Weimarer Verfassung direkt vom Volk gewählt werden, just um die verkrusteten politischen wie bürokratischen Verhältnisse zu überwinden. „Nur die Wahl eines Reichspräsidenten durch das

---

13   Benjamin 1965, S. 45.
14   Arendt [15]2003, S. 80.

Volk" – so Weber – „gibt Gelegenheit und Anlass zu einer Führerauslese und damit zu einer Neuorganisation der Parteien, welche das bisherige ganz veraltete System der Honoratiorenwirtschaft überwindet."[15] Allerdings sollten die Bürger dann dem charismatischen Führer gehorchen und sich in politische Angelegenheiten nicht mehr einmischen. Webers Vorstellung von Demokratie entspricht doch eher einer gelenkten, nicht einer, an der sich die Bürger aktiv beteiligen.

Aber eine gewisse Form der Macht entwickelt die charismatische Herrschaft schon, auch wenn es sich dabei um die Zustimmung wiewohl eher von Untertanen handelt – jedenfalls gemäß Webers Demokratievorstellung. Das repräsentative Modell der Demokratie wurde noch 1970 nun mal weitgehend obrigkeitlich ausgelegt. So bemerkt Jan-Werner Müller über die Demokratien des Nachkriegs: „Man sollte gleichwohl in Erinnerung behalten, dass die Vorzeichen, unter denen diese Modernisierung stattfand, alles andere als modern wirkten. Denn sie wurde mittels einer paternalistischen Politik vorangetrieben [...]."[16] Dagegen lehnten sich die Proteste der sechziger Jahre auf, konnten sie die Demokratie daher auch leicht in die Nähe der Diktatur rücken. Umgekehrt räumt jedoch auch Arendt ein, dass diese Proteste eine bürokratisierte Politik durchaus in Bewegung brachten.

## 5    Staat und revolutionäre Gewalt

Dabei könnte man eine Parallele zu Marx ziehen, der die Gewalt als Geburtshelferin der Geschichte versteht. Allerdings wendet Arendt gegen Marx ein, dass dessen historisches Subjekt, nämlich das Proletariat, gar nicht besonders revolutionär ist. Marx hatte das ja auch bereits in England erlebt, wo es den Gewerkschaften eher um die Verbesserung der Lebensverhältnisse der Arbeiter ging, was dann die revolutionären Marxisten als Tradeunionismus disqualifizieren wollten.

Arendts Kritik an Marx entfaltet indes eine gewisse Ambivalenz. Sie hält ihm entgegen, dass die Revolutionen gegen einen starken Staat weitgehend aussichtslos sind. Aber Marx' ökonomische Theorie kommt dem durchaus nahe. Der Staat wird nicht von einer starken revolutionären Gewalt gestürzt. Die Revolution der Arbeiter bricht vielmehr dann aus, wenn die kapitalistische Wirtschaft in die große Krise gerät, nach Arendt, wenn sich der Staat nicht mehr auf die Unterstützung seiner Bürger verlassen kann, er also keine Macht mehr hat. Nach Arendt prophezeien die revolutionären Marxisten dem gemächlichen, liberalen Fortschritt die

---

15    Weber ³1971, S. 499.
16    Müller 2013, S. 246.

Katastrophe, die dann in den wahren, beschleunigten Fortschritt führen soll. Marx erwartet dabei, dass die Revolution gar nicht allzu blutig ausartet.

Aber die revolutionären Arbeiter werden dann die Diktatur des Proletariats aufbauen, den Staat also nicht abbauen, daher erwartet Marx ein Absterben des Staates erst nach einer längeren Phase des Sozialismus, wenn die feindlichen Kräfte langsam besiegt und ausgerottet sind. So konstatiert auch Arendt, dass Revolutionen zumeist die staatlichen Mächte stärken. Das könnte natürlich in ihrem Sinn auch durch eine verbreiterte Zustimmung der Bürger geschehen. Wenn sich dergleichen jedoch durch einen massiven Einsatz von Gewalt durchsetzt, dann werden die Staatsgewalten gestärkt, nicht deren Macht. „Deshalb richten sich Revolutionen in Wahrheit gar nicht gegen die etablierten Mächte. Sie ‚bewirken vielmehr eine Erneuerung und Stärkung der Macht',"[17] zitiert Arendt aus *Du Pouvoir* von Bertrand de Jouvenel aus dem Jahr 1947.

Auch Benjamin diagnostiziert, dass der rein ökonomische Streik und erst recht der politische Generalstreik ob deren erpresserischem Charakter eine massive Gewalt produzieren, mit der der Streik ins politische Geschehen eingreift, um ein neues revolutionäres Recht zu setzen. Doch „Rechtsetzung ist Machtsetzung und insofern ein Akt von unmittelbarer Manifestation der Gewalt."[18] Dabei kann er eventuell durchaus positiv wirken. Benjamin hatte gerade den Kapp-Putsch im März 1920 miterlebt, als reaktionäre Militärkorps die junge Weimarer Republik stürzen wollten, was primär ein politischer Generalstreik der deutschen Gewerkschaften verhinderte, so dass dieser Umsturzversuch nach wenigen Tagen scheiterte und die Republik gestärkt daraus hervorging. Ähnlich wie die Oktoberrevolution führte der politische Generalstreik dadurch nach Benjamin aber nicht zu einer Minderung staatlicher Gewalt, die sich für Benjamin letztlich im Recht ausdrückt. Dabei beruft er sich auch auf Sorel, der von den etablierten Arbeiterorganisationen keine nachhaltige Revolution erwartet, sondern nur einen Austausch der Eliten. Er schreibt: „da das Proletariat vollkommen in offizielle Gewerkschaften eingereiht sein würde, würden wir die soziale Revolution in eine wunderschöne Knechtschaft auslaufen sehen."[19]

Derartige revolutionäre oder auch kriegerische Gewalt vergleicht Benjamin daher mit der mythischen Gewalt, die durch blutige Eingriffe neue Sitten oder ein neues Recht gründet. Benjamin verweist auf die Niobe-Sage: „Zwar könnte es scheinen, die Handlung Apollons und der Artemis sei nur eine Strafe. Aber ihre Gewalt richtet viel mehr ein Recht auf, als für Übertretung eines bestehenden zu

---

17   Arendt [15]2003, S. 75.
18   Benjamin 1965, S. 57.
19   Sorel 1928, S. 204.

strafen."[20] Man könnte aber auch an den Sturz der Sphinx durch Ödipus denken oder an die Rückkehr des Odysseus nach Ithaka. Wird mit Niobe die Hybris bestraft und damit eine gewisse sittliche Hierarchie festgeschrieben, so wird in den beiden anderen Mythen jeweils die Polis gewaltsam auf neues Recht gegründet.

Ähnlich unterbricht für Arendt Gewalt den Lauf der Dinge, allein schon deshalb, weil man die Auswirkungen von Gewalt schwer voraussehen kann. Damit widerspricht sie aber Marx, für den die Gewalt dem Fortschritt auf die Sprünge verhilft, einen Fortschritt wieder beschleunigt, der durch die kapitalistische Wirtschaft behindert wird. Den gehemmten Fortschritt zu entfesseln, heißt aber nichts anderes, als dass damit auch nichts Neues entsteht. Dem würde Marx zwar nicht zustimmen. Aber die Keimzelle der sozialistischen Gesellschaftsordnung entwickelt sich nach Marx bereits im Kapitalismus. Eine gewisse Determination scheint dem Marxschen Denken somit inhärent. Letztlich entsteht nichts wirklich Neues durch die Revolution, entwickelt sich das Alte, bereits Vorhandene höchstens weiter, allen Beschwörungen vom Ende der Geschichte und dem Beginn der wahren Geschichte im Kommunismus zum Trotz.

# 6    Handeln zwischen Macht und Gewalt

Dagegen kommt für Arendt das Neue durch das Handeln selbst in die Welt, nicht allein durch die Unberechenbarkeit von Gewalt, die dabei aber durchaus begleitend mitwirkt. Nicht nur dass sie in ihrem Spätwerk über *Das Wollen* den Menschen als den Gebürtlichen auszeichnet, so dass mit jedem einzelnen etwas Neues in die Welt gelangt. Arendt schreibt: „Zweifellos ist jeder Mensch, indem er geboren wird, ein neuer Anfang, und sein Vermögen des Anfangens könnte durchaus dieser Tatsache des menschlichen Lebens entsprechen."[21] Daher unterbricht nicht primär die Gewalt die Kausalketten, wenn man davon überhaupt reden will, sondern der Handelnde. Hier hallen sowohl Kants Noumenon wie auch sein durch das Moralgesetz bestimmter Wille nach, was sich empirisch freilich nicht aufweisen lässt. Dessen ist sich Kant bewusst. Arendt nimmt Kants Konzeption indes empirisch so ernst, dass beim Handeln wirklich das Neue entsteht, was nicht ohne Auswirkungen auf *Macht und Gewalt* bleibt.

Politisch handelnde Menschen – und nach *Vita activa* heißt Handeln immer politisch Handeln, ansonsten wird gearbeitet oder etwas hergestellt – bringen immer etwas Neues in die Politik ein, beispielsweise die Originalität ihrer indi-

---

20    Benjamin 1965, S. 55.
21    Arendt ²2002, S. 248.

viduellen Gedankenmischungen, was weder die Religionen noch die Ideologien goutieren. An Revolution denkt Arendt dabei nicht. Aber die politisch handelnden bzw. kommunizierenden Zeitgenossen konstituieren Macht, die sich auf dieses Handeln stützen kann. Wenn für Arendt politisches Handeln im engeren Sinn Kommunikation in der Öffentlichkeit bedeutet, dann wird dabei Gewalt primär vermieden, wiewohl auch nicht ganz ausgeschlossen.

Ohne allzu kritische Distanz beschreibt denn Arendt auch, dass nach Frantz Fanon die Gewalt durchaus ethische Werte realisiert, die nur der Krieg schafft – eine Argumentation die sich genauso bei Max Scheler und Ernst Jünger finden lässt. Auf den Schlachtfeldern entfaltet sich der Zauber der Brüderlichkeit. So feiert Sorel „die Idee, dass der Kriegerberuf keinem anderen verglichen werden kann, – dass er den Menschen, der sich ihm hingibt, an eine Stelle erhebt, die den gewöhnlichen Bedingungen des Lebens überlegen ist, – dass die Geschichte ganz und gar auf den Abenteuern der Kriegsleute beruht: derart, dass die Wirtschaft nur zu dem Zwecke vorhanden ist, sie zu unterhalten".[22] Auch die marxistischen Intellektuellen, die sich als Revolutionäre in Militärs verwandeln, propagieren dann soldatische Tugenden – man denke an Che Guevara –, die der schon von Sorel so genannten Konsumentenmoral entgegengesetzt werden, was bis in die radikalen Achtundsechziger reicht, vor allem, wenn sie in den Folgejahren eine zunehmende Militanz entfalten oder gar in den Terrorismus abgleiten.

Anders als Sorel, Fanon oder Sartre glorifiziert Arendt die Gewalt indes nicht. Nach Sartre verliert der bloß arbeitende Mensch, der sich der Gewalt enthält, seine Lebendigkeit – für Arendt muss er dazu kommunizieren. Sie würde Sartre und Fanon auch keinesfalls zustimmen, wenn beide die Gewalt des kolonialen Befreiungskampfes gar für kreativ halten, die sowohl den neuen Menschen wie das Neue in der Politik schafft. Oder die Gewalt soll gar heilend wirken, wie es Sartre formuliert: „Gibt es Heilung? Ja. Die Gewalt kann, wie die Lanze des Achill, die Wunden vernarben lassen, die sie geschlagen hat."[23]

Sorel schließt an Henri Bergsons Élan vital an, der dem Krieg ebenfalls eine lebendige Kraft attestiert. Nach Clausewitz und Jouvenel verwirklicht sich in der Gewalt lustvoll die Männlichkeit. Auch bei Schmitt bringt der Ausnahmezustand die Lebendigkeit in erstarrte verrechtlichte Verhältnisse zurück. Nicht nur im rechten und konservativen Lager werden seit dem 19. Jahrhundert die rationalisierten modernen Lebensverhältnisse als erstarrt und lebensfeindlich kritisiert. Die Gewalt erscheint darauf die angemessene Antwort. Im linken Lager feiert man die revolutionäre Gewalt, der gerade Sorel in der Form des Generalstreiks reale kreati-

---

22   Sorel 1928, S. 196.
23   Sartre 1969, S. 25.

ve Chancen einräumt, wenn er schreibt: „Die proletarischen Gewalttaten [...] sind rein und schlechthin Kriegshandlungen, sie haben den Wert militärischer Kundgebungen und dienen dazu, die Scheidung der Klassen kenntlich zu machen."[24] Das möchte die Bourgeoisie ja tunlichst vermeiden.

Dem würde Benjamin entgegenhalten, dass sich in allen diesen Gewaltformen entweder die rechtliche oder die prärechtliche, also mythische Gewalt realisiert, die beide der Gewalt nicht entgehen, vielmehr in ihrem Horizont verharren. Sorel spricht sogar vom revolutionären Mythos, der die Arbeiter motivieren soll. Just das Neue, nach dem Arendt fragt, das die Gewalt gar überwindet, das ihr entsagt, entwickelt sich derart nicht. Auch nicht das, wonach Benjamin sucht, wenn er Schmitts Souveränitätsbegriff konterkariert: Das frühneuzeitliche Verständnis von Souveränität entspringt, so Benjamin, „einer Diskussion des Ausnahmezustandes und macht zur wichtigsten Funktion des Fürsten, den auszuschließen".[25]

Das liegt für Benjamin daran, dass es für ihn Gewalt nur unter Bedingungen von Sittlichkeit und Moral gibt. Das natürliche Fressen und Gefressenwerden kann man nicht als Gewalt bezeichnen. „Denn zur Gewalt im prägnanten Sinne des Wortes wird eine wie immer wirksame Ursache erst dann, wenn sie in sittliche Verhältnisse eingreift. Die Sphäre dieser Verhältnisse wird durch die Begriffe Recht und Gerechtigkeit bezeichnet."[26] Nicht nur der Gewalt, auch der Macht attestiert Arendt ebenfalls, dass es sich bei beiden um keine Naturphänomene handelt, allerdings ohne darauf näher einzugehen. Für Benjamin ist das der Angelpunkt seiner *Kritik der Gewalt*. Daher setzt der politische Generalstreik für Benjamin die Gewaltorientierung fort, verbleibt für Arendt die soziale Revolution im selben Horizont der Gewalt.

## 7    Die Gewaltlosigkeit der Gewalt

Für Benjamin gibt es indes doch einen Ausweg aus dieser Spirale der Gewalt, nämlich eine Gewalt als Naturphänomen, die ja keine Gewalt wäre, die kein Instrument wäre, die Benjamin als reine Gewalt oder reines Mittel bezeichnet. Er schreibt: „Ist aber der Gewalt auch jenseits des Rechtes ihr Bestand als reine unmittelbare gesichert, so ist damit erwiesen, dass und wie auch die revolutionäre Gewalt möglich ist, mit welchem Namen die höchste Manifestation reiner Gewalt durch den

---

24    Sorel 1928, S. 127
25    Benjamin 1972, S. 245.
26    Benjamin 1965, S. 29.

Menschen zu belegen ist."[27] Dergleichen realisiert sich, wenn die Revolutionäre wirklich auf die Abschaffung des Staates abzielen, d.h. auch auf die Abschaffung des Rechts, das dann überflüssig würde. Es handelt sich also um eine proletarische Revolution, die anders als bei Sorel anarchistische Vorstellungen umsetzt, von Sorels proletarischem Generalstreik aber inspiriert ist, nicht aber seiner Gewaltverherrlichung folgt.

Und Arendt bewundert nicht nur die Rätebewegung. Sie amüsiert sich über Sorels Gewaltverherrlichung: „Georges Sorel […] interpretierte den Klassenkampf mit militärischen Begriffen, hatte jedoch letzten Endes nichts Gewaltsameres vorzuschlagen als den ‚Mythos des Generalstreiks', eine Form der Aktion, die wir heute eher dem Arsenal der gewaltlosen Politik zuweisen würden."[28] Dann kann sie Benjamins *Zur Kritik der Gewalt* schwerlich gekannt haben.

Aber sie attestiert ja der Protestgewalt der späten sechziger Jahre, dass sie wirklich Erfolge erzielen würde, auch wenn diese ambivalent erscheinen. So schreibt sie: „Da Gewalttätigkeit und Krawalle nur für kurzfristige Ziele sinnvoll eingesetzt werden können, ist es […] immer noch wahrscheinlicher, dass sich die Obrigkeit zur Erfüllung offensichtlich unsinniger und auf die Dauer sehr gefährlicher Forderungen entschließen wird, nur weil sie sich leicht und schnell durchführen lassen […], als dass die Taktik der Gewalt notwendige, aber langfristige Reformen erreicht."[29] Wiewohl Arendts Urteile hier etwas situativ belastet erscheinen, streitet sie nicht die prinzipielle Möglichkeit ab, dass Gewalt zur Macht konstruktiv beiträgt.

Die Proteste der späten sechziger Jahre waren auch mit einer gehörigen Portion rousseauianischer Kulturkritik ausgerüstet, so dass viele ihrer Protagonisten nicht zufällig in den siebziger Jahren in die Ökologie abfuhren. Viele träumten von anarchischen Umständen oder einer anderen Form des Ausstiegs aus der Gesellschaft. Derart käme diese Protestgewalt Benjamins Vorstellungen von einer Gewalt nahe, die allein darauf abzielt, die rechtliche Gewalt zu beenden, also ein Zurück-zur-Natur einzuläuten, an das Rousseau selbst nie dachte.

Dabei hat Benjamin noch eine andere Interpretation einer solchen Sachlage, nämlich das Judentum. Im Alten Testament interveniert Jahwe mehrfach. Benjamins Beispiel ist vor allem die Rotte Korah, ein Aufstand gegen Aaron und Moses, die Jahwe unangekündigt und plötzlich verschwinden lässt, also eine quasi natürliche Gewalt im Dienst des Lebendigen, die entweder gewaltlos oder ein reines Mittel, also nach Benjamin gar keine Gewalt darstellt, vor allem deshalb, weil sie

---

27   Ebd., S. 64.
28   Arendt [15]2003, S. 16.
29   Ebd., S. 79.

in keinem Fall wie die mythische Gewalt einen neuen Rechtszustand installiert, sondern nur von Gewalt befreit. So heißt es bei Benjamin: „Wie in allen Bereichen dem Mythos Gott, so tritt der mythischen Gewalt die göttliche entgegen. [...] Ist die mythische Gewalt rechtsetzend, so die göttliche rechtsvernichtend, setzt jene Grenzen, so vernichtet diese grenzenlos [...]."[30] Eine solche göttliche Wirkung gesteht Benjamin weder Sorels proletarischem Generalstreik noch der kommunistischen Revolution zu, die beide nur in neue Rechts- bzw. Gewaltverhältnisse führen, wohl aber dem anarchistisch proletarischen Generalstreik, der den Staat abschafft bzw. in den Naturzustand springt.

Wie kommt das Andere des Rechts, wie kommt das Lebendige zurück in die Geschichte? Nur durch einen Akt von außen, der sich weder an einem Moralcode noch an einer Rechtsordnung orientiert und auch nichts dergleichen herstellen will. Die Revolution – man müsste von fundamentaler Kulturrevolution sprechen – steht wie der Eingriff Gottes im Dienst des Lebens, was dieses von den gewaltbasierten rechtlichen Verhältnissen befreit und wieder verlebendigt.

Carl Schmitt schließt in der *Politischen Theologie* an diesen Gedanken an und bemerkt: „Der Ausnahmezustand hat für die Jurisprudenz eine analoge Bedeutung wie das Wunder für die Theologie."[31] Dann entspricht das gleichfalls dem lebensphilosophischen Zeitgeist der zwanziger Jahre. Ironischerweise erscheint die Gewalt des Ausnahmezustands als gewaltlos, weil sie jenseits des Rechts operiert. Doch Schmitt denkt erstens natürlich nicht in anarchistischen Perspektiven der Staatslosigkeit. Vielmehr soll zweitens der Ausnahmezustand den Rechtszustand wiederherstellen. Doch dem hält Agamben entgegen: „Aber fehl gehen auch jene Lehren, die wie die Schmittsche den Ausnahmezustand mittelbar in einen Rechtskontext zu stellen versuchen [...]. Der Notstand ist kein ‚Rechtszustand', sondern ein Raum ohne Recht [...]."[32] Im Sinn von Benjamin indes kehrt eine solche jenseits des Rechts operierende Gewalt – just wenn sie nach Schmitt eine Ordnung ohne Recht verkörpert – auch wieder in die juridifizierte Erstarrung des Lebendigen ein, eben in die Gewalt des Rechts. Und das wäre genau im Sinn von Schmitt.

---

30  Benjamin 1965, S. 59.
31  Schmitt ⁸2004, S. 43.
32  Agamben 2004, S. 62.

## 8 Die Dekonstruktion und die Trennung von *Macht und Gewalt*

Anders als Benjamin will Arendt aber ähnlich wie Schmitt den Rechtszustand nicht hinter sich lassen. Aber sie will die Macht nicht wie Schmitt auf Gewalt gründen. Doch sie schwört der Gewalt nun mal nicht völlig ab, erstens im Krieg, zweitens aber vor allem bei einer Protestgewalt in der Demokratie. Dass diese Gewalt denn doch Macht begründet, wider ihr Diktum, das Macht und Gewalt trennt, lässt sich mit Benjamins Idee der gewaltlosen Gewalt als Eingriff Gottes oder von einem Jenseits des Rechts aus verstehen. Nicht nur dass solche Gewalt ob ihrer kurzfristigen Situativität einen symbolischen, d.h. kommunikativen Charakter entfaltet, vielmehr schränkt sie Arendt ja auch derart ein, dass sie nicht zur Strategie transformiert werden darf, was in den Bürgerkrieg führen würde. Dann wirkt sie auf die Macht derart ein, dass die Macht von ihr lernt, so dass diese Protestgewalt die Macht stärkt und nicht schwächt. Dann gibt es auch kommunikative Formen der Gewalt.

Dabei bleibt die Ambivalenz der Macht bestehen, die sich auf politisches Handeln stützt, dessen Kern Kommunikation in der Öffentlichkeit darstellt. Denn es ist nicht klar, warum das ein Königsweg sein soll, könnte das doch auch auf einen Abweg führen. Für ihren Lehrer Karl Jaspers ist daher „der philosophische Glaube, den man auch Glauben an Kommunikation nennen kann",[33] notwendig. Das erscheint ähnlich, wie Kant im Dialektik-Kapitel seiner *Kritik der praktischen Vernunft* einen Glauben an positive Wirkungen der praktischen Vernunft postuliert, was sich letztlich genauso wenig absichern lässt.

Wenn man freilich unterstellt, dass die anarchistischen Hoffnungen Benjamins analytisch zwar möglich, trotzdem sehr fernliegen, dann ist Arendts Position, die auf politische Partizipation der Bürger setzt, die einzige nicht abwegige Perspektive, *Macht und Gewalt* einerseits zu differenzieren und andererseits letzterer trotzdem eine gewisse Rolle bei der Machtkonstitution zu attestieren. Diese Perspektive, die sich nach Benjamin nur anarchistisch oder im jüdischen Sinn eröffnet, dass nämlich der Messias die Welt durch einen göttlichen Eingriff von der Gewalt befreit, ließe sich durch das gnostische Denken eines anderen Freundes von Arendt, nämlich Hans Jonas noch um eine Pointe bereichern: Wenn der Gott mangels Allmacht nicht eingreifen kann, dann tragen alleine die Menschen selber die Verantwortung für die gemeinsame Welt. Und nicht nur das, so Jonas: „In unsern unsicheren Händen halten wir buchstäblich die Zukunft des göttlichen Abenteuers

---

33    Jaspers 1954, S. 38.

auf Erden, und wir dürfen Ihn nicht im Stiche lassen, selbst wenn wir uns im Stiche lassen wollten."[34]

Arendt ist zu früh gestorben, um noch daran teilnehmen zu können, wie sich politisch aktive Bürger seit den siebziger Jahren auf den Weg machten, die Politik durch Protestgewalt und ansonsten in viel größerem Maße durch politisches und soziales Engagement zu beeinflussen. Das bestätigt auch Jan-Werner Müller: „die Menschen wollten nicht nur von Eliten vertreten werden, sondern sich selber einmischen, beharrten die 68er; und unterschiedliche Menschen, die nach wie vor vertreten werden wollten, wollten unterschiedlich vertreten werden – allen voran die Frauen. ‚Autonomie' war letztlich doch mehr als ein Slogan."[35] Das läuft in den folgenden Jahrzehnten in eine pluralistische Zivilgesellschaft aus, die sich primär gegen Diskriminierung wendet und die sich für die Emanzipation diverser Minderheiten einsetzt. Just dann zeigt sich umso deutlicher, dass sich Macht in einem erheblichen Maß den aktiven Bürgern verdankt und die Gewalt dabei eine geringere Rolle spielt als noch in der ersten Hälfte des 20. Jahrhunderts.

Arendt äußert dabei auch ein gewisses Verständnis, dass Leute wie Fanon aus einem durchaus moralisch begründeten Hass auf die Gesellschaft zur Gewalt neigen. Wenn daraus keine prinzipiell gewaltbasierte Politik wird, wenn sich höchstens eine Protestgewalt gegen Ungerechtigkeit auflehnt und so dringend wie drängend nach Gerechtigkeit verlangt, dann eröffnet sich im Anschluss an Benjamin eine weitere Perspektive, die Arendt zumindest ansatzweise andenkt.

Derrida wird diese Perspektive 1989 als politische Philosophie der Dekonstruktion ausarbeiten und zwar just im Anschluss an Benjamins *Zur Kritik der Gewalt*. Er folgt dessen Diagnose, dass das Recht auf Gewalt beruht, aber selbstredend nicht dessen Hoffnungen auf eine anarchistisch inspirierte Revolution oder auf die Ankunft des Messias. Und doch versucht Derrida – etwas ironisch betrachtet – den göttlichen Standpunkt einzuholen, nämlich den der Gerechtigkeit, die im Kontext des Rechtes in diverse Aporien gerät, unter anderem den der Schnelligkeit. Gerechtigkeit kann eigentlich nicht warten. Die Mühlen des Rechts aber mahlen viel zu langsam, um Gerechtigkeit zu realisieren. Diese Mängel des Rechts bzw. diese Aporien der Gerechtigkeit versucht die Dekonstruktion zu eruieren. „Man hat das Recht, die legitimierende Macht oder Autorität und all ihre Lesevorschriften zu suspendieren, man kann dies im Zuge des treuesten, wirksamsten, treffendsten Lesens tun, eines Lesens, das natürlich zum Unlesbaren <der göttlichen oder mythischen Gewalt> in Bezug tritt, zuweilen – aber nicht immer, um eine andere

---

34   Jonas 1973, S. 338 (1966; Neuauflage: Das Prinzip Leben, Frankfurt/M., Leipzig 1994).

35   Müller 2013, S. 338.

Leseordnung zu (be)gründen [...]."[36] Der Eingriff Gottes soll das Recht aufheben. Ob das der Dekonstruktion gelingt, bleibt genauso fraglich.

Aber die Dekonstruktion will der Gerechtigkeit gerecht werden – in gewisser Hinsicht der göttlichen, die durch keine Gesetze und kein Recht beschränkt bzw. gelenkt wird und die sich nicht auf Gewalt als Mittel stützt – eine Gerechtigkeit also, die ähnlich wie die göttliche die Grenzen des Rechts überschreitet. Die Dekonstruktion will derart der Gewalt auf die Spur kommen. Welche Zwecke damit erreicht werden können, das hat Derrida eher im Dunklen gelassen. Aber die Dekonstruktion führt ob ihrer permanenten Differenzierung, die Komplexität nicht reduziert, in ein pluralistisches Szenario, das dem von Arendt nicht so fernliegt, just wenn diese im ZDF am 28.10.1964 im Gespräch mit Günter Gaus darauf insistiert: „Ich selber wirken? Nein, ich will verstehen."

Wenn Arendt die Macht von der Gewalt trennt, dann sucht sie einen ähnlichen Weg der politischen Philosophie jenseits der Gewalt, der sich weder dem Pazifismus anheimgibt, und der doch in keine sogenannte Realpolitik einkehrt, die eine solche Trennung als naiv abkanzelt und sich mit der Gewalt einfach arrangiert oder sie gar wie Sorel begeistert in Dienst stellt. Arendt deutet weder wie Benjamin die Gewalt um, noch beschränkt sie sich auf eine Denkweise, Gewalt wie Derrida zu eruieren. Mit ihrem Machtbegriff am Rande der Gewalt entwickelt Arendt eine politische Philosophie, die den Totalitarismus, die gelenkte Demokratie wie auch die partizipatorische zu verstehen hilft. Und nicht nur das, vielmehr hilft ihr Machtbegriff, sich in der Politik zu orientieren.

## Literatur

Agamben, Giorgio (2004): Ausnahmezustand – Homo sacer II.1 (2003). Frankfurt/M.
Arendt, Hannah (2000): Freiheit und Politik (1958). In: dies.: Zwischen Vergangenheit und Zukunft – Übungen im politischen Denken I. 2. Aufl. München.
Arendt, Hannah (2002): Vom Leben des Geistes – Das Denken (1977) – Das Wollen (1978), 2. Aufl. München.
Arendt, Hannah (2003): Macht und Gewalt (1970), 15. Aufl. München, Zürich.
Benjamin, Walter (1965): Zur Kritik der Gewalt (1921) und andere Aufsätze. Frankfurt/M.
Benjamin, Walter (1972): Ursprung des deutschen Trauerspiels (1928), Gesammelte Schriften Bd. I.1. Frankfurt/M.
Derrida, Jacques (1991): Gesetzeskraft – Der ‚mystische Grund der Autorität' (1990). Frankfurt/M.
Jaspers, Karl (1954): Der philosophische Glaube (1948). München.

---

36    Derrida 1991, S. 81.

Jonas, Hans (1973): Organismus und Freiheit – Ansätze zu einer philosophischen Biologie, (1966; Neuauflage: Das Prinzip Leben, Frankfurt/M., Leipzig 1994). Göttingen.

Mason, Paul (2016): Postkapitalismus – Grundrisse einer kommenden Ökonomie. Berlin.

Mason, Timothy W. (1975): Arbeiterklasse und Volksgemeinschaft – Dokumente und Materialien zur deutschen Arbeiterpolitik 1936–1939. Opladen.

Mason, Timothy W. (1977): Sozialpolitik im Dritten Reich – Arbeiterklasse und Volksgemeinschaft. Opladen.

Müller, Jan-Werner (2013): Das demokratische Zeitalter – Eine politische Ideengeschichte Europas im 20. Jahrhundert. Berlin.

Sartre, Jean-Paul (1969): Vorwort zu: Frantz Fanon, Die Verdammten dieser Erde (1961). Reinbek bei Hamburg.

Schmitt, Carl (2004): Politische Theologie – Vier Kapitel zur Lehre von der Souveränität, (1922) 8. Aufl. Berlin.

Schmitt, Carl (2005): Der Begriff des Politischen (1927). In: ders., Frieden oder Pazifismus? Arbeiten zum Völkerrecht und zur internationalen Politik 1924–1978. Berlin.

Schöttker, Detlev/Wizista, Erdmut (Hrsg.) (2007): Arendt und Benjamin – Texte, Briefe, Dokumente. Frankfurt/M.

Sorel, Georges (1928): Über die Gewalt (Réflexion sur la violence, 1908). Innsbruck.

Strauss, Leo (1977): Naturrecht und Geschichte (1953). Frankfurt/M.

Streeck, Wolfgang (2017): Die Wiederkehr der Verdrängten als Anfang vom Ende des neoliberalen Kapitalismus. In: Geiselberger, Heinrich (Hrsg.): Die große Regression – Eine internationale Debatte über die geistige Situation der Zeit. Berlin.

Weber, Max (1971): Der Reichspräsident (Feb. 1919), Gesammelte politische Schriften, 3. Aufl. Tübingen.

# „Wenn Sprache verstummt."

## Hannah Arendt über Gewalt[1]

Mirko Wischke

In der Lektüre von Arendts Gewalt-Diskurs fallen die Antworten auf die Fragen, wie (1) Gewalt zu bestimmen ist, (2) welche Dimensionen Gewalt umfasst und (3) wie Gewalt in der eigentümlichen Logik sozialen Handelns zu verorten ist, unterschiedlich aus. Die ersten beiden Abschnitte („Gewalt im Modus instrumentellen Handelns" und „Gewalt im Modus menschlicher Existenz") orientieren sich an Arendts Unterscheidung verschiedener Formen von Gewalt. Der vertiefenden Erörterung von den Problemen, die diese Unterscheidungen aufwerfen, dient die im dritten Abschnitt („Gewalt im Modus des Bösen") folgende Gegenüberstellung mit Kant, für den – im Unterschied zu Arendt – Gewalt eine innovative Option menschlichen Handelns ist.

Arendts Urteil über Gewalt ist ambivalent: Einerseits lehnt sie Gewalt prinzipiell ab, andererseits hält sie Gewalt unter bestimmten Umständen auch für gerechtfertigt. In ihrer Ablehnung und Kritik von Gewalt steht Arendt in der aufklärerischen Tradition der Denaturalisierung von Gewalt; in ihrer Befürwortung von Gewalt in der Tradition jener Diskussion aus den 1970er Jahren, wo es um die Rechtfertigung des gewalttätigen Protestes gegen die Ungerechtigkeit struktureller Gewalt ging. In ihrer Rechtfertigung von Gewalt unterschätzt Arendt, wie der vierte Abschnitt „Gewalt im Modus der menschlichen Natur" u.a. deutlich machen soll, dass Gewalt die Handlungsräume der Akteure und diese selbst radikal ver-

---

1 Mein Dank gilt Christian Thies für die schönen Diskussionsrunden über Hannah Arendt am Forschungsinstitut für Philosophie 2008.

© Springer Fachmedien Wiesbaden GmbH, ein Teil von Springer Nature 2019
M. Wischke und G. Zenkert (Hrsg.), *Macht und Gewalt. Hannah Arendts*
*„On Violence" neu gelesen*, https://doi.org/10.1007/978-3-658-27006-3_4

ändert. Sowohl in ihrer Kritik als auch in ihrer Rechtfertigung von Gewalt geht es Arendt, so wird deutlich werden, weniger um Gewalt selbst, als vielmehr um die Ursachen von Gewalt.

Der fünfte und vorletzte Abschnitt „Gewalt im Modus moralischer Laster" wendet sich Kants Diskurs über die moralischen Laster zu, von denen Arendt meint, dass die Formen unvorstellbarer Gewalttätigkeit, die die modernen Verbrechen des 20. Jahrhunderts ebenso geprägt hätten wie das „Böseste, was der Mensch tun kann" (Arendt 2003: S. 244f.), unmöglich aus ihnen hervorgehen könne. Arendt unterschätzt die Abgründe menschlicher Laster, weil es ihr, wie im letzten Abschnitt deutlich werden soll, um die Erfahrung eines Abgrunds geht, der sich in ihrer Sichtweise nicht mit dem Begriff der Gewalt, sondern mit dem des Bösen angemessen beschreiben lässt. Vom Bösen meint sie zwar, es sei weder radikal noch dämonisch, behauptet zugleich jedoch (Arendt 1996: S. 38), mit dem Begriff des Bösen all das veranschaulichen zu können, was an Gewalttaten nicht einmal „im Dekalog [...] vorgesehen" (ebd.) gewesen sei.

## 1    Gewalt im Modus instrumentellen Handelns

Gewalt ist für Arendt eine destruktive und keine innovative Option menschlichen Handelns. Gewalttätiges Handeln beginnt, „wo Sprechen verstummt" (Arendt 2003: S. 340). Darin liegt für Arendt der gravierende Unterschied zu allen anderen Formen des Handelns: Im Unterschied zur Gewalt spielt Handeln „sich als Sprechen ab" (ebd.). Handeln ist an Sprache gebunden, Gewalt nicht.

Klärungsbedürftig ist hierbei zunächst einmal, welche Bedeutungsbereiche diese Annahme implizieren soll. Wenn die Destruktivität von Gewalt sich durch ihre Stummheit und Sprachlosigkeit auszeichnet (ebd.: S. 345), bedeutet das dann, dass Gewalt das Verstummen von Sprechen voraussetzt? Oder ist Arendts Annahme so zu verstehen, dass Gewalt auf Sprache verzichtet?

Unklar ist des Weiteren, worin die Destruktivität von Gewalt zu verorten ist. Liegt die Destruktivität von Gewalt bereits in der Stummheit und Sprachlosigkeit? Oder ist die Destruktivität darin zu verorten, was Arendt das „spezifisch Böse der Gewalt" nennt?

Die zweite Frage scheint sich zu erübrigen, da Arendt das spezifisch Böse mit der Stummheit und Sprachlosigkeit von Gewalt gleichsetzt. Doch inwiefern sind Stummheit und Sprachlosigkeit als böse zu bezeichnen? Was lässt Stummheit und Sprachlosigkeit böse werden?

Dass Arendts Antwort auf diese Fragen sehr allgemein ausfällt, ist ihrem Verweis auf das Tierische im Menschen geschuldet. Das spezifisch Böse der Gewalt

liegt laut Arendt nämlich im Tierhaften, das, wenn es denn eruptiv aus dem
Inneren der menschlichen Natur hervorbricht, den Menschen zur Bestie werden
lasse. Trete an die Stelle des an Sprache gebundenen Handelns die „Stummheit
der Gewalt", breche das hervor, „was den Menschen bestialisiert": das „Tierische" (ebd.).

Solche regressiven Zustände sind für Arendt Ausnahmesituationen, nicht die
Regel. Verfallen Menschen in solch extreme Zustände, werden sozial konstitutive
Elemente des Handelns und Urteilens sowie grundlegende moralische Normen
außer Kraft gesetzt. Überlässt der Mensch sich der Stummheit der Gewalt, blendet
er den mit anderen Menschen gemeinsam geteilten Handlungsraum aus und agiert
wie eine tierhafte Bestie. Wann immer Menschen sich ungezügelt ihrer inneren
Natur überlassen, d.h. dem, worin sie – laut Arendt – selbst ein Tier sind, werden
sie zu einem Monstrum. Verliert sich der Mensch in seinen gewalttätigen Neigungen, streift er soziale Hemmungen ab, agiert er wie ein primitiver Wilder mit
rudimentärem Bewusstsein für die Folgen seines Tuns. Im Modus der Gewalt ist
der Mensch ein Risikofall für sich und die anderen.

Allerdings ist das Böse wie die Gewalt, so ist gegen Arendt einzuwenden, kein
„Naturgeschehen am Menschen" (Safranski 1997: S. 193). Was auch immer die
Natur an abscheulichen Neigungen in uns gelegt haben mag: es ist an uns, ihnen
nachzugeben und sie auszuleben – oder nicht. Denn zwischen dem Guten oder dem
Bösen bzw. zwischen Gewaltlosigkeit oder Gewalttätigkeit entscheiden sich Menschen frei. Die Frage ist, ob Arendt diese Prämisse teilt. Um diese Frage zu be-
antworten, ist zunächst zu klären, zu welchen Bedeutungsgehalten die Engführung
von tierisch, böse und bestialisch sich verdichtet.

Das ‚Tierische' steht metaphorisch für eine abgründige Grausamkeit und etwas
unheimlich Erschreckendes: Die menschliche Fähigkeit zu etwas, was derart un-
vorstellbar grauenvoll sei, dass Arendt es als bestialisch und tierisch bezeichnet.
Das ‚Tierische' ist ein Delirium der Gewalt. Abgeschwächt formuliert: Als das
undefinierbare Ereignis eines elementaren, tierhaften Triebes ist Gewalt ein dest-
ruktiver und regressiver Zustand menschlicher Interaktion. Gegen die Wiederkehr
dieser Gewalt gibt es keine Garantie.

Von dieser Form von Gewalt als einem Ausbruch der ungebändigten, wilden
und primitiven Natur des Menschen unterscheidet Arendt eine weitere, in denen
der Wille zur Gewalt sich aus anderen Quellen speist. Gemeinsam mit der ersten
Form ist der zweiten, dass Gewalt weder ein gemeinsames Handeln ist, noch dieses
ersetzen kann. Die zweite ist wie die erste Form der Gewalt destruktiv, jedoch im
schwächeren Maße, treten doch innovative Momente hinzu. Es sind diese Momente, die sie von der ersten Form von Gewalt abzuheben berechtigen: Von der Gewalt als einen eruptiven Ausbruch der primitiven, tierischen Natur des Menschen

unterscheidet Arendt bei der zweiten Form von Gewalt den Aspekt strategischer Interaktion sowie den der instrumentellen Rationalität.

Gewalt als strategische Interaktion „des Einzelnen oder der Wenigen" (Arendt 1993: S. 73) ist ein kausales Szenario und kein gewalttätiges Inferno: ein Mittel zum Zweck, eine strategisch-instrumentelle Praxis, die durch Zweck-Mittel-Kategorien strukturiert ist. Ist Gewalt selbst als ein ‚Werkzeug' anzusehen, hat es als ein Mittel für bestimmte Zwecke instrumentellen Charakter und stellt nicht länger mehr ein undefinierbares Ereignis tierischer Regression da. In der Akkumulation der Mittel ist die zweite Form von Gewalt ein machtvolles „Werkzeug" (Arendt 2006: S. 43), das entweder menschliche Schwäche (hilflose Unterlegenheit, ohnmächtige Wut) zu kompensieren oder „menschliche Stärke zu vervielfachen" (ebd.: S. 47) erlaubt. Weder ist diese Form von Gewalt für Arendt grundsätzlich kritikbedürftig, noch prinzipiell nicht zu rechtfertigen, wie die erste Form von Gewalt.

In dieser Überlegung ist eine dritte Form von Gewalt angelegt, die es von der zweiten Form zu differenzieren gilt. Dient sie wie ein Werkzeug bestimmten Zwecken, sei Gewalt nämlich nicht nur angebracht, sondern durchaus „gerechtfertigt", behauptet Arendt (ebd.: S. 53), und zwar dann, wenn mit ihrer Hilfe auf Missstände aufmerksam gemacht werden kann. Das könne in der Weise erfolgen, dass sprachlose Empörung gegen Ungerechtigkeit(en) in gewalttätige Proteste umschlägt.

Wie der zweiten Form von Gewalt schreibt Arendt der dritten einen zweckrationalen, instrumentellen Charakter zu, der sich jedoch von der zweiten Form durch einen negativ destruktiven Grundzug unterscheidet: Gewalt als Folge von Empörung ist das Phänomen eines befristeten Aufruhrs, für den die Charakterisierung als Werkzeug zu eng ist. Die aus Empörung freigesetzte Gewalt durchbricht den überschaubaren Aktionsradius einer Ursache-Wirkung-Relation und lässt sich insofern nur schwer auf das enge Umfeld einer zweckrationalen Gewalttätigkeit reduzieren, mit der anderen ein fremder Wille zu mehr oder minder unbestimmten Zwecken aufgezwungen werden soll. Ein Aufruhr der sprachlosen Empörung verfolgt zudem keine weitreichenden strategischen Ziele, denn der gewalttätige Protest richtet sich primär gegen Missstände und setzt sich nicht für etwas ein. Dass durch den Aufruhr einer gewalttätigen Empörung auch regressive Potentiale von ‚stummer Gewalt' freigesetzt werden könnten, ist ein Gedanke, den Arendt ebenso vernachlässigt wie die Frage, ob der Werkzeugcharakter dem Phänomen von Gewalt und ihren kumulativen Eskalationspotential wirklich gerecht zu werden vermag.

Die dritte Form von Gewalt begreift Arendt als eine innovative Option menschlichen Handelns; keine Berücksichtigung finden all jene von ihren Überlegungen, die sie in ihrer Betrachtung der ersten Form von Gewalt bewegen, von Tierischen zu reden. Arendt räumt nunmehr ein, dass zuweilen nur der stumme Akt tätiger Gewalt einer „Situation gerecht werden kann" (Arendt 2006: S. 64), vergleichbar einem Handeln, das „keine Konsequenzen in Betracht zieht", wie sie präzisiert (ebd.), sich also wortlos, gleichsam kopflos und blind vollzieht. Eine Reaktion, zu der insbesondere jene Menschen eine besondere Neigung hätten, die politisch ohnmächtig seien, weil sie überhaupt „keine Macht haben" (ebd.: S. 55) würden. Mit Hilfe gewalttätiger Proteste sei es möglich, wie Arendt hinzufügt, die „öffentliche Aufmerksamkeit" auf die Missstände von Ungerechtigkeitsverhältnissen in emotional „dramatisieren(der)" und aufrüttelnder Weise (ebd.: S. 78) zu lenken. „Ohnmacht provoziert Gewalt" (ebd.: S. 55), und Gewalt sei das letzte Mittel, zu dem ohnmächtige Empörung zu greifen das Recht habe.

Gewalt als Ventil von Wut, Empörung und Ohnmacht sei gut, im Unterschied zum stummen Ausbruch aggressiver Gewalt, die tierisch und böse sei. Unterdrückung und Ungleichheit erzeugt Empörung und Verzweiflung. Deshalb sei die Gewalt, erklärt Arendt, der Empörten und Benachteiligten legitim. Sind einzelne Menschen aus verzweifelter Wut gewalttätig, entlastet sie das gefühlte Unrecht laut Arendt. Wenn Gewalt der Bloßlegung von krassen Missständen diene, ist das keineswegs mehr als destruktiv zu bezeichnen. Arendt behauptet, dass „Gewalttätigkeit" unter diesen Umständen als „rational" (Arendt 2006: S. 78, vgl. Meyer 2014: S. 17–31) bezeichnet werden müsste.

Eine solche Rechtfertigung von Gewalt thematisiert zum einen nicht das Geschehen von Gewalt und seine (selten vorhersehbaren) Folgen, sondern ihre *Ursachen* und Voraussetzungen. Zum anderen verweist Arendt auf scheinbar untragbare Umstände, ohne die es keine gewalttätige Empörung geben würde. Bedeutet das im Umkehrschluss, dass mit der Abschaffung solcher Umstände eine derartige Gewalt nicht mehr rechtfertigbar wäre? Ist Gewalt jedoch überhaupt zu rechtfertigen? Arendts Versuch der Rechtfertigung einer bestimmten Form von Gewalt bedeutet, den sozialen Kontext miserabler Umstände als eine „hinreichende oder notwendige Bedingung von Gewalt" (Baberowski 2015: S. 138) zu betrachten. Aber sind sie das wirklich? Wenn Arendt von einzelnen Menschen spricht, die zu einer solchen Gewalt fähig (und berechtigt) seien, so möglicherweise mit dem Gedanken, dass weder in sozialen Kontexten jedermann zur Gewalt greift, der sich in unerträglichen Verhältnissen vorzufinden meint, noch in solchen Milieus, in denen „Gewalt zur Selbstverständlichkeit geworden" (ebd.: S. 138) ist, jeder notwendigerweise gewalttätig wird: Nicht jeder nutzt die Chancen zur Gewalttätigkeit, die sich ihm bieten. Diese Überlegungen sind allerdings von ihr nicht explizit thematisiert worden. Im Gegenteil: Arendts Versuch der Rechtfertigung von Gewalt wird dem Umstand nicht gerecht, dass es zwischen entwürdigenden Lebensumständen und Gewalttätigkeit keinen Automatismus gibt. Denn wie kommt es, dass einige Menschen unter manchen entwürdigenden Missständen gewalttätig werden, unter anderen nicht minder empörenden Missständen auf Gewalt jedoch verzichten?

## 2 Gewalt im Modus menschlicher Existenz

Dass Gewalt, wenn sie der Bloßlegung von ungerechten Missständen dient, „den Grundbedingungen menschlicher Existenz adäquat" sei, wie Arendt (Arendt 2006: S. 78) behauptet, ist eine These, die offen lässt, wogegen sich gewalttätige Wut aus Empörung richtet. Arendt (ebd.: S. 66) verweist zum einen auf Ungerechtigkeit und zum anderen auf Heuchelei. Kommen damit konkrete Personen (z.b. gegen einen Diktator und die Handlanger seiner Tyrannei) in Betracht? Oder ist das gemeint, was in der Diskussion der 1970er Jahre als strukturelle Gewalt bezeichnet wurde (Galtung 1975) und die Revolte der Ohnmächtigen und Empörten rechtfertigen sollte?

Die Diskussion in den 1970er Jahren ging davon aus, dass Gewalt gerechtfertigt sei, wenn sie sich gegen Strukturen von entwürdigenden Abhängigkeiten richtet. Arendts Rechtfertigung von Gewalt arbeitet mit ähnlichen Begriffen, und auch sie verweist auf das historische Beispiel der „Rebellion der Erniedrigten und Beleidigten [...] angesichts empörender Umstände" (ebd.: S. 64). Die Schwachstelle dieser Rechtfertigung von Gewalt bei Arendt wie in der Diskussion der 1970er Jahre liegt darin, soziale Ungerechtigkeits- und Abhängigkeitsstrukturen mit Gewalt gleichzusetzen.

Arendts These, dass Gewalt, wenn sie der Bloßlegung von extremen Missständen dient, „den Grundbedingungen menschlicher Existenz adäquat" (ebd.: S. 78) sei, widerspricht ihren Aussagen zur ersten Form von Gewalt und verdeckt den Kern ihrer Überlegungen zur zweiten und dritten Form von Gewalt. Wäre Gewalt eine Grundbedingung menschlicher Existenz, so könnten Menschen gar nicht anders, als anderen Menschen ihren Willen immer wieder gewaltsam aufzuzwingen. Solche Formen von Gewalttätigkeit wären gleichsam ein Teil der Natur des Menschen. Dieser anthropologischen Annahme widerspricht die zweite Form von Gewalt. Adäquat kann Gewalt nicht mit den Grundbedingungen menschlicher Existenz sein: Wie sollte sie sonst eine letzte Zuflucht für das Handeln *einzelner* Menschen in *extremen* Situationen von Ungerechtigkeit und Unrecht sein? Aber nicht nur die zweite Form von Gewalt spricht gegen die anthropologisch zugespitzte Annahme, Gewalt gehöre zu den Grundbedingungen menschlicher Existenz. Arendt selbst bestreitet dies nämlich energisch, wenn sie die erste Form der Gewalt als bestialisch und tierisch brandmarkt und diese wie auch die dritte Form von Gewalt als eine Ausnahme und nicht als die Regel (selbst in Notsituationen) betrachtet.

Es sind nicht allein diese Überlegungen von Arendt, die Widerspruch und Einwand provozieren. Dass Gewalt im Modus wortlosen Handelns als Reaktion auf ohnmächtige Wut und empörter Entrüstung eine letzte Quelle innovativen Han-

delns einzelner Menschen sein soll, ist ein Gedanke, der ignoriert, dass in eskalie-
renden Konflikten kaum voraussagbar ist, welche Szenarien an tätiger Gewalt sich
abspielen werden, welche kumulativen Effekte erzeugt und was für Eskalations-
potentiale freigesetzt werden können.

Gewalt aus ohnmächtiger Empörung ist ein Zeichen von Schwäche, wie Arendt
betont. Wer gewalttätig ist, handelt „aus Schwäche [...], denn warum müsste er
sonst Gewalt anwenden, um seinen Willen gegen Widerstrebende durchzusetzen"
(Baberowski 2015: S. 209)? Dass der, der gewalttätig ist, aus Schwäche handelt,
wie Arendt glaubt, setzt voraus, dass staatliche Macht im Verschwinden ist oder
„Macht verloren" (Arendt 1990: S. 55) hat: jene Macht, die ungerechte Missstände
hervorgebracht hat und legitimiert. Vorausgesetzt, diese Annahme ließe sich unter
bestimmten Umständen verifizieren, stellt sich die Frage, ob Schwäche sich durch
Gewalt kompensieren lässt. Wie können in einer Situation der Schwäche Menschen mit Gewalt andere Menschen mit politischer Macht festlegen, wie sie zu
handeln haben? Zum Beispiel Missstände von Ungerechtigkeit(en), gegen die ihre
gewalttätige Empörung sich richtet, zu beseitigen. Vermag die Gewalttätigkeit der
Schwachen aus den Schatten der Ohnmacht zu treten, wenn ihre Gewalt komplementäre Eskalationen an Gewalt der Mächtigen provozieren, der ihnen ihre ohnmächtige Unterlegenheit drastisch vor Augen führt? Verschiedene Szenarien sind
denkbar, um die es hier jedoch nicht gehen soll, sondern um die Probleme, die
Arendts Überlegungen aufwerfen.

Dazu gehört die Annahme, dass in der Anwendung von Gewalt der eigene Wille
gegen den Widerstand anderer durchgesetzt werden soll. Wie auch immer empörte
Menschen in ihren gewalttätigen Handlungen auf ihre Misere und ihr Elend aufmerksam machen wollen, sie wollen eine Veränderung. Gewalt soll laut Arendt
diesem Zweck dienen. Die Frage bleibt, ob und inwiefern die Annahme begründet
ist, dass ohnmächtige Gewalt ein wirksames Mittel zu einem solchen Zweck ist.

Wohl mögen „Gewalttätigkeiten [...] auf den Straßen ihre stärksten Impulse"
aus Missständen ziehen und zum Ziel haben, „Machenschaften und Manipula-
tionen zu entlarven", die es laut Arendt erlauben, politisch „ohne Gewaltmittel zu
herrschen" (Arendt 1990: S. 66). Aber das Geschehen in Gewalträumen ist eigen-
dynamisch und bringt Konflikte schürende Synergieeffekte hervor.

Zunächst ist erst einmal mit großem Nachdruck auf das Legitimationsproblem
aufmerksam zu machen, dass die Gewalt der Empörung offenkundig hat: „Sie
muss nicht allein die Anwendung von Gewalt rechtfertigen, sondern darüber hinaus auch [...] die Unwägbarkeit daraus resultierender Gewaltäußerungen zu legitimieren suchen." (Martinsen/Flügel-Martinsen 2014: S. 11) Der Gewalt einen
Zweck zu unterstellen, verkennt, dass die Dramaturgie der Gewalt und ihre Szenarien unvorhersehbar sind: Gewaltsame Empörung erzeugt „Anschlusszwänge",

die verzweifelte und wütende Menschen „nicht beherrschen" (Baberowski 2015: S. 34).

Die entfesselte Gewalt verändert die Handlungsräume der Akteure und diese selbst in kurzer Zeit (ebd.: S. 139); ursprüngliche Zwecke und Absichten verblassen und werden von den aktuellen Ereignissen überschattet. Im Raum der Gewalt, der geöffnet worden ist, verwandeln sich die ursprünglichen Motive, die weder die Exzesse gewalttätiger Aktionen erahnen lassen, noch die zuvor ungeahnten Dimensionen von Gewalt im Rückblick wirklich zu rechtfertigen vermögen. Es gibt keine Erwartungssicherheit. Die Schwachen, die Gewalt entfesseln, haben weder eine Gewissheit, zu bekommen, was sie wollen, noch sind sie sich einig in der Strategie zur Durchsetzung dessen, was sie wollen. Das Risiko ist hoch, selbst Opfer von Gewalt zu werden (vgl. ebd.: S. 204). Gewalt erzeugt eigene Realitäten, in denen komplementäre und symmetrische Eskalationen (mit entsprechenden Sanktionskatalogen) den Lebensrhythmus takten. In anderen Worten: Wer Gewalträume öffnet und betritt, für den wird Gewalt „zum herrschenden Faktor der *Realität*" (Arendt 2003: S. 346) seines Lebens. Diese Realität löst sich nicht in Vergangenheit auf, wenn der Zweck, zu dem die Gewalt das Mittel sein sollte, erreicht zu sein scheint.

## 3    Gewalt im Modus des Bösen

Abgesehen davon, dass die zweite und dritte Form von Gewalt die Prämisse relativieren, dass Gewalt(-tätigkeit) als Ausdruck wortlosen Handelns sich ausschließlich im Modus eines „spezifisch Böse(n)" befindet (Arendt 2003: S. 345), wirft die Gleichsetzung des moralisch Bösen mit dem Tierischen im Menschen Fragen auf, die Arendt nicht stellt, obgleich ihr diese aus ihrer intensiven Beschäftigung mit Kants moralphilosophischer Erklärung des Bösen gut vertraut sein müssten. Neben den Vorlesungen über das Böse, die später als Buch publiziert wurden, sind es vor allem die Denktagebücher, die von einer intensiven Auseinandersetzung mit Kants Erklärung des moralisch Bösen zeugen.

Kant ist wohl vertraut mit der Gleichsetzung des Bösen mit dem, was als das Tierische am Menschen bezeichnet werden könnte. Nicht ohne Ironie schlägt Kant diese Gleichsetzung dem Erbe des religionsphilosophischen Diskurses des moralisch Bösen zu. Dabei gibt Kant zu bedenken, dass die Annahme, die menschliche Natur als die Ursache für das Böse anzusehen, den Menschen von moralischer Fehlbarkeit und Schuld entlastet bzw. freispricht. Die moralische Schuld am Bösen lässt sich nur dann relativieren, wenn man den Menschen die Freiheit abspricht, sich selbst für oder gegen das Böse entscheiden zu können. Wären die Menschen

Teufel, so könnte man sie für das Böse ebenso wenig verantwortlich machen als wenn sie Engel wären. Im ersten Fall hätten sie gar keine Wahl zwischen Gut und Böse frei entscheiden zu können; im zweiten Fall könnten sie gar nicht anders als alternativlos das Gute zu wollen.

Hält man daran fest, die tierhafte, innere Natur des Menschen als bestialisch und tierisch zu diabolisieren, bliebe der Ursprung des Bösen eine kausale Bürde, an die der Mensch, gekettet durch seine natürlichen Neigungen und Bedürfnisse, ohne sein Tun für immer schwer zu tragen hat, und das Gute wäre eine kaum begreifliche Möglichkeit. Was die Frage nach der (moralischen) Schuld betrifft, so würde die Antwort klar ausfallen: Der Mensch wäre nur bedingt verantwortlich und entsprechend (un)schuldig für sein Handeln, so argumentiert Kant, wenn er ‚von Natur' aus an einer solchen kausalen Bürde zu tragen hätte.

Zwar geht auch Kant davon aus, dass der Mensch, wenn er sich seinen natürlichen Trieben überlassen würde, auf einer Stufe mit den Tieren zu stellen wäre und nicht anders denn als ein „Thiermensch" (Kant 1912a: VI435) bezeichnet werden müsste. Der „schuldlose(n) Naturanlage" (Kant 1912c: S. 36) zugeordnet, sind die natürlichen Neigungen in Kants Darstellung jedoch moralphilosophisch indifferent: weder gut noch böse. Ihre moralphilosophische Indifferenz verlieren die Neigungen – in denen sich die *Zufälligkeit* von Gefühlen wiederspiegelt, die uns (un)erwünscht sind und von uns als (Un-)Glück empfunden werden – in den Momenten, wo sie in eine moralischen Maxime aufgenommen werden (ebd.). In den Momenten also, in denen der Mensch sich frei dazu entscheidet, bestimmte Neigungen als Norm seines Handelns zu wählen. Menschen wären nicht – wie Kant es nennt – ‚intelligibel' zu nennen, wenn sie sich nicht aus kausalen Netzwerken herausnehmen und zu ihnen auf Distanz gehen könnten. Es gibt (immer) Alternativen; handeln ist nicht alternativlos, auch wenn einige das zuweilen behaupten.

Unter der Freiheit des Menschen als eines ‚intelligiblen' Wesens versteht Kant die Fähigkeit des Menschen, sich kraft seiner Vernunft selbst Gründe seines Handelns zu geben, um so frei zu werden von kausal determinierenden Faktoren, wie den Begierden, Bedürfnisse, Empfindungen und sinnlichen Neigungen. Sie stehen für die Abhängigkeit „von kausaler Abhängigkeit durch Bestimmungen, die dem Menschen von Natur eigen" sind (Menke 2010: S. 678) und einer „freyen Bestimmung (Freyheit überhaupt) seiner selbst" (Kant 1912d: S. 250) im Wege stehen. Unabhängig von ihnen zu werden, bedeutet nicht, von ihnen frei zu werden. Auch als intelligibles Wesen bleibt der Mensch ein natürliches Wesen. Uns von dem frei zu machen, was uns von Natur aus eigen ist, ist nicht so zu verstehen, dass wir uns davon trennen können sollten. Wir können etwas zur „Bewegursache" einer unserer Handlungen (Kant 1912e: S. 60) machen, was nicht abhängig ist von „der äußeren Determinationsmacht natürlicher Bestimmungen" (Affekte, Begierden,

Selbstliebe usw.) (Menke 2010: S. 687), wenn wir auf eine „praktische Regel" (des kategorischen Imperativs) zurückgreifen können (Kant 1912e: S. 20), die es uns ermöglicht, uns selbst eigene Beweggründe für unser Tun und Lassen zu geben.

Halten wir fest, was mit Kant auszuschließen ist: Dass der „Ursprung des Bösen in der durch Egoismus, Gier oder Hass geprägten menschlichen Natur" zu verorten ist, und es daher als böse gilt, „wenn sich der Mensch unmittelbar durch Triebe leiten lässt" (Haller 2017: S. 49). Was auch immer als das spezifisch Böse an Gewalt bezeichnet werden könnte, es ist nicht die innere Natur des Menschen, seine natürlichen Begierden, die man anthropologisch als tierhaft bezeichnen könnte. Mit Kant scheidet eine Dämonisierung der menschlichen Natur aus. Das Böse ist kein Schicksal, sondern selbstverschuldet und muss den Menschen zugeschrieben werden können (Safranski 1997: S. 193). Die Natur kann das ‚spezifisch Böse' nur um den Preis einer Redämonisierung der inneren Natur des Menschen sein. Auch wenn man das Arendt wohl kaum unterstellen kann, so provozieren ihre Formulierungen zur ersten Form von Gewalt eine solche Interpretation.

Vorausgesetzt, dass eine Dämonisierung der Natur ausscheidet: Was könnte dann das ‚spezifisch Böse' am Menschen sein? Ein Mangel bzw. das Verfehlen der Vernunft-Natur des Menschen? Arendt selbst äußert sich nicht nur mehrfach kritisch dazu, dass die Tradition der Aufklärung das Böse lediglich als Mangel von Vernunft gesehen habe. Sie gelangt auch zu dem Schluss, dass das Böse sich nicht mit einem Mangel erklären lässt. Diese Option scheidet somit eigentlich aus. Gleichwohl behauptet Arendt, dass das Böse „ein Phänomen mangelnder Urteilskraft" (Arendt 2003: S. 767) ist.

Laut Thürmer-Rohr liegt der „Horror des Bösen" für Arendt in „einer Indifferenz, die Arendt Gedankenlosigkeit oder Abwesenheit des Denkens nennt"; „Resistenz gegenüber der Gewohnheit, innezuhalten und alles der kritischen Befragung und dem Zweifel zu unterwerfen […], fehlender Dialog mit sich selbst, ohne den es keine Tiefe mehr gibt" (Thürmer-Rohr 2001: S. 271). Lässt sich aber Gedankenlosigkeit mit dem ‚spezifisch Bösen' und der tierischen Stummheit verrechnen?

Mangelnde Urteilskraft ist keineswegs Gedankenlosigkeit, sondern eine eigentümliche Art von Unwissenheit. So können Menschen aus Unwissenheit einerseits etwas für ein Übel halten, was eigentlich gut ist (Kant 1912e: S. 61). Andererseits kann das, was manche Menschen als etwas Gutes ansehen, in Wirklichkeit ein Böses sein.

Thomas von Aquin veranschaulicht dieses Paradox am Beispiel eines Mannes, der zum Ehebrecher wird, nicht, weil er eine andere Frau mehr liebt als seine Ehefrau, sondern weil er die mit dem Ehebruch verbundene Lust begehrt. Daraus, dass dieser Mann das Böse nicht erkennt, folgt nicht, dass er nicht böse handeln kann, sondern, dass er überhaupt nicht weiß, dass er böses tut. Unter dieser Prämisse wird nicht die Tat verziehen, sondern „einer Person wird eine Sache vergeben, [...] weil sie nicht weiß, was sie tut, und somit nicht im Wissen und Willen des Bösen gehandelt hat" (Saner 2016: S. 18). Das Böse als eine Perversion des Guten, resultierend aus einem Mangel an Urteilskraft.

Was Arendts Erörterung des Tierischen beschreiben will, ist jedoch kein Mangel an Vernunft oder eine Schwäche der Urteilskraft, sondern ein gänzliches Fehlen sowohl von Urteilskraft als auch von Vernunft. Ein Mangel würde bedeuten, dass die Vernunft nicht richtig Gründe gegeneinander abwägt und (kritisch) beurteilend bewertet. Davon ist beim ‚spezifisch Bösen', als das Arendt die Stummheit von Gewalt in der ersten Form bezeichnet, überhaupt keine Rede.

## 4    Gewalt im Modus der menschlichen Natur

Ist es also letztlich doch die rohe Natur qua den Bestialischen, die ebenso Gewalt wie ein grauenvoll Böses am Menschen immer wieder von Neuem hervorbringt? Arendt würde im Diskurs der Moderne ebenso auf Zustimmung wie auf Ablehnung stoßen. Letzteres in der kantischen Tradition, zumal Arendt im Gewalt-Diskurs den Freiheitsbegriff kaum berücksichtigen zu wollen scheint. Laut Kant ist der Mensch dem „Naturgesetz der Begierden und Neigungen" (Kant 1912b: S. 454) ebenso wie der „Determination durch solche Bestimmungen, die ihm von Natur eigen sind" (Menke 2010: S. 687), alles andere als hilflos ausgeliefert. Dass Menschen die moralische Regel dem Glücksbegehren ihrer natürlichen Triebfedern unterordnen, verdanken sie ebenso ihrem freien Entschluss wie sie umgekehrt ihre natürlichen Neigungen nicht blindlings folgen, sondern abwägend (be-)urteilen. An der praktischen Vernunft des Verallgemeinerungsgrundsatzes der moralischen Regel qua kategorischer Imperativ sich orientierend, vollführt der Mensch gleichsam einen Spagat: sich einerseits am Grundsatz des moralischen Gebots zu halten, andererseits diesen Grundsatz nur anerkennen und folgen zu können, sofern dabei seinem Hang nach Glückseligkeit in gewisser Weise Rechnung getragen werden kann. Beides in die Ordnung einer Balance zu bringen, ist eine Aufgabe, die immer wieder erneut ansteht und vielleicht nie wirklich zufriedenstellend erfüllt werden kann.

Auf Zustimmung würde Arendt bei Sigmund Freud stoßen. Menschen begehen „Taten von Grausamkeit [...] und Rohheit, deren Möglichkeit man mit ihrem kulturellen Niveau für unvereinbar gehalten hätte" (Safranski 1997: S. 247), sieht Freud sich angesichts der zuvor undenkbaren Massenvernichtungen in den Materialschlachten des 1. Weltkrieges zu konstatieren genötigt. Angesichts dieses unvorstellbaren Grauens gelangt er zu dem Schluss, dass die „Destruktionskräfte der menschlichen Natur" (ebd.: S. 249) ein schier unversiegbares und überaus machtvolles Kräftereservoire seien.

Freud stimmt auf neuartige Phänomene von Gewalt und deren erschreckende Dimensionen ein, warum es Arendt nicht zu gehen scheint. Mit der Unterscheidung von gewalttätiger Raserei, zweckrationaler Strategie und einer innovativen Option ohnmächtiger Wut (als Infragestellung des staatlichen Gewaltmonopols auf Grund krasser Missstände), hebt Arendt drei Formen von Gewalt mit je eigenen Gravitationszentren hervor, die weder neuartige Phänomene noch unbekannte Dimensionen von Gewalt offenbaren. In allen drei Formen wird Gewalt(-tätigkeit) entweder als ein abgestuftes zweckrationales Handeln oder als ein Relikt der Barbarei, als ein regressives Verhalten erklärt. Stets sind es die Einzelnen oder wenige Personen, von denen Gewalt ausgeht. Dass Gewalt eine Handlungsressource ist, die für *jeden* einzelnen Menschen jederzeit zugänglich sein könnte (Baberowski 2015: S. 27), ist eine Einsicht, die für Arendt schwer nachvollziehbar wäre. Zwar scheint eine solche Einsicht in der Analyse der dritten Form von Gewalt an Gestalt zu gewinnen; die Frage ist jedoch, ob es hier wirklich um Gewalt oder nicht vielmehr um eine (mögliche) *Voraussetzung* von Gewalt geht.

Als mögliche Ursache von Gewalt kommen nicht gravierende Missstände schlechthin in Betracht, sondern solch empörende und vor allem ungerechte Missstände, von denen wir laut Arendt annehmen, dass sie veränderbar sind. Mit gewalttätiger Empörung reagieren wir nicht auf alle Missstände. Wut und Empörung sind keine „automatische Reaktion auf Not und Leiden", weil niemand „mit Wut" auf ein „Erdbeben" oder „eine Krankheit" reagiert, wie Arendt betont, „der die Medizin machtlos gegenübersteht". Das Gleiche gelte für „unerträgliche gesellschaftliche Zustände"; auch sie würden nicht wütend machen, solange sie als „unabänderlich" (Arendt 1990: S. 64) erscheinen. Erst wo ein berechtigter Grund zu der Annahme besteht, dass sie geändert werden könnten „und dennoch nichts geschieht, stellt Wut sich ein" (ebd.). Auch diese Überlegung setzt ein kausales Ursache-Wirkungs-Prinzip voraus, was aus den gezeigten Gründen fraglich ist.

Unabhängig davon, ob sie denkbar ist oder nicht, erzeugt tyrannische Ungerechtigkeit ohnmächtige Wut. Dagegen könne der Einzelne laut Arendt Widerstand leisten. Ist „unser Gerechtigkeitssinn verletzt [...], reagieren wir mit Empörung" (ebd.). Auf die wütende Empörung folgt der Gewaltakt. Angesichts „empörender Umstände" sei die Versuchung groß, „zur Gewalt zu greifen", zumal es „im Wesen der Empörung" liege, „nicht langsam und mit Bedacht zu reagieren" (ebd.). Wer zur Gewalt greift, hat seine Gründe. Arendt geht es, wie es in dieser Stelle ihres Gewalt-Diskurses klar formuliert ist, um die *Ursachen* von Gewalt, die sie in der ohnmächtigen Wut und Empörung angesichts von offenkundiger

Ungerechtigkeit (oder der finsteren Natur des Menschen) freilegt, nicht aber um Gewalt als eine Option menschlichen Handelns.

Auch für die anderen beiden Formen scheidet Gewalt als eine für jedermann zugängliche Handlungsressource aus; solange die Sprache nicht verstummt, d.h. versagt, kommt Gewalt als Handlungsoption nicht in Frage, weder in der ohnmächtigen Wut noch in der gewalttätigen Raserei. Gewalt ist aber ebenso wenig ein „Vorrecht der Barbarei" oder der Verzweiflung wie sie ein „Relikt aus finsterer Zeit" (Baberowski 2015: S. 180) oder eine allerletzte Zuflucht der Ohnmacht ist. Dass Menschen „immer gewaltsam handeln" könn(t)en (Popitz 1992: S. 50), ist eine Prämisse, die Arendts Ansatz ausschließt. Gewalt ist für Arendt eine destruktive Option menschlichen Handelns, die sie konsequenterweise auch in der zweiten Form als tierisch und bestialisch bezeichnen müsste, weil Gewalt laut ihrer Prämisse eigentlich überhaupt keine Option menschlichen Handelns sei.

Gleiches müsste auch für die dritte Form von Gewalt zutreffen, von der jedoch Arendt mit Blick auf die Empörung gegen gravierende Missstände von Gerechtigkeit behauptet, dass „Gewalttätigkeit ein menschliches Phänomen" sei, das weder „tierisch" noch „irrational" (Arendt 1990: S. 63) sei. Nicht nur scheint in gewissen „Situationen" die „Schnelligkeit eines Gewaltakts angemessen zu sein", so die These; „unter gewissen Umständen" kann auch „nur der Gewaltakt, also ein wortloses Handeln, das keine Konsequenzen in Betracht zieht, der Situation gerecht werden" (ebd.: S. 64). Es gibt ohne Frage entwürdigende Missstände, in denen Menschen in entmenschlichenden Bedingungen gezwungen werden zu leben. In diesem Falle sind Empörung, Zorn und Gewalttätigkeit ebenso denkbar als Reaktionen, so ist gegen Arendt einzuwenden, wie das *Ausbleiben* jeglicher Reaktionen. In Gewalttätigkeit sich entladende Empörung ist keine automatische Reaktion auf Not und Leiden, wie bereits betont worden ist. Gravierende Verletzungen unseres Gerechtigkeitssinns können eine in Gewalt umschlagende Wut und Empörung auslösen, tun es aber nicht zwangsläufig. Das ist nicht darauf zurückzuführen, dass die Gefühle der Empörung und Wut „sich keineswegs unbedingt an persönlichen Leiden entzünden" müssen, wie Arendt einräumt (ebd.), sondern darauf, dass solche Gefühle spontan und flüchtig sind. Gefühle der Empörung können sich einstellen, tun es aber nicht unweigerlich, wenn wir bestimmte Missstände wahrnehmen. Zudem stellen sich Gefühle nicht zwangsläufig erneut beim Anblick der gleichen entwürdigenden Umstände ein. Die *Emotionen* der Empörung, Wut und des Ressentiments sind ebenso kurzlebig, inkonstant und instabil wie sie nicht erzwingbar sind. Weder können wir andere Menschen zwingen, glücklich zu sein oder Mitleid mit uns zu empfinden, noch können wir uns selbst zwingen, Glück und Zufriedenheit zu empfinden. „Gefühle zu haben", so Kant, „dazu kann es keine Verpflichtung durch andere geben" (Kant 1912c: S. 45).

Sind ohnmächtige Wut oder Empörung die Ursachen von Gewalttätigkeit, müssten die Umstände geändert werden, so die Folgerung, die zu Wut und Empörung führen: jene „elende(n) Verhältnisse, Armut, Ignoranz, Unterdrückung" (Baberowski 2015: S. 137), von deren Veränderbarkeit Menschen überzeugt sind. Sind es bestimmte Ursachen, die Gewalt mittels Wut und Empörung hervorbringen, so müssen diese verschwinden. In dem Maße, wie sie verschwinden, reduziert sich das Gewaltpotential. Würde also Gewalt verschwinden, wenn die Verhältnisse nur gründlich genug verändert werden würden? Eigentlich verneint Arendt diese Frage, wenn sie Gewalt (in der ersten Form) als Ausbruch von menschlicher Bestialität bezeichnet; hier hat Gewalt andere Ursachen als sozial ungerechte Verhältnisse. Ebenso verneint sie diese Frage, wenn sie Gewalt als zweckrationales Mittel von einzelnen Menschen charakterisiert, womit anderen ein fremder Wille aufgezwungen werden soll. Auch ist nicht erkennbar, dass diese Form von Gewalt jemals ein vergangenes Relikt sein könnte.

Wenn Arendt die Frage, ob Gewalt verschwindet, wenn die Verhältnisse nur gründlich und radikal genug verändert werden würden, in ihrer Analyse der dritten Form von Gewalt zu bejahen scheint, so ist dagegen einzuwenden, dass Gewalt nicht durch einen Zweck gerechtfertigt werden kann, der in der Zukunft liegt. Wer als Reaktion auf unerträgliche Zustände der Gewalt einen instrumentellen Charakter zuschreibt, der verkennt, dass im Angesicht von Gewalt „nichts mehr (so ist) wie es war" (Baberowski 2015: S. 33). Gewalt emanzipiert sich von den Zwecken, denen sie dienen soll. Gewalt suspendiert nicht nur „Regeln sozialer Kommunikation" (ebd.: S. 40), ohne die keine Handlungsräume möglich werden, und Gewalt setzt nicht nur moralische, rechtliche und politische Sicherungen außer Kraft, die Menschen vor Gewalttätigkeiten schützen. Gewalt vermag Menschen in kurzer Zeit von Grund auf in unüberschaubarer Weise zu verändern, und zwar radikal (vgl. Endreß 2004). Das betrifft die Opfer wie die Täter. Welche unvorstellbaren Ausmaße Gewalt annehmen kann, davon gibt Arendts Biographie erschreckende Auskünfte (vgl. Arendt 1996: S. 50/58 sowie Arendt 2003: S. 7). Deshalb müsste Gewalt für Arendt eigentlich für etwas stehen, was nicht geschehen sollte und nicht hätte geschehen sollen.

# 5    Gewalt im Modus moralischer Laster

Arendt hebt zwar den instrumentellen Charakter von Gewalt hervor und behauptet, dass Gewalt ein menschliches Phänomen sei (Arendt 1990: S. 65). Den Nachweis, inwiefern Gewalt ein solch allgegenwärtiges Phänomen ist, bleibt sie jedoch schuldig. Die „Affekte" der Wut, Empörung und des Zorns (ebd.), auf die sie in der Untersuchung der dritten Form der Gewalt immer wieder verweist, sind kennzeichnend für den Ausnahmecharakter von Gewalt. Diesen Charakter unterstreicht die Charakterisierung von stummer Gewalt als das „spezifisch Böse der Gewalt" (Arendt 2003: S. 345). Gewalt und das mit ihr bzw. durch sie hervortretende ‚Tierische' und Bestialische am Menschen (ebd.) sind jedoch nicht das exklusive Privileg von Stummheit und Sprachlosigkeit. Ebenso wenig wie Gewalt allein im Gewand der Stummheit erfolgt (vgl. Butler 2006; Herrmann/Kuch 2007), ist das Reden mit und über andere moralisch neutral. Der Sprache bescheinigt Arendt das „Streben nach Sinn" und die Dimension der „Verständigung zwischen Menschen" (Arendt 1989: S. 104). Als „Handelnder redet der Mensch" jedoch nicht nur „mit Anderen", wie Arendt (Arendt 2003: S. 345) behauptet, sondern agiert mittels sprachlichen Mitteilungen und Empfindungen in einem Netzwerk sozial wie moralisch präfigurierter Verhältnisse und Beziehungen, die ihrerseits durch Sprache präfiguriert sind und zuweilen auch manipuliert werden können. Über diese ganz andere Dimension von Sprache geben Arendts Briefe an Jaspers Auskunft; darin schreibt sie sehr ausführlich über das, was laut ihren sprachphilosophischen Ausführungen eigentlich in die Sphäre des „stumm mit sich selbst diskutieren(s)" fallen müsste: nämlich die „Bewältigung alles dessen, was im Rahmen der Alltagserscheinungen" intensiv unsere Sinne beschäftigen (Arendt 1989: S. 104), was in ihrem Falle die Verleumdungen und heftigen Anfeindungen, der Hass und die lügenhaften Anschuldigungen waren, die ihr Bericht über den Eichmann-Prozess und die daraus entstandene Buchpublikation auslösten.

Gewalttätigkeit sowohl als Folge von Ohnmacht und Wut, als auch als Ausdruck von Selbstverteidigung und strategischer Interaktion – im Fokus von Arendts Überlegungen zur Gewalt, in welchen Formen auch immer, steht die Vorstellung von konkreten Ursachen, subtilen Zwängen und kausalen Zusammenhängen. Gewalt hat eine Ursache und verfolgt einen Zweck. Im netzwerkartigen Geflecht sozialer Beziehungen muss das keineswegs gegeben sein, um Gewalttätigkeiten auszulösen. Vielmehr entstehen in diesen Netzwerken Gewaltbeziehungen, die weder mit Zwang, Drohungen, Sanktionen und manipulativen Beziehungen zusammenfallen, noch ein spezifisch Böses hervorbringen. Die Gewaltbereitschaft sitzt im netzwerkartigen Geflecht sozialer Beziehungen nicht tief und ist nicht angstregend. Wann immer Menschen gewalttätig werden, brechen sie nicht aus dem

Gefüge sozialer und moralischer Beziehungen aus. Was in diesem netzwerkartigen Gefüge Gewaltpotentiale generiert, so behauptet Kant, ist das moralisch Böse. Und das braucht weder einen konkreten Anlass noch irgendeine Ursache. Gewalt ist für Kant eine innovative Option menschlichen Handelns, und sie ist ebenso angsterregend wie ansteckend. Denn sie sitzt tief. Gewalttätigkeit und Gewaltbereitschaft durchziehen ebenso die Sphäre des ‚Tiermenschen' wie die der moralisch-praktischen Vernunft. Moralisches Handeln ist wie ethische Gewalt nicht kausal, sondern rekursiv: Die moralische Regel entzieht sich ‚kausalen Nötigungen' nicht allein nur um ihrerseits den Grundstein für kausale Verknüpfungen zu legen, sondern weil sich bei moralischen Handlungen nicht absehen lässt, wie Kant mit Nachdruck betont, was sie vermutlich kurzfristig an Folgen auslösen und möglicherweise langfristig an Spätfolgen nach sich ziehen könnten. Ethische Gewalt formiert sich in einem Netzwerk sozial geprägter Muster für das Verstehen von Ereignissen und ihrer sozialen Bedeutung – einem Netzwerk, wo es weniger um Kausalität von Handlungsketten geht, als um Antizipationen, Wahrnehmungen und Deutungen. Warum Menschen sich gegen ihre eigene moralische Regel entscheiden, muss letztlich ebenso unklar bleiben wie der Umstand, dass Handlungen aus guter moralischer Gesinnung vom anvisierten Ziel und beabsichtigten Zweck abweichen. Im sozialen Universum der Laster und Untugenden, das Kant als ‚ethischen Naturzustand' bezeichnet, hat Gewalt „spezifische Formen und findet in ebenso spezifischen Kontext durch Sinngebung statt" (Welzer 2010: S. 39), und zwar indirekt. Das kann Missgunst, Bosheit, Hochmut, Heuchelei oder Niedertracht sein, die sowohl den Nährboden für soziale Gewalt bilden als auch deren Begleiterscheinungen sein können. Diese und andere moralischen Laster demonstrieren die jederzeitige Verfügbarkeit von Gewalt als Handlungsoption: Alle „soziale Beziehungen" durchströmend, ist Gewalt im ethischen Naturzustand ein „Modus der menschlichen Existenz" (Baberowski 2015: S. 197). Die Lust an Gewalt, von der Menschen durch ihre Laster im ethischen Naturzustand beherrscht zu sein scheinen, hat ihren Gegenpol in der menschlichen „Verletzungsoffenheit" (ebd.: S. 196). Verletzbar und verletzlich sind Menschen, weil die Laster – wie Neid und Schadenfreude – sich unter der Oberfläche moralisch intakter sozialer Beziehungen und Interaktionsformen verbergen. Sind Menschen undankbar, auf andere Menschen neidisch und schadenfroh über das Missgeschick und Unglück anderer, so sind sie laut Kant noch keineswegs offen, sondern „verschleiert" gewalttätig – und das bedeutet: permanent gewaltbereit (Kant 1912a: S. 458).

Die Laster eröffnen Räume der Gewalt, und diejenigen, die in solchen Räumen agieren, empfinden Gewalttätigkeit nicht als außergewöhnlich. Denn der in den moralischen Lastern schlummernde *Hang* zur Gewalt ist in den Metamorphosen des Bösen bereits unterschiedlich aktiv und tätig: a) latent präsent in der Schwäche des menschlichen Herzens, b) stets auf den Sprung zur Gewalttätigkeit auf der Ebene der Lüge oder, wie Kant es nennt, der Unlauterbarkeit und c) omnipräsent in der Gewaltbereitschaft der Boshaftigkeit. Zur Bösartigkeit bzw. Bosheit rechnet Kant all jene „teuflischen Laster", zu denen die „Laster der Rohigkeit" und das „viehische Laster […] der wilden Gesetzlosigkeit" zu zählen seien (Kant 1912c: S. 27) – allesamt Laster, die ihre Wurzel in der Selbstliebe haben würden. Dass die unstillbaren Glücksbestrebungen des Menschen in bösartige Laster pervertieren und den Nährboden für Feindseligkeit und Gewaltbereitschaft gegenüber anderen Menschen bilden können, führt Kant darauf zurück, dass der menschliche Wunsch nach Anerkennung in die Begierde umschlägt, sich anderen überlegen zu fühlen und sich über sie zu erheben. Eine solche Begierde wachse schnell zu den Lastern „geheimer und offenbarer Feindseligkeiten" (ebd.) an, die, wenn sie sich mit dem „teuflischen Laster" der „Rohigkeit" und „Gesetzlosigkeit (im Verhältnisse zu an-dern Menschen)" verschränken (ebd.), erklären würden, warum auch Menschen im „öffentlich gesetzliche(n) Zustand" ebenso wenig „vor Gewaltthätigkeit gegen einander sicher sein" würden (Kant 1912a: S. 312) wie vor „ihrer Bösartigkeit, sich […] einander zu befehden" (ebd.).

Omnipräsente Gewaltbereitschaft ist charakteristisch für jene Laster, die Kant als teuflisch bezeichnet: Menschenhass, Neid, Undankbarkeit und Schadenfreude (sowie der sich von ihnen ableitenden Herrschsucht, Streitsucht, Habgier, Geldgier usw.). Das Unglück anderer und die Skandale, in die sie durch ihr Unglück geraten, werden in solchen Lastern gleichsam als „Folie" „unserem eigenen Wohlstande" und Wohlsein „untergelegt […], um diesen in ein desto helleres Licht zu stellen" (ebd.: S. 460). Insbesondere den Hass auf andere Menschen, der in den Lastern zu-meist nicht offen auftrete, „sondern geheim und verschleiert" (ebd.: S. 458), spricht Kant ein großes Gewaltpotential zu. Auch wenn der Hass auf andere Menschen in den Lastern der Undankbarkeit, des Neides und der Schadenfreude (noch) nicht offen „gewaltthätig" auftritt, wie Kant (ebd.) zu bedenken gibt, ist er doch feind-selig und stets gewaltbereit, insofern Neid und Schadenfreude Aggressivität, Aus-grenzung, Beschimpfung und Bedrohung einschließen.

Ohne eine „moralische Regel" ist Freiheit, wie Kant (Kant 1990: S. 28) be-hauptet, „etwas Schreckliches". Sie gleicht jener „unaufhörlichen Befehdung", wie sie für den „ethische(n) Naturzustand" (Kant 1912c: S. 97) charakteristisch sei. Unablässig maßen sich Menschen in einem solchen Zustand an, in ihrer jeweils „eigenen Sache Richter" über das sein zu wollen, was ihnen „gegen andere recht sei". Dabei wird nicht nur den anderen Menschen keine Sicherheit in ihren eigenen Angelegenheiten gewährt. Auch die, die sich anmaßen, willkürlich darüber zu ent-scheiden, was ihnen gegen andere als Rechtens dünkt, haben keine andere Sicher-heit als ihre „eigene Gewalt" und „eigene Willkür" (ebd.: S. 98).

Kants Laster-Diskurs thematisiert ein schwer fassbares Eskalationspotential von Gewalt, wenn er sich mit der Aggression und Konkurrenz beschäftigt – jenen moralischen Verhaltensweisen, mit denen Menschen sich einander Schaden zufügen. Mit den Lastern werden nicht nur die Körperlichkeit und das Exzessive der Gewalt sichtbar; anschaulich wird auch eine bedrohlich anmutende Omnipräsenz von Gewalt. Grenzen wir Gewalt auf abgrundtiefe Grausamkeit ein, reduzieren wir Gewalt auf eine für uns kaum vorstellbare Unmenschlichkeit, wie es Arendt in eine der Formen von Gewalt nahelegt, so macht uns das blind dafür, dass Gewalt als innovative Option menschlichen Handelns eine fast unwiderstehliche Verführungskraft besitzt.

## 6    Schluss

Arendts Urteil über Gewalt ist ambivalent. In der aufklärerischen Tradition der ‚Denaturalisierung' von Gewalt stehend (vgl. Hirsch 2004: S. 11), diskreditiert sie einerseits die Vorstellung, dass Gewalt ein selbstverständlicher Bestandteil von sozialen Praktiken sei, während sie andererseits Gewalt als ein *Mittel* menschlichen Handelns unter besonderen Umständen rechtfertigt. Aufgrund der Fähigkeit zur Gewalt(-tätigkeit) scheint Arendt Zweifel daran zu haben, dass der Mensch sich jemals wirklich von der tierhaften Bestie in ihm frei zu machen in der Lage wäre. Im Mittelpunkt dieses Teils von Arendts Gewalt-Diskurs stehen Gewalterfahrungen, die in ihren anderen Untersuchungen zur Gewalt deutlich an Gewicht verlieren, insbesondere dann, wenn sie eine zeitlich limitierte Gewalt für gerechtfertigt hält, sobald Menschen gravierenden Missständen und Ungerechtigkeiten machtlos ausgeliefert sind. Liest man diesen Teil von Arendts Gewalt-Diskurs, so wird man auf keine untergründigen Zweifel an der menschlichen Emanzipation vom Tierhaften (oder der Bändigung der Bestie) stoßen. Was als ein Ausbruch der tierischen Natur des Menschen in der Analyse der ersten Form von Gewalt zur Darstellung kommt, mit dem der Mensch zur Bestie werde, wird nunmehr frei von negativen Konnotationen als ein menschliches Phänomen unter anderen registriert. Das Exzessive und die Körperlichkeit von Gewalt, die in der ersten Analyse vage sichtbar werden, treten vollkommen in den Hintergrund.

Neben den Bruch im Gewalt-Diskurs, erkennbar in der Ablehnung von Gewalt als Teil sozialer Praktiken *und* der Rechtfertigung von Gewalt unter besonderen Umständen, ist für Arendts gewalttheoretische Überlegungen ein zweites Merkmal charakteristisch. Obgleich Arendt Zeugin dafür ist, dass „das Gewaltmonopol des Staates im 20. Jahrhundert zum Ziel und Objekt gewaltpolitischer Bewegungen geworden war" (Knoch 2011: S. 20), werden bei ihr, auch wenn sie gewisse Formen von Gegengewalt rechtfertigt, keine Zweifel am Gewaltmonopol des Staates laut. Ebenso wenig werden Protest und Gegengewalt mit politischen Bedeutungen aufgeladen. Sei es Ohnmacht, Wut oder Protest – Gewalt ist die Ausnahme, nicht die Regel menschlicher Interaktion, und eigentlich für Arendt keine Option menschlichen *Handelns*.

Mit Arendt über Gewalt nachzudenken, dient ohne Frage der Vergewisserung des Anregungspotentials klassischer Texte für die Auslotung der Dimensionen von Gewalt und den Differenzierungsmöglichkeiten zwischen den unterschiedlichen Formen von Gewalt. Mehr noch aber der Frage, ob und wie sich die „Reihe von Fragen, die man aus heutiger Perspektive an das Werk Hannah Arendts richten kann" (Kemper 1993: S. 12), fortsetzen ließe. In der vorliegenden Lektüre, die Arendts Gewalt-Diskurs als Wahrnehmung von unterschiedlichen Formen von Gewalt erörtert, ist das Ergebnis eher ernüchternd. Gleichwohl ist diese Herangehensweise mit Bedacht und guten Gründen gewählt worden.

Die Alternative wäre nämlich, Arendts Gewalt-Diskurs systematisch in der Perspektive eines Problems zu fokussieren, über das sie sich selbst in unterschiedlichen Formulierungen versuchte klarzuwerden: dass „fast alles Schlechte von Menschen getan wird", wie sie einmal schreibt, „die sich nie dazu entschlossen haben, gut oder böse zu sein oder zu handeln" (Arendt 1989: S. 178). Gleiches scheint auf Gewalt zuzutreffen. Dass Arendt sich scheut von Gewalt zu sprechen, ist keine Ausnahme. Wiederholt meidet sie diesen Begriff, scheint es doch, als ob die Erfahrung eines Abgrunds, um den es ihr geht, sich nicht angemessen mit Gewalt – wie Arendt sie versteht – beschreiben lässt. Vielmehr greift sie (erneut) auf den Begriff des Bösen zurück, von dem sie zwar meint, es sei weder radikal noch dämonisch, zugleich jedoch behauptet, dass das Böse „sich als radikaler erwiesen" habe „als vorgesehen"; insofern nämlich, als die „modernen Verbrechen [...] im Dekalog nicht vorgesehen" (Arendt 1996: S. 38) seien. Das „Böseste, was der Mensch tun kann", so ihr Fazit, „stammt" laut der „abendländische Tradition" nicht „aus den Lastern der Selbstsucht" (ebd.). Die Dimension menschlicher Laser reicht laut Arendt nicht aus, um die Gewalttätigkeiten und Gräueltaten, um die es ihr geht und die der Begriff des Bösen beschreiben soll, in angemessener Weise in ihren erschreckenden Ausmaßen erfassen zu können. Auch wenn Arendt einräumen muss, dass sie nicht wisse, „was das radikal Böse nun wirklich ist", sei es doch evident, dass „das Böseste oder das radikal Böse mit solchen menschlich begreifbaren, sündigen Motiven", die die Laster hervorbringen, „gar nichts **mehr** zu tun hat" (Arendt 2003: S. 244f.). Zugleich scheint Arendt überzeugt zu sein, dass auch dieser Begriff nicht jene Dimensionen angemessen zu erfassen vermag, sonst hätte sie dem Bösen nicht abgesprochen, radikal sein zu können.

Der scheiternde Versuch, in überzeugender Weise diese Dimension begrifflich erfassen zu können, spiegelt sich in Arendts ambivalentem Urteil über Gewalt wider. Was auch immer Arendt unter menschliche Laster sich vorzustellen mochte, harmlos sind sie keineswegs. Menschliche Laster wie Neid, Missgunst oder Niedertracht – die laut Kant sich durch ihre Abhängigkeit vom Gefühl auszeichnen bzw. einer Neigung oder Leidenschaft, und zwar derart, dass sie ihnen „mehr oder weniger unterworfen" seien (Kant 1912: B79) – mögen harmlos anmuten, sind es aber keineswegs. Auch als „indirect-bösartige Gesinnung" (Kant 1912a: S. 458) sind Laster auf nichts anderes als auf die „Zerstörung des Glücks Anderer wenigstens dem Wunsche nach" gerichtete „Leidenschaft(en)" (ebd.: S. 459). So scheint Schadenfreude ein geringes Laster zu sein, wenn man an das Gelächter anderer Menschen denkt. Doch das ist nur die Oberfläche, so ist mit Kant einzuwenden, helfe Schadenfreude doch auch etwas zutiefst „Böses (zu) bewirken" (ebd.: S. 460), insofern es alle moralisch guten Maxime wie ein Krebsgeschwür befalle.

Die Abgründe menschlicher Laster sollten weder unterschätzt noch verharmlost werden. Denn sind nicht die Laster letztlich die Ursache dafür, dass Menschen Schlechtes tun, auch wenn sie sich nicht dezidiert und ausdrücklich dazu entschlossen haben bzw. die Absicht hatten, „gut oder böse zu sein oder zu handeln" (Arendt 1989: S. 178)? Flankiert von Missgunst und Neid hat beispielsweise Denunziation unvorhergesehene Konsequenzen, für die Denunzierten oftmals tödlich, für die Denunzianten können sie ein unentrinnbarer Fluch der Verstrickungen in Schuld und Verdrängung sein. Und was wir heute als Mobbing – Kant spricht von übler Nachrede, d.h. der Neigung, „der Achtung für Andere Nachtheiliges ins Gerücht zu bringen" (Kant 1912a: S. 466) – bezeichnen, ist eine Form von Gewalt, die Arendt persönlich unzählige Male selbst erfahren musste, als sie ihre Ansichten über Eichmann und seinen Prozess in Jerusalem öffentlich darlegte. Die Abgründe menschlicher Laster sind nicht zu unterschätzen. Aus den Lastern können ungeahnte Gewalttaten erwachsen und Gewaltpotentiale freigesetzt werden, auch wenn Arendt sich das nicht vorstellen konnte, verstellt ihr doch ihre Ablehnung von Gewalt als Teil sozialer Praktiken, die sie lediglich als Ausnahme sich vorstellen kann zu rechtfertigen, den Blick für die Frage, warum die Gewaltpotentiale der Laster und der Selbstsucht mit den Schilderungen aus dem Dekalog bereits (restlos) ausgeschöpft sein sollten.

## Literatur

Arendt, Hannah (1990): Macht und Gewalt. München.
Arendt, Hannah (1989): Vom Leben des Geistes. Bd. 1: Das Denken. München-Zürich.

Arendt, Hannah (1996): Ich will verstehen – Selbstauskünfte zu Leben und Werk. München.

Arendt, Hannah (2003): Denktagebuch 1950 – 1973. Bd. 1. München/Zürich.

Arendt, Hannah (2006): Macht und Gewalt. München.

Baberowski, Jörg (2015): Räume der Gewalt. Frankfurt/M.

Benhabib, Seyla (2006): Hannah Arendt. Die melancholische Denkerin der Moderne. Frankfurt/M.

Benjamin, Walter (1991): Zur Kritik der Gewalt. In: Gesammelte Schriften. Bd. II-1. Frankfurt/M.

Blum, Harald (2016): Arendts Plato – unter besonderer Berücksichtigung ihres Denktagebuches. In: Von der Monstrosität zur Banalität des Bösen. In: Hannah Arendt. Zeitschrift für politisches Denken, Bd. 8, Nr. 1.

Bolz, Norbert (1993): Das Böse jenseits von Gut und Böse. In: Colpe, Carsten/Schmidt-Biggemann, Wilhelm (Hrsg.): Das Böse. Eine historische Phänomenologie des Unerklärlichen. Frankfurt/M.

Butler, Judith (2006): Haß spricht. Zur Politik des Performativen. Frankfurt/M.

Endreß, Marton (2004): Entgrenzung des Menschlichen. Zur Transformation der Strukturen menschlichen Weltbezugs durch Gewalt. In: Heitmeyer, Wilhelm/Soeffner, Hans-Georg (Hrsg.): Gewalt. Entwicklungen, Strukturen, Analyseprobleme, Frankfurt/M., S. 74–201.

Galtung, Johan (1975): Strukturelle Gewalt. Beiträge zur Friedens- und Konfliktforschung. Reinbek.

Haller, Reinhard (2017): Interview „Die Schattenseite der Seele: Wann wird der Mensch zum Verbrecher? Wie lässt sich das Böse fassen?". In: Das Böse nebenan: Die dunkle Seite des Menschen, GEOkompakt, Nr. 49, S. 46–52.

Kuch, Hannes/Hermann, Steffen Kitty (2007): Verletzende Worte. Eine Einleitung. In: Herrmann, Steffen K./Krämer, Sybille/Kuch, Hannes (Hrsg.): Verletzende Worte. Die Grammatik sprachlicher Missachtung. Bielefeld.

Hirsch, Alfred (2004): Recht auf Gewalt? Spuren philosophischer Gewaltrechtfertigung nach Hobbes. München.

Honneth, Axel (1996): Pathologien des Sozialen. Frankfurt/M.

Kant, Immanuel (1912): Kritik der reinen Vernunft, Schriften, hrsg. von der Königlich Preußischen Akademie der Wissenschaften, Bd. II. Berlin.

Kant, Immanuel (1912a): Metaphysik der Sitten, Schriften, hrsg. von der Königlich Preußischen Akademie der Wissenschaften, Bd. VI. Berlin.

Kant, Immanuel (1912b): Grundlegung zur Metaphysik der Sitten, Gesammelte Schriften, hrsg. von der Königlich Preußischen Akademie der Wissenschaften, Bd. IV. Berlin.

Kant, Immanuel (1912c): Religion innerhalb der Grenzen der bloßen Vernunft, Gesammelte Schriften, hrsg. von der Königlich Preußischen Akademie der Wissenschaften, Bd. VI. Berlin.

Kant, Immanuel (1912d): Aus dem Nachlaß: Zur Metaphysik der Sitten, Gesammelte Schriften, hrsg. von der Königlich Preußischen Akademie der Wissenschaften, Bd. XXIII. Berlin.

Kant, Immanuel (1912e): Kritik der praktischen Vernunft, Gesammelte Schriften, hrsg. von der Königlich Preußischen Akademie der Wissenschaften, Bd. V. Berlin.

Kant, Immanuel (1990): Vorlesung über Ethik, hrsg. von Gerd Gerhardt. Frankfurt/M.

Kemper, Peter (1993): Einleitung. in: Kemper, Peter (Hrsg.): Die Zukunft des Politischen. Ausblicke auf Hannah Arendt. Frankfurt/M., S. 7–12.

Knoch, Habbo (2011): Einleitung. Vier Paradigma des Gewaltdiskurses. In: Jensen, Uffa/ Knoch, Habbo (Hrsg.): Gewalt und Gesellschaft. Klassiker des modernen Denkens neu gelesen, Göttingen. S. 11–46.

Liebsch, Burkhardt (2003): Gewalt-Verstehen: Hermeneutische Aporien. In: Liebsch, Burkhard/ Mensink, Dagmar (Hrsg.): Gewalt verstehen. Berlin. S. 23–57.

Menke, Christoph (2010): Autonomie und Befreiung. In: DZPhil 58, 5, S. 676–693.

Meyer, Katrin (2014): Dramatisierende Gewalt. Hannah Arendt über Politik und Empörung. In: Martinsen, Franziska/ Flügel-Martinsen, Oliver (Hrsg.): Gewaltbefragungen. Beiträge zur Theorie von Politik und Gewalt. Bielefeld. S. 17–31.

Safranski, Rüdiger (1997): Das Böse – oder Das Drama der Freiheit. München-Wien.

Saner, Hans (2016): Von der Monstrosität zur Banalität des Bösen. In: Hannah Arendt. Zeitschrift für politisches Denken, Bd. 8, Nr. 1, S. 15–22.

Thürmer-Rohr, Christina (2001): Das Böse. In: Heuer, Wolfgang/Heiter, Bernd/Rosenmüller, Stefanie (Hrsg.): Arendt-Handbuch. Weimar-Stuttgart.

Villa, Dana R. (2000): „Das Gewissen, die Banalität des Bösen und der Gedanke eines repräsentativen Täters". In: Smith, Gary (Ed.): Hannah Arendt Revisited: ‚Eichmann in Jerusalem' und die Folgen. Frankfurt/M.

Welzer, Harald (2010): Klimakriege. Wofür im 21. Jahrhundert getötet wird. Frankfurt/M.

# Gesellschaftliche und politische Macht

## Reflexionen zum Machtbegriff bei Hannah Arendt

Waltraud Meints-Stender

> *„Dass keiner glücklich genannt werden kann, der nicht an öffentlichen Angelegenheiten teilnimmt, dass niemand frei ist, der nicht aus Erfahrung weiß, was öffentliche Freiheit ist, und dass niemand frei oder glücklich ist, der keine Macht hat, nämlich keinen Anteil an öffentlicher Macht."*
> *(Hannah Arendt 1963, 326)*

> *„Nicht die Fähigkeiten des Menschen, wohl aber die Konstellation ihrer Bezüge zueinander und die Mitte, um die sie zentriert sind, können sich geschichtlich ändern. Und von diesen Veränderungen geben die ja immer höchst fragwürdigen Definitionen der Menschen-Natur Zeugnis, die zum mindesten über die jeweiligen Selbstinterpretationen bestimmter Epochen etwas aussagen."*
> *(Hannah Arendt 1957, 79)*

Der Machtbegriff im Werk von Hannah Arendt war bereits Gegenstand zahlreicher Studien (vgl. z.B. Penta 1985, Brunkhorst 1999, Resse 2008, Meints 2009, 2011, 2012, 2015, Meyer 2016, Volk 2013). Seltener jedoch wird der innere Zusammenhang zwischen Arendts Analyse totaler Herrschaft und ihrer *politischen* Konzeption des Machtbegriffs behandelt (vgl. Schindler 1996, Braun 2001, Meints 2003, 2009, 2011, Reese 2008). Es ist dieser Zusammenhang, der im Folgenden betrachtet werden soll. Dies scheint mir in einer Zeit, in der – wie Joseph Vogl jüngst formulierte – „die Abneigung aller gegen alle zu einem neuen Gemeinschaftsgefühl geworden" zu sein scheint, auch von tagespolitischer Relevanz zu sein.

Vergegenwärtigt man sich den Stellenwert des Machtbegriffs in Arendts *Philosophie der Politik* (Arendt 1957: S. 79), so wird klar, dass er ein Grundbegriff ist, der in seiner lebendigen Gestalt der Struktur bzw. der Form von Politik vorausgeht und in seiner materialisierten Verfasstheit in Institutionen, Gesetzen und Verfassungen einer lebendigen Anerkennung, Unterstützung, aber auch Kritik bedarf, damit ein

© Springer Fachmedien Wiesbaden GmbH, ein Teil von Springer Nature 2019
M. Wischke und G. Zenkert (Hrsg.), *Macht und Gewalt. Hannah Arendts*
*„On Violence" neu gelesen*, https://doi.org/10.1007/978-3-658-27006-3_5

demokratisches Gemeinwesen lebendig bleibt. Arendt entfaltet diesen *politischen*
Machtbegriff in Abgrenzung zu einem *gesellschaftlichen* Machtbegriff, dessen
konstitutive Bedeutung für den Imperialismus sie mit Bezug auf die Philosophie
von Thomas Hobbes erörtert. Im Folgenden wird dargelegt, in welch systemati-
scher Hinsicht Arendt ihren politischen Begriff der Macht entfaltet. Dabei werde
ich zunächst an Arendts Unterscheidung zwischen einem gesellschaftlichen und
einem politischen Machtbegriff in den *Elementen und Ursprüngen totaler Herrschaft* erinnern[1] (I) und diese auf Arendts Begriff der Gesellschaft beziehen, wie
er sich vor allem in ihrem zweiten Hauptwerk, der *Vita activa,* findet (II). Danach
werde ich zeigen, wie Arendt anhand der Montesquieuschen Unterscheidung zwischen der Struktur einer Regierung und dem Prinzip des Handelns und dessen
Grunderfahrungen nicht nur Analysekriterien entdeckt, um den Nationalsozialismus als eine neue Form der totalen Herrschaft zu begreifen, sondern quasi ex ne-
gativo eine politische Machtform entfaltet, die die Struktur eines demokratischen
Gemeinwesens bestimmt, das sowohl politische Freiheit als auch die Entfaltung
der Individualität des Einzelnen ermöglicht (III). Abschließend werde ich die
Spezifika der politischen Konzeption der Macht bei Arendt noch einmal profilie-
ren (IV).

# 1 Die Unterscheidung zwischen gesellschaftlicher und politischer Macht

Arendts Reflexionen zum Verhältnis vom Sozialen und Politischen, Gesellschaft
und Staat und dessen Beziehung zum Machtbegriff sind im zweiten Abschnitt von
*Elemente und Ursprünge totaler Herrschaft* enthalten.

Arendt datiert die historische Phase des Imperialismus im Unterschied zur
Reichsbildung und dem Kolonialismus zwischen 1884 und 1914 (Arendt 1986,

---

1   Margret Canovan hat in ihrer zweiten Studie zu Arendts Werk auf die enge Ver-
    bindung zwischen den *Elementen und Ursprüngen totaler Herrschaft* und der *Vita
    activa* hingewiesen; Friedericke Reese hat dies für den Begriff der Macht betont
    (2008). In meiner Studie habe ich argumentiert, dass Arendts Philosophie des Poli-
    tischen unverständlich bleibt, wenn diese nicht vor dem Hintergrund ihrer Analysen
    der totalen Herrschaft reflektiert wird (Meints 2009, 2011). Siehe hierzu auch Kathrin
    Braun (2001). Sie hebt richtigerweise hervor, dass eine Schieflage der Rezeption der
    Arendtschen Schriften darin begründet liegt, dass man die analytischen von den eher
    normativen Schriften trennt (Braun 2001, S. 136). Arendt fokussiert in ihren Schrif-
    ten nach 1945 genau auf die Aspekte menschlichen Daseins, die von den National-
    sozialisten bedroht bzw. verhindert waren; in diesem Sinne kann man Arendt als eine
    Vertreterin immanenter Kritik lesen.

(ß), vgl. Degryse 2008: S. 241). In Anlehnung und Kritik an Rosa Luxemburgs Imperialismustheorie formuliert Arendt die These, dass der Imperialismus die politischen Institutionen aushöhle und damit den modernen Nationalstaat sowohl bedrohe als auch dessen konzeptionelle Schwächen ans Tageslicht bringe. Der Imperialismus erobert die staatlichen Institutionen, deren ökonomisches Prinzip – „expansion for expansion sake" – nun in den Vordergrund tritt. Sie kritisiert die Blindstellen „sozialistischer" Imperialismustheorien. Diese hätten die politische Struktur des Imperialismus nicht erkannt, die „eigentliche politische Struktur, den Versuch nämlich, die Menschheit in Herren- und Sklavenrassen [...] einzuteilen", und leugne „die Möglichkeit der Menschheit als eine regulative Idee aller Politik" (Arendt 1986: S. 483, vgl. auch S. 500). Zwar würde man „sozialistischen Theoretikern" wie Hobson in England, Hilferding in Deutschland und Lenin in Russland eine frühzeitige Entdeckung der ökonomischen Triebkräfte des Imperialismus verdanken. Da sie aber den Staat als bloße Funktion des Kapitals missverstanden, gerate auch ihre Kritik am Imperialismus reduktionistisch. Den „sozialistischen" Theoretikern fehle, so Arendt, eine trennscharfe Unterscheidung zwischen der kapitalistischen Form der Gesellschaft und der nationalen Form des Staates; und ihnen fehle ein Begriff von den inneren Widersprüchen des modernen Nationalstaats, seines universellen Rechtsprinzips einerseits, seines partikularen Demokratie- und Souveränitätsprinzips andererseits. Es ist der Widerspruch zwischen kapitalistischem Expansionstrieb und nationalstaatlicher Grenzziehung, den Arendt gegen die „sozialistischen Theoretiker" in den Vordergrund rückt: „Der Imperialismus entstand, als die Industrialisierung der kapitalistisch bewirtschafteten Länder sich bis an die Landesgrenzen ausgebreitet hatte und es sich herausstellte, dass diese Landesgrenzen nicht nur einer weiteren Expansion im Wege stehen würden, sondern damit den ganzen Industrialisierungsprozess aufs schwerste bedrohen könnten" (ebd.: S. 222). Die kapitalistische Produktionsweise, die zur Erhaltung ihrer selbst des Imperialismus bedürfe, zerstöre dadurch die institutionellen Grenzen politischer Gemeinwesen. Zudem nivelliere der Imperialismus die Grenzen zwischen Staat und Gesellschaft: „Im Zeitalter des Imperialismus, als die Bourgeoisie die kapitalistischen Konkurrenz- und Produktionsgesetze in die Politik trug, wurden die Grundlagen des Nationalstaates, der ja gerade auf der Trennung zwischen Staat und Gesellschaft beruht hatte, untergraben" (ebd.: S. 46). Die Unvereinbarkeit von kapitalistischer Produktionsweise und nationaler Staatsform wohne schließlich eine Dynamik der Zerstörung des nationalstaatlich eingehegten Raums des Politischen inne: „Ist der imperialistische Prozess der Ausdehnung erst einmal losgelassen, so können politische Gemeinschaften sich ihm nur als hinderlich erweisen und von ihm zerstört werden, und dies gilt für die Institutionen des Mutterlandes genauso wie für die der Kolonialvölker" (ebd.: S. 239).

Der Nationalstaat kollidiert mit dem Imperialismus auch insofern, als jener jenseits des „eigenen Volkes" und jenseits des nationalen Territoriums keinen Legitimationsanspruch behaupten kann. Aus diesem Grunde weckte der National-staat, „wo immer er als Eroberer auftrat, das Nationalbewusstsein in den eroberten Völkern und mit ihm einen Anspruch auf Selbstherrschaft, gegen den die Nation prinzipiell wehrlos war; alle nationalen Versuche, Reiche von Bestand zu bilden, sind an diesem Widerspruch gescheitert und haben die Nationalstaaten in tödliche Widersprüche verwickelt" (ebd.: S. 223). Wie im Imperialismus das Individuum in der Gesellschaft durch den Konkurrenzkampf bestimmt werde, wie der „Natur-zustand" des *bellum omnium contra omnes* von Thomas Hobbes, „so muss ein auf dieser Gesellschaft gegründeter Staat, der seine Macht erhalten will, dauernd da-nach streben, mehr Macht zu erwerben. Nur in der dauernden Machterweiterung, im Prozess der Machtakkumulation, kann er sich stabil halten" (ebd.: S. 246). Die Eroberung des Staates durch die Gesellschaft folge dem Prinzip des Kapitals, aber als Machtakkumulation. Der unbegrenzte Prozess der Kapitalakkumulation be-dürfe zu seiner Sicherstellung einer „unbegrenzten Macht", nämlich eines Prozes-ses von Machtakkumulation, „der durch nichts begrenzt werden darf außer durch die jeweiligen Bedürfnisse der Kapitalakkumulation" (ebd.: S. 248). In diesem Sinne ist Arendts Kritik an Rosa Luxemburg eher als Radikalisierung denn als Verwerfung zu verstehen. Arendt folgt Luxemburgs These, dass der Kapitalis-mus nicht-kapitalistischer Länder und gesellschaftlicher Bereiche zur eigenen Er-haltung bedarf. Anders als Luxemburg aber überträgt Arendt diese Argumentation auf die staatlichen Institutionen, die durch den Prozess der Kapitalakkumulation in dessen Dienst gestellt werden. Dabei überträgt sie die Logik des Kapitals auf den Staat als Machtakkumulation. Diese Machtakkumulation wird von ihr als immaterieller Mechanismus verstanden: „Dem angesammelten Reichtum wird aber nicht die Produktivität der Arbeit entgegengehalten, sondern einzig die Ent-wicklung und automatische Akkumulation jener totalen organisatorischen Macht, die materielle Schätze nur zu verzehren, aber weder aufzubauen noch zu nutzen imstande ist" (ebd.: S. 248). Die Epoche des Imperialismus zeige die gegenseitige Abhängigkeit von Kapitalakkumulation und Machtakkumulation. Die so ver-standene gesellschaftliche Macht präsentiere sich nach außen hin als Fortschritts-ideologie im Namen der Nation, die die realen Konfliktherde innerhalb der Gesell-schaft zudecke: „Der Machtbegriff der neuen Klasse war aus gesellschaftlichen und nicht aus politischen Erfahrungen bezogen, er hatte sich in der anarchistischen Konkurrenz aller mit allen im Zusammenleben vereinzelter Individuen gebildet, nicht in der Sphäre politischen Handels. Ein auf diese Art Macht begründetes Gemeinwesen konnte in der Ruhe der Stabilität nur zerfallen" (ebd.: S. 323).

In der bürgerlichen Gesellschaft erkennt Arendt die politische Theorie von Thomas Hobbes. Seine politische Philosophie entspräche der bürgerlichen Gesellschaft. „Der *Leviathan* ist der Staat, und seine Philosophie ist die Weltanschauung, denen die bürgerliche Gesellschaft seit ihrem Beginn zustrebte" (ebd.: S. 318, vgl. auch Jaeggi 1997, Degreyse 2008). Macht wurde „aus einem Element zum Wesen politischen Handelns und aus einem Problem zum Zentrum politischer Theorien, als sie von dem politischen Körper, in dem sie entstanden war und funktioniert hatte, getrennt und als Gewalt exportiert wurde" (Arendt 1986: S. 314). Der Imperialismus war in ihren Analysen nicht das letzte Stadium des Kapitalismus, sondern „das erste (und vielleicht zugleich auch das letzte) Stadium der politischen Herrschaft der Bourgeoisie gewesen" (ebd.:, S. 316). Diese „Privatgesellschaft", so Arendt, war eine Gesellschaft von Konkurrenten, in der Macht Recht ist, in der Erfolg der einzige Maßstab allen Tuns war (ebd.). Die Eroberung des Citoyens durch den Bourgeois vollziehe sich in der ökonomischen Eroberung der staatlichen Sphäre, in der die politische Gleichheit durch den gesellschaftlichen Status der Ungleichheit unterhöhlt werde. Die Maßstäbe des Politischen wichen den Maßstäben des Gesellschaftlichen. Ein so verstandener Staat „entsteht durch die Delegation von Macht und nicht von Rechten" (ebd.: S. 320) und ein auf dieser „Gesellschaft gegründeter Staat" bedarf der permanenten Machtakkumulation, der einen „unermüdlichen Prozess" darstellt, in „welchem Individuen, Völker und schließlich die Menschheit […] sich unabänderlich und gleich ob zu ihrem Heile oder Unheile gefangen sind" (ebd.: S. 324). Das „systematische Außerachtlassen aller Fragen der öffentlichen Angelegenheiten" wurde ersetzt durch die Hobbessche Grundannahme, dass das „öffentliche Wohl aus privaten Interessen herauszuleiten, und der um des Privatinteresses willen einen politischen Körper entwarf, dessen einziges und fundamentales Ziel die Akkumulation von Macht ist" (ebd.: S. 317, vgl. auch Jaeggi 1997: S. 21). Im Unterschied zu sozialistischen Annahmen einer Verschärfung des Klassengegensatzes durch die imperialistische Politik forciere diese eher die Entstehung von Massengesellschaften, in der die Klassenauseinandersetzung stillgestellt werde. Innerhalb dieses Prozesses drohe das Politische irreversibel zerstört zu werden.

## 2    Gesellschaft und die Vita activa

Setzt man die Analysen aus dem zweiten Teil von *Elemente und Ursprünge totaler Herrschaft* in Beziehung zu ihren Ausführungen zum Begriff des Gesellschaftlichen und des Politischen in *Vita activa*, so zeigt sich, dass sie entkleidet von der historischen Perspektive in ihrer politiktheoretischen Perspektive erscheinen.

Denn wenngleich Arendts Verständnis der Gesellschaft an Hegels Begriff der *bürgerlichen Gesellschaft* als *System der Bedürfnisse* oder auch an Marx' *Reich der Notwendigkeit* erinnert (Benhabib, 2006: S. 56f., Jaeggi, 1997: S. 8f., Niggemeyer 2008: S. 32f.), so kann man bei ihr von einem Gesellschaftsbegriff im Sinne klassischer Soziologie, Sozialphilosophie oder kritischer Gesellschaftstheorie nicht sprechen. In Arendts Philosophie der Politik stellt Gesellschaft einen Gegenbegriff zum Politischen dar. Gesellschaft ist „ein merkwürdiges Zwischenreich" (Arendt 1985: S. 36). Er bezeichnet zunächst und zuerst eine "Form des Zusammenlebens, in der die Abhängigkeit des Menschen von seinesgleichen um des Lebens willen und nichts sonst zu öffentlicher Bedeutung gelangt, und wo infolgedessen die Tätigkeiten, die lediglich der Erhaltung des Lebens dienen, in der Öffentlichkeit nicht nur erscheinen, sondern die Physiognomie des öffentlichen Raumes bestimmen dürfen" (Arendt 1985: S. 47).

Die wichtigsten Texte, in denen ihr Verständnis der Gesellschaft entfaltet wird, sind *Elemente und Ursprünge totaler Herrschaft* und *Vita activa*. In beiden Schriften hebt sie in ihrer Charakterisierung der modernen Gesellschaft deren zerstörerische Effekte gegenüber dem Politischen und damit gegenüber der Trennung zwischen dem öffentlichen und privaten Raum hervor. Während politische Strukturen und Institutionen Begrenzung und Dauerhaftigkeit garantieren sollen, kennzeichnet die Struktur der Wirtschaft und Produktion dauernde Erweiterung (Arendt 1986: S. 292). Das Gesellschaftliche hat „eine unwiderstehliche Tendenz zur Expansion" (Arendt 1985: S. 57), wodurch der öffentliche Raum des Politischen vom Gesellschaftlichen nicht nur überlagert und zerstört wird, sondern das „Gesellschaftliche an die Stelle des Politischen tritt" (ebd.: S. 34). Die Gesellschaft bedroht jedoch nicht nur das öffentlich politische Leben, sondern „dringt in die räumliche Begrenztheit des privaten Bereichs ein" (ebd.: S. 66); sie ist eine weltvernichtende Form des Zusammenlebens, in der das "unnatürliche Wachstum des Natürlichen" sowohl die aus der herstellenden Tätigkeit entstehende „Dingwelt", die die Erzeugnisse des Handelns in Form von Institutionen und Verfassungen umfasst, als auch die aus der handelnden Tätigkeit entstehenden „Bezugsgewebe menschlicher Angelegenheiten" zerstört (ebd.: S. 47, S. 174). Das Herstellen verliert seinen Gebrauchswert, alle Produkte des Herstellens werden ver- und nicht mehr gebraucht, und die Tätigkeit des Handelns wird nicht nur seines Sinnes beraubt, indem es in Zweck-Mittel-Kategorien verstanden wird, sondern verliert seine „aufschlußgebende Qualität", in der der Handelnde in Wort und Tat seine Perspektive auf ein Gemeinsames entfaltet und damit einen öffentlichen Raum konstituiert, indem er gegenüber den Anderen zugleich enthüllt, „wer er ist".

Diese Entwicklung erörtert Arendt an zwei Momenten: der „Entdinglichung der gegenständlichen Welt" und der „Entweltlichung der Welt" als einer gemeinsamen öffentlichen Welt (ebd.: S. 66f.). Die „Entweltlichung" bezeichnet den Prozess, in dem Menschen „ihres Platzes in der Welt" durch Enteignung beraubt werden, indem Eigentum zu Besitz wird (ebd.: S. 60). Privateigentum aber gehört für Arendt „zu den elementarsten politischen Bedingungen für die Entfaltung der Weltlichkeit menschlichen Daseins" (ebd: S. 248). Im Unterschied zu Besitz und Reichtum ist Eigentum „ein weltliches Phänomen", dass „den Teil der uns gemeinsamen Welt anzeigt, der uns privat zu eigen ist" (ebd.). Aus Diebstahl am Eigentum entstand in der modernen Gesellschaft das Kapital (ebd.: S. 63). Die Missachtung des Eigentums, deren Aneignung als Besitz, Reichtum und Kapital durch die enteignenden Schichten, war die Voraussetzung des Akkumulationsprozesses des Kapitals in der modernen Gesellschaft (ebd.: S. 62f.). Die „Entdinglichung" der Welt bezieht sich auf die Resultate des Herstellens, insofern die moderne Gesellschaft keine Gebrauchsgüter mehr produziert, sondern nur noch „Verbrauchsgüter". Mit dem Verlust der objektiv-gegenständlichen Welt und damit der Grundbedingung der Weltlichkeit, auf die „menschliche Existenz" angewiesen ist, geht auch das interesse verloren, „was dazwischen liegt und Bezüge herstellt, die Menschen miteinander verbinde[t] und zugleich voneinander scheide[t]" verloren (ebd.: S. 14, S. 173). Arendt umfasst diese Prozesse in ihren Begriffen der „Weltlosigkeit" und „Weltentfremdung". Nicht die „Politisierung des Lebens" beginnt mit der Moderne, so Arendt, sondern eine „Entpolitisierung des Lebens", um den „Abstand, der das Politische vom Gesellschaftlichen trennt" zu betonen (ebd.: S. 43).

Arendts Gesellschaftsbegriff hat keine handlungstheoretische Grundlage. Im Gegenteil: Ganz unabhängig von den gesellschaftlichen Entwicklungsphasen der Gesellschaft ist für Arendt entscheidend und bestimmend, dass das moderne Phänomen der Gesellschaft das Handeln in ähnlicher Weise ausschließt wie in früheren Zeiten die Sphären des Haushalts und der Familie (ebd.: S. 42), indem politisches Handeln durch Konformismus ersetzt wird. Der Konformismus ist das „Merkmal aller Gesellschaft", die „von denen, die ihr überhaupt zugehören" verlangt, „dass sie sich wie Glieder einer großen Familie verhalten, in der es nur eine Ansicht und nur ein Interesse geben kann" (ebd.: S. 40).

Historisch unterscheidet Arendt verschiedene Entwicklungsphasen der Gesellschaft: das Entstehen der Gesellschaft in der Neuzeit, die moderne bürgerliche Gesellschaft des 19. Jahrhunderts, die Massengesellschaft und Arbeitsgesellschaft im

20. Jahrhundert. Während das Entstehen der Gesellschaft in der Neuzeit den historischen Umschlagspunkt benennt, in dem „das Innere des Haushalts mit den ihm
zugehörigen Tätigkeiten, Sorgen und Organisationsformen aus dem Dunkel des
Hauses in das volle Licht des öffentlichen politischen Bereichs trat" (ebd.: S.
38), dem die Enteignung, die Abschaffung des Privateigentums vorausgeht, indem die
Enteigneten der „absoluten Verelendung" und der „erbarmungslosen Ausbeutung
der labouring poor" ausgesetzt waren, so besteht das Besondere der modernen
Gesellschaft nicht lediglich darin, dass „zum ersten Mal in der Geschichte die
arbeitende Bevölkerung mit gleichen Rechten im öffentlichen Bereich zugelassen",
sondern „alle Tätigkeiten als Arbeiten verstanden werden, dass also, was immer
wir tun, auf das unterste Niveau menschlichen Tätigseins überhaupt, die Sicherung der Lebensnotwendigkeiten und eines ausreichenden Lebensstandards herab-
gedrückt" wird (ebd.: S. 251, S. 116). In der modernen Gesellschaft ersetzt die
Klassenzugehörigkeit der Gesellschaft die „natürliche Mitgliedschaft" der Familie. Identifizierte man in vormodernen Zeiten die Familie mit Privateigentum, so
die moderne Gesellschaft mit dem Territorium des Nationalstaats als Kollektiv-
eigentum, der den besitzlosen Klassen bis zum Verfall der Klassengesellschaft
im 20. Jahrhundert „eine Art Ersatz für das private Eigentum an Haus und Hof
bot" (ebd.: S. 251). „In dem Maße, indem die Gesellschaft ein Ersatz für die Familie wird, verlangt sie, dass ‚Blut und Boden' über die Zugehörigkeit zur Nation
entscheide; auch wo diese Ideologien nicht voll ausgebildet sind, werden Gleichartigkeit der Bevölkerung und Bodenständigkeit zu den eigentlichen Kriterien der
Nationenbildung." (ebd.: S. 251). Die Gesellschaft erzwingt eine „Gleichheit aller
Glieder einer Familie unter der despotischen Macht des Familienoberhauptes"
(ebd.: S. 40). Sie produziert eine „moderne Egalität, die auf dem der Gesellschaft
inhärenten Konformismus ruht und nur möglich ist, weil das Sich-Verhalten an die
Stelle des Handelns in der Rangordnung menschlicher Bezüge getreten ist" (ebd.:
S. 42).

Die negative Aufhebung der Klassengesellschaft im 20. Jahrhundert in eine
Massengesellschaft „zeigt den Sieg der Gesellschaft überhaupt an", indem es
„außerhalb der Gesellschaft stehende Gruppen schlechterdings nicht mehr gibt"
(ebd.: S. 52). Die expandierende kapitalistische Dynamik der Gesellschaft bewirkt
die Erosion von Klassenmilieus und Klassenorganisationen. Massen kennen keine
gemeinsamen Interessen, kein Klassenbewusstsein und sind „gleichgültig gegenüber öffentlichen Angelegenheiten" (Arendt 1986: S. 667). Nicht die Massen-
haftigkeit ist hier Gegenstand der Kritik, sondern dass die Welt in der Massengesellschaft die „Kraft verloren hat, zu versammeln, das heißt, zu trennen und
zu verbinden" (Arendt 1985: S. 66); in ihr leben Individuen, deren gemeinsame
öffentliche Welt in „Stücke zerfallen ist" (Arendt 1986: S. 515).

Die Merkmale des vermutlich letzten Stadiums dieses Gesellschaftsprozesses sieht Arendt im Zerfall „der europäischen Nationalstaaten", der „Schrumpfung der Erde in geographischer und wirtschaftlicher Hinsicht" und in der „Entstehung eines Menschengeschlechts" (Arendt 1985: S. 252). Konträr zu der „Menschheit", als einer regulativen Idee der Menschenwürde, zeigt „sich die Entstehung des Menschengeschlechts in der Ausbreitung der modernen gesellschaftlichen Phänomene, der Entwurzeltheit und Verlassenheit des Massenmenschen und der Massenbewegungen, in alle Länder der Welt" (ebd.: S. 252).

## 3    Politik und ein politischer Machtbegriff

Bekanntlich gehört Arendt zu den Kritikern der Sozialwissenschaften, insbesondere den historischen und politischen Wissenschaften und ihren Methoden, was aber nicht heißt, dass sie von diesen nicht auch beeinflusst wurde (Arendt 1989). Schließlich hat sie selbst an klassischen Themenkonstellationen der Sozialwissenschaften gearbeitet, auch wenn sie sich selbst als politische Theoretikerin verstanden hat. Ihr Hauptkritikpunkt richtet sich gegen deren Unfähigkeit Unterscheidungen vorzunehmen: „Begriffe wie Nationalismus, Imperialismus, Totalitarismus etc. werden unterschiedslos für alle möglichen Arten von politischen Erscheinungen [...] gebraucht, und für keine von ihnen wird mehr der besondere historische Hintergrund berücksichtigt" (Arendt 1999: S. 49).

Um die These zu begründen, dass die totale Herrschaft eine neue Herrschaftsform sei, greift Arendt folgerichtig nicht auf die Sozialwissenschaften zurück, sondern analysiert die nachbürgerliche Gesellschaft mit den Regierungslehren von vorbürgerlichen Denkern wie Montesquieu und Kant. Bei allem Zweifel und bei allen Vorbehalten gegenüber diesen Formen von Regierungslehren entdeckt sie in ihnen etwas über den Zusammenhang von Herrschaftsformen und Subjektkonstitution (Arendt 2004: S. 17f).

Auch wenn Arendt betont, dass die klassischen Formen der Regierungslehre „in gewisser Weise vorwissenschaftlich sind" (ebd.), so interessiert sie vor allem, dass Montesquieu nicht nur die „besondere Struktur" von Regierungsformen unterscheidet, sondern auch entdeckt, dass diesen jeweils ein Prinzip des Handelns korrespondiert. Arendt rekurriert für ihre Analyse aber nicht nur auf Montesquieu, sondern auch auf Kant. Erst Kant habe in seiner Schrift *Zum ewigen Frieden* nach Montesquieus Prinzipien die Struktur von Regierungen neu bestimmt. Kant führt den Unterschied zwischen Formen der Beherrschung und Regierungsformen ein. Die Formen der Beherrschung werden durch den Ort der Macht bestimmt (Autokratie, Aristokratie, und Demokratie), während die Form der Regierung auf einer

„Konstitution (den Akt des allgemeinen Willens, wodurch die Menge ein Volk wird)" gründet, in der die Art, „wie der Staat von seiner Machtvollkommenheit Gebrauch macht entscheidet, ob sie republikanisch oder despotisch ist" (Kant 1988: S. 206). Despotische Regierungen kennen keine Gewalten, die in Exekutive, Legislative und Judikative getrennt sind, während republikanische Regierung die ausübende, sowohl von der gesetzgebenden und als auch von der richtenden Gewalt trennt. Arendt hält aber auch die Kantischen Unterscheidungen zwischen Formen der Beherrschung und Formen der Regierung für nicht „ganz zureichend" (Arendt 2004: S. 16f.). Ihre Unzulänglichkeit und Schwäche beruhe darauf, dass die Quelle von Recht die menschliche Vernunft (lumen naturale) und die Quelle von Macht der menschliche Wille sei (ebd.). Bei der Beantwortung für ihre Arbeitshypothese, ob es sich bei der totalen Herrschaft um eine neue Form der Herrschaft handelt, orientiert sie sich sowohl an Kant als auch Montesquieu (Arendt 2004: S. 18). In einem Brief an die Guggenheim Foundation bezieht sie sich jedoch nur auf Montesquieu: „Um konkret darzustellen, was die totalitären Herrschaftsformen tatsächlich von allen anderen unterscheidet, die wir historisch kennen gelernt haben, gehe ich dann im dritten Kapitel von Recht und Macht zu einer Unter-suchung dieser beiden Säulen aller traditionellen Regierungsformen über. Dieses Kapitel endet mit einer Analyse Montesquieus, der mir die Hilfsmittel liefert, um die totale Herrschaft von allen Regierungsformen der Vergangenheit – selbst den tyrannischen – zu unterscheiden" (Young Bruehl 1986: S. 387).

Arendt zentrale These im dritten Teil der *Elemente und Ursprünge totaler Herr-schaft* lautet, dass die traditionellen Begriffe von Tyrannei, Despotie und Diktatur der Erfahrung der historischen Gegenwart nicht angemessen sind. Der Vergleich mit den klassischen Bestimmungen der Regierungslehren zeigt, dass es sich hier nicht nur um eine noch nie da gewesene Staatsform handelt, sondern dass mit die-ser neuen Herrschaftsform eine neue Grunderfahrung des Menschen korrespon-diert: die Verlassenheit. Orientierend für Arendt ist Montesquieus Annahme einer Korrespondenz von Staatsformen und Handlungsprinzipien (Montesquieu 1994: S. 120). Die Geschichte bisheriger Herrschaftsformen, so Montesquieu in seinem Werk *Vom Geist der Gesetze* (1748), zeigt, dass ihnen jeweils unterschiedliche Handlungsprinzipien korrespondieren, die in fundamentalen Grunderfahrungen zum Ausdruck kommen, die Menschen im sozialen Zusammenleben und Handeln machen. Diese Grunderfahrungen sind das, was die Struktur der Staatsform mit dem Prinzip des Handelns verbindet. Arendt greift diesen Gedanken unter völlig anderen historischen Bedingungen auf. Sie nimmt an, dass die Form totaler Herr-schaft „auf einer menschlichen Erfahrung gegründet ist, die nie zuvor zur Grund-lage menschlichen Miteinanderlebens gemacht worden ist, die politisch sozusagen noch niemals produktiv geworden ist" (Arendt 1986: S. 944). Analog zu Montes-

quieu unterscheidet sie zwischen dem Wesen einer Staatsform, ihrem Handlungs-
prinzip und der Grunderfahrung, auf der dieses beruht (Arendt 2004: S. 27). Das
Wesen oder die Struktur der Staatsform sei das, was sie von anderen Formen des
Staats unterscheide, während ihr Prinzip die Art und Weise bestimme, wie in ihr
gehandelt wird, die wiederum auf einer gemeinsamen Grundlage menschlicher
Erfahrungen beruht: „So hat die Monarchie ihr Wesen in gesetzlicher Regierung,
in der die Macht in den Händen eines einzigen liegt; gehandelt wird in ihr nach
dem Prinzip der Ehre, das auf dem Wunsch nach Auszeichnung beruht. Die Republik hat ihr Wesen in verfassungsmäßiger Regierung, in der die Macht in den
Händen des Volkes liegt; gehandelt wird in ihr nach dem Prinzip der Tugend, das
auf der Liebe zur Gleichheit beruht. Die Tyrannis hat ihr Wesen in gesetzloser
Herrschaft, in der Macht von der Willkür eines einzelnen ausgeübt wird; ihr Prinzip des Handelns ist die Furcht, worauf diese Furcht beruht, sagt uns Montesquieu
nicht" (Arendt 1986: S. 954). Totale Herrschaft sei nicht unter diese Kategorien zu
subsumieren.

Montesquieus noch vor den bürgerlichen Revolutionen formulierte Regierungslehre verhilft Arendt also zu Unterscheidungskriterien, mit denen sie die spezifische Differenz einer Herrschaftsform zu bestimmen versucht, die gerade aus
der Krise der bürgerlichen Gesellschaftsform hervorgegangen war. Unterscheidet
sich das Urteil über Staatsformen klassisch nach der gesetzmäßigen Regierung
oder der tyrannisch-gesetzlosen Willkür, so ist das Paradoxe an der totalen Herrschaft, dass sie zwar gesetzlos (weil sie das positive Gesetz außer Kraft setzt),
aber nicht willkürlich ist. Im Unterschied zur Tyrannis wird das positive Recht
keineswegs durch einen willkürlichen Machthaber ersetzt, sondern durch das „Gesetz der Geschichte" oder „das Recht der Natur". Während sich das positive Recht
auf das *lumen naturale* des Naturrechts beruft, erweist sich der Rückbezug der
totalitären Machthaber auf die „ursprünglichen Quellen einer Autorität" als eine,
die unabhängig vom menschlichen Handeln ist (ebd.: S. 948). In der Folge ersetzt
der Terror den „Zaun des Gesetzes". Der Terror aber wirkt nicht nach den „Regeln eines Einzelnen", wie in der Tyrannis, sondern wird in „Übereinstimmung
mit außermenschlichen Prozessen und ihren natürlichen oder geschichtlichen Gesetzen vollzogen" (ebd.: S. 955). Positives Recht wird außer Kraft gesetzt, indem
es ständiger Veränderung unterworfen wird. Der Begriff des Gesetzes verliert
so unter totalitärer Herrschaft überhaupt seinen Sinn. Das Gesetz begrenzt nicht
mehr den Raum der Freiheit. Es wird vielmehr in eine Bewegung hineingerissen,
in der das, was heute noch Recht ist, morgen schon Unrecht ist. Der totalitären
Herrschaft wohnt eine Gewalt der Entdifferenzierung inne, die die Tendenz hat,
alle historisch gewonnenen Strukturen zu zerstören. Arendt zeigt dies an der von
Montesquieu noch als wesentlich bestimmten Unterscheidung zwischen der Struk-

tur und dem Prinzip einer Staatsform. Auch diese Differenz wird unter der totalen Herrschaft hinfällig: Struktur und Prinzip des Handelns fallen in Eins. Der Terror zerstört den strukturierten Raum der Freiheit und also des Handelns und setzt an dessen Stelle ein strukturloses „eisernes Band" der totalen Unfreiheit. Im Terror fallen Struktur und Prinzip zusammen, und dadurch wird beides zerstört. Unter der totalen Herrschaft gibt es kein bewegendes Prinzip des Handelns mehr: „An die Stelle des Prinzips des Handelns tritt die Präparierung der Opfer, die Natur- und Geschichtsprozess fordern werden, eine Präparierung, die den einzelnen gleich gut für die Rolle des Vollstreckers wie für die des Opfers vorbereiten kann" (ebd.: S. 961). Diese Präparierung wird durch die totalitäre Ideologie geleistet. Sie ersetzt das Prinzip des Handelns und wird sowohl für die Herrscher als auch für die Beherrschten maßgeblich (ebd.: S. 968).

Es ist hier nicht der Ort, die Argumentationsschritte im Einzelnen darzulegen. Wichtig ist nur, dass der Machtbegriff Arendts aus einer produktiven Wendung der Regierungslehre von Montesquieu erwächst. Die Unterscheidung zwischen der Struktur der Regierung und dem Prinzip des Handelns von Montesquieu kehrt bei Arendt in der Unterscheidung zwischen lebendiger und materialisierter Macht wieder. Anders formuliert: der innere Zusammenhang zwischen der Struktur der Regierung und dem Prinzip des Handelns findet sich bei Arendt in ihrer doppelten Bestimmung des Machtbegriffs wieder, den sie in materialisierte und lebendige Macht übersetzt.

## 4    Politik als das „Miteinandersein und Zusammen- handeln der Verschiedenen" und die „Virtuositäten" (Arendt) des Handelns und Sprechens

Arendt bezieht sich für ihre Bestimmung des politischen Begriffs der Macht – und von diesem ist im Folgenden die Rede – auf dessen etymologische Bedeutung. Der Begriff geht zurück auf das griechische Wort δύναμις und das lateinische *potentia*, welches nicht dem ‚Machen' entspringt, sondern von „möglich" und „mögen" hergeleitet wird (Arendt 1985: S. 194, vgl. Grunenberg 1995). Nicht die Befehls- und Gehorsamsbeziehung kennzeichnet die Macht, sondern sie entspricht der menschlichen Fähigkeit, gemeinsam zu handeln. Im Unterschied zur Macht ist Gewalt durch die Zweck-Mittel-Relation, durch Sprachlosigkeit, Isolation und Herrschaft gekennzeichnet. In Opposition zur Traditionslinie von Thomas Hobbes bis Max Weber, die Macht vertikal definiert, bestimmt Arendt den politischen Begriff der Macht horizontal. Während Max Weber Herrschaft als Spezialfall von Macht begreift und diese als die „Chance" definiert, „innerhalb einer sozialen Beziehung den eigenen Willen auch gegen Widerstreben durchzusetzen, gleichviel worauf diese Chance beruht" (Weber 1966: S. 42), bestimmt Arendt den Begriff der Macht jenseits von Herrschaft, nämlich als die gemeinsame Ausübung politischer Freiheit im öffentlichen Raum. Macht erhalte den öffentlichen Raum am Leben: „Macht entspricht der menschlichen Fähigkeit, nicht nur zu handeln oder etwas zu tun, sondern sich mit anderen zusammenzuschließen und im Einvernehmen mit ihnen zu handeln. Über Macht verfügt niemals ein Einzelner; sie ist im Besitz einer Gruppe und bleibt nur solange existent, als die Gruppe zusammenhält. Wenn wir von jemand sagen, er ‚habe die Macht', hieße das in Wirklichkeit, dass er von einer bestimmten Anzahl von Menschen ermächtigt sei, in ihrem Namen zu handeln" (Arendt 1970: S. 45). Während Max Weber das Wesen des Staates im Anspruch auf das Gewaltmonopol sieht, bestimmt Arendt die Macht als das Wesen politischer Gemeinwesen. Tritt der Begriff der Macht an die Stelle des Begriffs der Herrschaft, dann erscheint ein politisches Gemeinwesen als „seinem Wesen nach organisierte und institutionalisierte Macht" (ebd.: S. 53). Im Unterschied zur Gewalt ist Macht kein Mittel, sie entsteht nur im Zusammenhandeln der Menschen. Während aber Max Weber der Macht einen teleologischen Handlungsbegriff unterlegt, der zur Erreichung des Zwecks, zur Durchsetzung des eigenen Willens Mittel einsetzt, den anderen oder die anderen dazu zu veranlassen, in seinem Sinne zu handeln, ordnet Arendt diesem Handlungsmodell den Begriff der Gewalt zu (vgl. Habermas 1984). Arendts Machtbegriff ist der Weberschen Konzeption entgegengesetzt. Er ist weder „die Instrumentalisierung eines fremden Willens", wie Habermas hervorhebt, noch ist er, wie Habermas vermutet, die „Formierung eines gemeinsamen Willens" (ebd. Habermas 1984). Vielmehr basiert er auf einer Einheit von Handeln und Sprechen, die Arendt als realisierte Macht versteht: „Mit realisierter Macht haben wir es immer dann zu tun, wenn Worte und Taten untrennbar miteinander verflochten scheinen, wo Worte also nicht leer und Taten nicht gewalttätig stumm sind, wo Worte nicht missbraucht werden, um Absichten zu verschleiern, sondern gesprochen sind, um Wirklichkeiten zu enthüllen, und wo Taten nicht missbraucht werden, um zu vergewaltigen und zu zerstören, sondern um neue Bezüge zu etablieren und zu festigen, und damit neue Realitäten zu schaffen" (Arendt 1985: S. 194).

Weil aber die lebendige Macht so rasch zerfällt, wie sie durch das Miteinander der Menschen entstehen konnte, bedarf sie der Vergegenständlichung in politischen Institutionen, Organisationen, Rechten und Gesetzen, um Dauer und Stabilität zu garantieren. Die Vergegenständlichung der Macht nennt Arendt auch „materialisierte Macht", die zum Schutz als auch zur Beschränkung menschlicher Freiheit notwendig ist, weil Handeln und Macht selbst schrankenlos sind (ebd.: S. 195). Ohne diese Materialisierung von Macht kann sich politische Freiheit nicht entfalten, weil lebendige Macht selbst äußerst fragil ist. Die doppelte Bestimmung der Macht korrespondiert mit einer doppelten Bestimmung des öffentlichen Raums: Einerseits beinhaltet er alles, „was vor der Allgemeinheit erscheint, für jedermann sichtbar und hörbar ist" (ebd.: S. 49). Andererseits betrifft er den Begriff der Welt, insofern „sie das uns Gemeinsame ist und als solches sich von dem unterscheidet, was uns privat zu eigen ist, also dem Ort, den wir unser Privateigentum nennen. [...] In der Welt zusammenleben heißt wesentlich, dass eine Welt von Dingen zwischen denen liegt, deren gemeinsamer Wohnort sie ist, und zwar in dem gleichen Sinne, in dem etwa ein Tisch zwischen denen steht, die um ihn herumsitzen" (ebd.: S. 52). Der Begriff der lebendigen Macht, das Handeln und Sprechen, korrespondiert mit der ersten Bestimmung des öffentlichen Raumes, während die zweite Bestimmung des öffentlichen Raumes mit dem Ort der Freiheit als materialisierter Form von Macht, also den Gesetzen, Institutionen und Verfassungen, korrespondiert (ebd.: S. 194f.). Während also Arendt zwischen „lebendiger Macht" und „materialisierter Macht" unterscheidet, nimmt Habermas die Differenzierung zwischen „administrativer" und „kommunikativer" Macht vor, die mit der Unterscheidung zwischen strategischem und kommunikativem Handeln korrespondiert. Im Unterschied zu Habermas eliminiert Arendt das instrumentell-strategische Moment im Machtbegriff, nicht jedoch das strukturelle. Sie weist explizit darauf hin, dass jede Regierung, jede politische Organisation auf das lebendige Machtpotential angewiesen ist, weil sie ihm ihre Existenz verdankt: „Was einen politischen Körper zusammenhält, ist sein jeweiliges Machtpotential, und woran politische Gemeinschaften zugrunde gehen, ist Machtverlust, und schließlich Ohnmacht. Wo Macht nicht realisiert, sondern als etwas behandelt wird, auf das man im Notfall zurückgreifen kann, geht sie zugrunde" (ebd.: S. 193). Arendt verweist auf die notwendige Vermittlung zwischen politischen Institutionen und der lebendigen Macht, weil die Institutionen ihnen ihre Existenz, Stabilität, Dauer und Begrenzung verdanken. Wird dieser Vermittlungszusammenhang zerstört, dann erscheint sie denen, die sie ins Leben riefen als „fremde Macht", also als Herrschaft.

Materialisierte Macht bedarf immer wieder der „neuen, aneignenden Interpretation und der reaktualisierenden Affirmation" (Jaeggi 2009: S. 54) und Kritik. Diese neu aneignende Interpretation, reaktualisierende Affirmation und Kritik müssen die politischen Institutionen ermöglichen, insofern ,Neuankömmlinge' in bestehende politische Gemeinwesen entweder durch Geburt oder bedingt durch Migration kommen, die entweder diese bestätigen oder auf Veränderungen der institutionellen Ebene drängen. Wie aber stellt sich Arendt die Vermittlung zwischen lebendiger und materialisierter Macht genau vor? Was sind deren Kriterien? Zustimmung kann schließlich auf unterschiedlichste Weise erfolgen: als Gegen-, Für- oder Miteinander. Was heißt einvernehmliches Handeln? Soll es die Vermittlung gewährleisten? Wiederholt formuliert Arendt, dass Menschen sich nicht im Gegen- oder Für-, sondern nur im Miteinander offenbaren, dass sich nur im Handeln und Sprechen zeigt, „wer einer ist", und dass sich nur im Miteinander der Menschen menschliche Existenz entwickeln kann. „Politik", so formuliert sie, „handelt von dem Zusammen- und Miteinander-Sein der *Verschiedenen*" (Arendt 1993: S. 8f., Herv. i. Orig.). Das Faktum der Pluralität der Menschen – als einer Vielzahl von Menschen, die Verschiedene sind – korrespondiert mit einer Pluralität von Perspektiven auf die soziale Wirklichkeit, die der einfachen Tatsache entspringt, dass jede und jeder einen nur ihr/ihm eigenen Ort in der Welt hat, der aber durch politische Freiheit transzendiert werden kann. Aber – und das ist für Arendt entscheidend – nur in der aktiven Auseinandersetzung mit Anderen entfaltet und zeigt sich die Pluralität der Menschen, weil sich das „Wer einer ist" oder „Wer wir sind" im Sprechen und Handeln offenbart. Arendt bindet die Identität an die Erscheinung und damit an die Anderen, denen man erscheint. Über das Selbst als Identität verfügt man nicht, sondern erfährt es durch und von Anderen: „Handelnd und sprechend offenbaren die Menschen jeweils, wer sie sind, zeigen aktiv die personale Einzigartigkeit ihres Wesens, treten gleichsam auf die Bühne der Welt, auf der sie vorher so nicht sichtbar waren [...]. Im Unterschied zu den Eigenschaften, [...] die wir besitzen und daher soweit mindestens in der Hand und unter Kontrolle haben, dass es uns freisteht, sie zu zeigen oder zu verbergen, ist das eigentlich personale *Wer-jemand-jeweilig-ist* unserer Kontrolle darum entzogen, weil es sich unwillkürlich in allem offenbart, was wir sagen oder tun" (Arendt 1985: S. 219). Wenn Fragen des Selbstverständnisses, der Identität und der Differenz an die aktive Auseinandersetzung mit Anderen geknüpft sind, dann sind diese kontingent und veränderbar; sie sind mit Homogenitätsvorstellungen und Zuschreibungen essentialistischer Art nicht vereinbar.

Diesen Begriff der Pluralität verbindet Arendt nun mit einer kritischen Aneignung der reflektierenden Urteilskraft von Kant, deren politische Bedeutung darin liegt, dass der Bezug auf die Perspektive Anderer konstitutiv für die eigene Wahrnehmung der Wirklichkeit und damit die Voraussetzung für die Urteilsbildung sein soll. „Wenn es denn richtig ist, dass ein Ding in der Welt des Geschichtlich-Politischen wie in der Welt des Sinnlichen nur dann wirklich ist, wenn es von allen seinen Seiten sich zeigen und wahrgenommen werden kann, dann bedarf es immer einer Pluralität von Menschen oder Völkern und einer Pluralität von Standorten, um Wirklichkeit überhaupt möglich zu machen" (Arendt 1993: S. 105). Die Verknüpfung der Pluralität mit dem Konzept reflektierender Urteilskraft bei Kant unterstreicht eine aktive Begegnung mit Anderen durch den *sensus communis* als Operationsweise der reflektierenden Urteilskraft, der als ein Aneignungsprozess verstanden werden kann. Der *sensus communis* soll ermöglichen, dass

sich der Prozess des Urteilens auf gleichberechtigter Grundlage vollzieht, in dem
die unterschiedlichen Voraussetzungen und Bedingungen Anderer in der eigenen
Urteilsbildung mit reflektiert werden. Wenn sich soziale Wirklichkeit durch die
Pluralität der Perspektiven auf sie konstituiert, können subjektive Sinnwelten, die
„Subjektivität des Es-scheint-mir" dadurch *aufgehoben* werden, dass die Vielfalt
der Perspektiven von Anderen auf den gleichen Gegenstand bei der Urteilsbildung
berücksichtigt werden. Kant nennt dies die „erweiterte Denkungsart", die Fähigkeit, „an der Stelle jedes anderen zu denken". Mit dieser Form des Denkens er-
weitert und reflektiert man die „Privatbedingungen" des eigenen Denkens. Man
stellt sich vor, wie dieser Sachverhalt/Gegenstand aus einer anderen Perspektive
und unter anderen Bedingungen aussieht. Man reflektiert über sein eigenes Urteil,
so Arendt in Anlehnung an Kant, wenn man von einem allgemeinen Standpunkt
denkt, den man nur dadurch erreicht, dass man sich an den Standort Anderer ver-
setzt. Mit Hilfe der Einbildungskraft, die diese Form der erweiterten Denkungsart
ermöglicht, kann ich mir den Standort der Anderen vergegenwärtigen: „den Platz
auf dem sie stehen", die Bedingungen, denen sie unterworfen sind, die nie die
gleichen, sondern „von Individuum zu Individuum, von einer Klasse und Gruppe zur anderen" verschieden sind (Arendt 1985a: S. 90). Diese Verknüpfung von
Pluralität und politischer Urteilskraft ist von entscheidender Bedeutung, um ein
gleichberechtigtes Miteinander von verschiedenen Menschen zu ermöglichen. Es
hinterfragt tradierte Vorurteile und Traditionen, überprüft deren Gültigkeit unter
gegenwärtigen gesellschaftspolitischen Bedingungen.

Hatte Arendt, wie oben ausgeführt, den politischen Freiheitsbegriff in der *Kritik der Urteilskraft* von Kant als Prädikat der Einbildungskraft hervorgehoben und
betont, dass wir durch die erweiterte Denkungsart die Möglichkeit haben, an der
Stelle jedes anderen zu denken, so kann man ihre Interpretation des *sensus communis* als einen Aneignungsprozess interpretieren, in dem sich das Welt- und Selbstverständnis konstituiert: „Vielmehr gilt es, mit Hilfe der Einbildungskraft, aber
ohne die eigene Identität aufzugeben, einen Standort in der Welt einzunehmen, der
nicht der meinige ist, und mir nun von diesem Standort aus eine eigene Meinung
zu bilden. Je mehr solcher Standorte ich in meinen eigenen Überlegungen in Rechnung stellen kann und je besser ich mir vorstellen kann, was ich denken und fühlen
würde, wenn ich an der Stelle derer wäre, die dort stehen, desto besser ausgebildet
ist dieses Vermögen der Einsicht [...] und desto qualifizierter wird schließlich das
Ergebnis meiner Überlegungen, meine Meinung sein" (Arendt 1994c: S. 342). Die
Einbildungskraft ermöglicht also zweierlei, sie schafft Distanz zu dem, was *zu nah*
ist, und sie rückt Dinge in die Nähe, die *zu fern* sind. Damit befreien wir uns von
unseren subjektiven Privatbedingungen und erreichen eine Unparteilichkeit jenseits von Objektivität. Um Missverständnissen vorzubeugen, schreibt sie nochmals

explizit: „Verstehen in der Politik heißt nie, den Anderen verstehen (nur die welt-lose Liebe ‚versteht' den Anderen) *sondern die gemeinsame Welt so, wie sie dem Anderen erscheint*" (Arendt 2002: S. 451, Herv. v. Verf.). In der Operationsweise des *sensus communis* soll der Urteilende die Meinungen und Perspektiven von gleichberechtigten Anderen berücksichtigen, aber – und das ist hier entscheidend – dies soll unter den Bedingungen, unter denen diese Meinungen geäußert werden, reflektiert werden, damit Fragen der sozialen Gerechtigkeit thematisiert werden können. Es geht also nicht einfach darum, sich andere Meinungen zu vergegen-wärtigen, sondern deren Voraussetzungen sollen mit reflektiert werden: dass man sich vorstellt, ob man unter diesen Bedingungen, die nicht die eigenen sind, an der eigenen Meinung festhält und/oder sein Urteil revidiert. Entscheidend ist also nicht, dass man Argumente umdrehen oder Behauptungen auf den Kopf stellen kann, sondern dass man die Fähigkeit entwickelt, „die Sachen wirklich von ver-schiedenen Seiten zu *sehen*, und das heißt politisch, dass man sich darauf [versteht; Verfasser], die vielen möglichen, in der wirklichen Welt vorgegebenen Standorte einzunehmen, von denen aus die gleiche Sache betrachtet werden kann und in der sie, ihrer Selbigkeit ungeachtet, die verschiedensten Aspekte zeigt" (Arendt 1993: S. 96f., Herv. i. Orig.).

Vermittels der „erweiterten Denkungsart" bringen die Menschen die Weltlich-keit der Welt durch die jeweilig unterschiedliche Perspektive auf die Welt hervor. Zugleich enthüllen sie mit ihrem Urteil nicht nur ihre Sicht auf die Welt, son-dern zeigen auch, ‚wer' sie sind. Das heißt: das ‚Wer jemand ist' zeigt sich nur im gemeinsamen Handeln der Vielen, in der Pluralität. Enthüllt sich im ‚Wer' die Individualität eines Menschen, so wird durch das Sprechen dieser Person gleich-zeitig enthüllt, wie er/sie die Welt sieht. Sowohl die Weltlichkeit der Welt, die sich durch die Vielfalt der Perspektiven konstituiert, als auch die Individualität des Menschen enthüllt sich im Urteilen. Welt- und Selbstverhältnis fallen im Urteilen zusammen. Alle diese Momente, die Arendt als *conditio sine qua non* der Welt-und Selbstorientierung ausweist, kehren im Begriff der Macht wieder. Dies heißt aber nichts Anderes, als dass der Begriff des Politischen, den Arendt in der Inter-pretation des Begriffs der Urteilskraft von Kant gewinnt, das Kraftzentrum bildet, ohne das politische Freiheit als Resultat von Macht sich nicht entfalten kann. Für die Entfaltung politischer Freiheit ist der innere Zusammenhang von Macht und politischer Urteilskraft konstitutiv. Freiheit, Macht, Öffentlichkeit und Urteilskraft sind bei Arendt intern aufeinander bezogene Begriffe.

An das hier skizzierte politische Machtverständnis kann, so mein Vorschlag, in dreierlei Weise für eine kritische Theorie des Politischen angeknüpft werden: *Erstens* könnten die Selbstauskünfte/Interpretationen der Akteure im öffentlichen Raum untersucht werden, insofern diese Hinweise für die Art und Weise geben, wie das jeweilige Welt- und Selbstverständnis sich in gesellschaftspolitischen Rahmenbedingungen vollzieht. Dabei geht es nicht darum zu untersuchen, ob Individuen über ein ‚falsches' oder ‚richtiges Bewusstsein' verfügen. Die Selbstauskünfte bzw. Interpretationen der Akteure sollten vielmehr zum *epistemologischen* Ausgangspunkt gemacht werden, um zu untersuchen, unter welchen politischen Bedingungen sie entfaltet werden. Durch die Selbstauskünfte können *Unrechtserfahrungen* sowie gesellschaftlich bedingte Praktiken der *Dehumanisierung* thematisiert, artikuliert, reflektiert und kritisiert werden. Es kann identifiziert werden, welche Zugehörigkeiten und Identitätspositionen privilegiert werden und welche nicht. Sie geben Auskünfte darüber, welche Bedingungen (Klasse, Geschlecht, Herkunft, Alter, Behinderung etc.), die gesellschaftlich strukturiert und bei jedem Menschen unterschiedlich sind, ausschlaggebend sind.

Die Untersuchung des Selbstverständnisses der Bürger/innen oder des „Bürgerbewusstseins" (Lange 2008) – und selbstverständlich sind die Akteure im öffentlichen Raum als solche zu verstehen – als Untersuchung von Welt- und Selbstverständnissen würde, *zweitens*, auch Hinweise auf die gesellschaftlich notwendigen institutionellen Veränderungen geben können, um ein gelingenderes Welt- und Selbstverhältnis zu ermöglichen. Damit würde eine weitere Dimension einer kritischen Theorie des Politischen ins Blickfeld rücken: Sie muss nicht nur danach fragen, wie sie die subjektiven Voraussetzungen der Einzelnen für politische Teilhabe stärken kann; sie muss zugleich thematisieren, ob politische Institutionen/ Organisationen sich durch „Lern- und Transformationsprozesse" (Jaeggi 2009: S. 543) auszeichnen, die gesellschaftlichen Veränderungen Rechnung tragen. Und schließlich, *drittens*, könnten die aufschlussgebenden Qualitäten des Handelns und Sprechens normativ für politische Bildungsprozesse genutzt werden.

## Literatur

Arendt, Hannah (1957): Fragwürdige Traditionsbestände im politischen Denken der Gegenwart. Vier Essays. Frankfurt a. M.
Arendt, Hannah (1958): The Origins of Totalitarianism. 2nd Edition. New York.
Arendt, Hannah (1961): Between Past and Future. New York.
Arendt, Hannah (1963): Über die Revolution. München.
Arendt, Hannah (1979): Vom Leben des Geistes, Bd.1.: Das Denken. München/ Zürich.
Arendt, Hannah (1985): Vita activa oder Vom tätigen Leben. München.
Arendt, Hannah (1985a): Das Urteilen. Texte zu Kants politischer Philosophie, Hrsg. v. Ronald Beiner. München.
Arendt, Hannah (1986): Elemente und Ursprünge totaler Herrschaft. München.
Arendt, Hannah (1989): Die vollendete Sinnlosigkeit. In: Dies.: Nach Auschwitz. Essays & Kommentare 1, hrsg. v. Eike Geisel/Klaus Bittermann. Berlin.

Arendt, Hannah (1999): Eine Antwort. In: Hannah-Arendt-Institut für Totalitarismusforschung e.V. (Hrsg.): Über den Totalitarismus. Texte Hannah Arendts aus den Jahren 1951 und 1953. Berichte und Studien Nr. 17. Dresden.

Arendt, Hannah (1990): Was ist Existenzphilosophie?. Frankfurt a.M.

Arendt, Hannah (1993): Was ist Politik? Aus dem Nachlass herausgegeben von Ursula Ludz. München.

Arendt, Hannah (1994): Zwischen Vergangenheit und Zukunft. Übungen im politischen Denken I. Hrsg. v. Ursula Ludz. München.

Arendt, Hannah (1994a): Freiheit und Politik. In: Dies.: Zwischen Vergangenheit und Zukunft. Übungen im politischen Denken 1, hrsg. v. Ursula Ludz, München 1994b.

Arendt, Hannah (1994b): Revolution und Freiheit. In: Dies.: Zwischen Vergangenheit und Zu- kunft. Übungen im politischen Denken 1, hrsg. v. Ursula Ludz (1994a). München.

Arendt, Hannah (1999): Über den Totalitarismus. Texte Hannah Arendts aus den Jahren 1951 und 1953, hrsg. v. Hannah-Arendt-Institut der Technischen Universität Dresden. Berichte und Studien Nr. 17. Dresden.

Arendt, Hannah (1999): Abschließende Bemerkungen. In: Hannah-Arendt-Institut für Totalitarismusforschung e.V. (Hrsg.): Über den Totalitarismus. Texte Hannah Arendts aus den Jahren 1951 und 1953. Berichte und Studien Nr. 17. Dresden.

Arendt, Hannah (2002): Denktagebuch, 1950–1973. 2 Bde., hrsg. v. Ursula Ludz/Ingeborg Nordmann. München.

Arendt, Hannah (2004): Über das Wesen des Totalitarismus. Ein Versuch zu verstehen. In: Meints, Waltraud/Klinger, Katherine (Hrsg.): Politik und Verantwortung. Zur Aktualität von Hannah Arendt. Hannover.

Arendt, Hannah (2014). Vita activa oder Vom tätigen Leben. München

Aristoteles (1981): Politik. München.

Benhabib, Seyla (1998): Hannah Arendt. Die melancholische Denkerin der Moderne. Hamburg.

Braun, Kathrin (2001): (K)Eine Denkerin der Vermittlung? Gesellschaftstheorie und Geschlechterverhältnis im Werk von Hannah Arendt. In: Knapp, G.- A./Wetterer, A. (Hrsg.): Soziale Verortung der Geschlechter. Gesellschaftstheorie und feministische Kritik. Münster (Westfälisches Dampfboot).

Breier, Karl-Heinz (1992): Hannah Arendt. Zur Einführung. Hamburg.

Brunkhorst, Hauke (1999): Hannah Arendt. München.

Canovan, Margaret (1992): Hannah Arendt. A Reinterpretation of Her Political Thought. Cambridge.

Förster, Jürgen (2009): Die Sorge um die Welt und die Freiheit des Handelns. Zur institutionellen Verfassung der Freiheit im politischen Denken. Würzburg.

Grunenberg, Antonia (1995): Macht kommt von möglich. In: Dies./Probst, Lothar (Hrsg.): Einschnitte. Hannah Arendts politisches Denken heute. Bremen.

Habermas, Jürgen (1984): Hannah Arendts Begriff der Macht. In: Ders.: Philosophisch-politische Profile. Frankfurt a.M.

Jaeggi, Rahel (1997): Welt und Person. Zum anthropologischen Hintergrund der Gesellschaftskritik Hannah Arendts. Berlin.

Jaeggi, Rahel (2009): Was ist eine (gute) Institution? In: Forst, R./Hartmann, M./Jaeggi, R./ Saar , M. (Hrsg.):, Sozialphilosophie und Kritik. Frankfurt a.M.

Kant, Immanuel (1988): Schriften zur Anthropologie, Geschichtsphilosophie, Politik und Pädagogik I. In: Ders.: Werkausgabe Bd.XI, hrsg. von Wilhelm Weischedel, Frankfurt a.m.

Lange, Dirk (2008): Bürgerbewusstsein. Sinnbilder und Sinnbildungen in der Politischen Bildung. In: Gesellschaft – Wirtschaft – Politik (GWP) Jg. 57, H. 3.

Meints, Waltraud (2003): Globalisierung und Menschenrechte". In: Mittelweg 36, (Hrsg. vom Hamburger Institut für Sozialforschung), Nr. 5 Oktober/November 2003.

Meints, Waltraud, (2009): Politische Freiheit. Über die Konstituierung des Welt- und Selbstverhältnisses im Politischen. In: Dies. /Daxner, M./Kraiker, Gerhard (Hrsg.): Raum der Freiheit. Reflexionen über Idee und Wirklichkeit. Bielefeld.

Meints, Waltraud (2011): Partei ergreifen im Interesse der Welt. Eine Studie zur politischen Urteilskraft bei Hannah Arendt. Bielefeld.

Meints-Stender, Waltraud (2012): Reflektierende Urteilskraft als Ethos der Macht – eine Annäherung an einen emanzipatorischen Begriff von Macht. In: Breier, K.H./Gantschow, A. (Hrsg.): Politische Existenz und republikanische Ordnung, Baden-Baden.

Meyer, Katrin (2016): Macht und Gewalt im Widerstreit. Politisches Denken nach Hannah Arendt. Basel.

Niggemeyer, Lars (2008): Gesellschaft und Freiheit bei Hannah Arendt. Ein Vergleich mit Karl Marx. Köln.

Penta, Leo (1985): Macht und Kommunikation. Berlin.

Rese, Friederike, (2008): Macht, Gewalt und öffentlicher Raum bei Hannah Arendt. In: Grunenberg, Antonia/Meints, Waltraud/Bruns, Oliver/Harckensee, Christine (Hrsg.): Perspektiven politischen Denkens. Hannah Arendt zum 100. Geburtstag. Schriften-Reihe des Hannah Arendt-Zentrums der Carl von Ossietzky-Universität Oldenburg. Hannah Arendt Studies. Frankfurt/M.

Saar, Martin (2009): Macht und Kritik. In: Forst, R./Hartmann, M. /Jaeggi, R. /Saar, M. (Hrsg.): Sozialphilosophie und Kritik. Frankfurt a. M.

Sörensen, Paul (2012): Wahrheitsinstitutionen und die Aufgabe der Politischen Theorie. ZPTh Jg. 3, Heft 2/2012.

Thaa, Winfried (2018): Politische Macht in der repräsentativen Demokratie. Drei alternative Konzeptualisierungen und ihre Folgen für Gleichheit und Pluralität. In: Zenkert, G. (Hrsg.): Die Macht der Demokratie. Zur Organisation des Verfassungsstaats. Baden-Baden.

Volk, Christian (2013): Hannah Arendt und die Kritik der Macht. In: Deutsche Zeitschrift für Philosophie, 61, H.4.

Volk, Christian (2010): Die Ordnung der Freiheit. Recht und Politik im Denken Hannah Arendts. Baden-Baden.

Weber, Max (1966): Wirtschaft und Gesellschaft. Grundriss einer verstehenden Soziologie. 2. Auflage. Tübingen.

Young-Bruehl, Elisabeth (1986): Hannah Arendt. Leben, Werk und Zeit. Frankfurt a.M.

# Hannah Arendt über Macht als Matrix des Politischen

Andreas Großmann

Macht steht seit je im Verdacht, Ausdruck bloßer Gewalt und des Rechts des Stärkeren zu sein (so schon Platon in seiner Kritik der Sophisten) und in Gestalt eines Netzes differenzierter wie tendenziell ubiquitärer Machttechnologien und -mechanismen sämtliche Sphären des Lebens zu durchdringen – und zu annektieren (so eine Leitperspektive in Foucaults Analysen der von ihm sogenannten „Mikrophysik der Macht").

Daß die im alltäglichen Verständnis bis heute gängige Identifikation von Macht und Gewalt und (physischer oder militärischer) Stärke indes zu kurz greift, zeigt bereits der Melierdialog in Thukydides' *Geschichte des Peloponnesischen Krieges* (V, 84–112). Macht, so verdeutlicht Thukydides, muß – als Handlungsmacht, Handlungsvermögen (δυναμις) – entdeckt, aufgezeigt werden. Es genügt im geschilderten Konfliktfalle zwischen überlegenen Athenern und unterlegenen Meliern nicht, Drohkulissen gegenüber dem Schwächeren aufzubauen. Verlangt ist vielmehr eine – im Dialog zu erzielende – Einsicht über das in der aktuellen Situation Mögliche (τα δυνατα).

Entgegen der sprichwörtlichen „Arroganz der Macht"[1] bekundet sich derart schon bei dem antiken Historiographen die Überzeugung von einer der Macht eigenen, wenngleich auch nur „negativen" Normativität,[2] die die politischen Akteure zu gewahren aufgefordert werden. Macht wird nicht beschrieben als restrik-

---

1  Fulbright 1966, 1967. Fulbright prägte die Formel seinerzeit mit Blick auf den Vietnamkrieg.

2  So Gehrke 2006, S. 38.

© Springer Fachmedien Wiesbaden GmbH, ein Teil von Springer Nature 2019
M. Wischke und G. Zenkert (Hrsg.), *Macht und Gewalt. Hannah Arendts
„On Violence" neu gelesen*, https://doi.org/10.1007/978-3-658-27006-3_6

tive, Handlungsmöglichkeiten einschränkende oder gar negierende Potenz, sondern, im Gegenteil, als Handlungsvermögen *sui generis*.

Hannah Arendt hat in ihren Arbeiten präzise an diese Dimension von Macht als Handlungsmacht erinnert. Das Phänomen der Macht hat sie dabei in einem positiven und zugleich durchaus eigenwilligen Sinne akzentuiert. Damit hat sie ihre Leser bis zum heutigen Tage provoziert – sofern sie überhaupt, zumal von Seiten der akademischen Philosophie, wahrgenommen und gelesen wird. Arendt teilt insofern, sehr zu Unrecht, „das Schicksal derjenigen Autoren, die von allen gefeiert, aber selten gelesen und wirklich ernst genommen werden".[3]

Phänomen und Begriff der Macht stehen im Zentrum von Arendts politischer Philosophie. Letztere ist im Kern, wie sich behaupten ließe, eine Theorie der Macht. Im Begriff der Macht laufen die Fäden ihres politischen Denkens zusammen, mit ihm sind seine sämtlichen Grundbegriffe vernetzt. Macht, notiert Hannah Arendt einmal in ihrem *Denktagebuch*, eine Vokabel Goethes verwendend, ist „gleichsam das Urphänomen der Pluralität".[4] Und sofern – für Arendt – Pluralität ihrerseits Grundbedingung des Politischen ist, kann Macht – in einem, wie zu zeigen sein wird, spezifischen Sinne – als Matrix, Mutterboden des Politischen gesehen werden.

Was das heißt (bzw. heißen soll oder heißen könnte), möchte ich im Folgenden zu explizieren versuchen. Dazu ist es freilich nötig, zunächst grundlegende Parameter von Arendts politischem Denken zu vergegenwärtigen. (I) Vor diesem Hintergrund und im Lichte ihrer Auseinandersetzung mit der Tradition neuzeitlichen politischen Denkens werde ich Arendts Verständnis von Macht (als horizontale, laterale Macht) entfalten (II), bevor vor diesem Hintergrund aktuelle, mit der Digitalisierung verbundene und in politischer Hinsicht problematische Herausforderungen angesprochen werden sollen. (III)

## 1  Die Frage der Macht als Mitte von Arendts politischem Denken

Genuines politisches Denken verschanzt sich nicht hinter Theorien, findet seine Erfüllung nicht in einer „mehr oder weniger akademischen Diskussion von Geltungsansprüchen".[5] Die Lebenswelt ist keine philosophische Seminarver-

---

3   Zenkert 2004, S. 7f.
4   Arendt 2003, Bd. 1, S. 160. – Für eine philosophische Würdigung von Arendts Denktagebuch siehe: Großmann 2003, S. 311ff. Vgl. zur jüngeren Debatte auch meine Literaturessays: Großmann 1997, S. 208ff. und Großmann 2006, S. 75ff.
5   So der von Luhmann an Habermas adressierte Vorwurf. Siehe Luhmann 2000, S. 53.

anstaltung im Großen. Und weil das so ist, läßt sich genuin politisches Denken durch die Wirklichkeit herausfordern, sucht es den Erfahrungen der Zeit eine Stimme – einen Logos – zu geben. Derart ist es in einem grundsätzlichen Sinne phänomenologisch.[6] Hannah Arendts Denken ist ein politisches Denken in genau diesem Sinne. Wissend um die Verführbarkeit des Philosophen, die Welt aus dem Begriff zu machen,[7] empfängt das Denken Arendts seine Anstöße nicht nur (und natürlich auch) aus philosophischen Begegnungen und Denkerfahrungen. Seine grundlegenden Impulse erhält es zunächst und vor allem aus der Erfahrung der Erschütterung der überkommenen Kategorien des Denkens infolge des Holocaust, der Totalitarismen des Nationalsozialismus und Stalinismus. Diese Erfahrung, für Arendt auch und nicht zuletzt eine Erfahrung der Zerstörung des Politischen durch Gewalt, wird für sie Anlaß, um in Abkehr von den gewohnten Wegen der Metaphysik nach den Bedingungen des Menschseins und der möglichen Gestalt des Politischen neu zu fragen. Ihr philosophisches Hauptwerk formuliert diese Aufgabe in seinem Titel bereits durchaus programmatisch: *The Human Condition* erscheint 1958, in deutscher Übersetzung wenige Jahre später und seitdem vielfach aufgelegt unter dem Titel *Vita Activa oder Vom tätigen Leben*.[8]

Arendt will „dem nachdenken, was wir eigentlich tun, wenn wir tätig sind".[9] Im Blick sind Arbeiten, Herstellen und Handeln als menschliche Grundtätigkeiten, die die Studien in idealtypischer Unterscheidung präsentieren. Zugleich sind Arendts Unterscheidungen von einem ontologischen Gefälle geprägt. Das Arbeiten erscheint eingebunden in den biologischen Lebenszusammenhang, das Herstellen sorgt, definiert durch Zweckbestimmtheit und Zweckdienlichkeit, für eine gewisse Beständigkeit der Welt (z.B. in Gesetzeswerken oder Werken der Kunst und der Geschichtsschreibung), das Handeln indes verdient nach Arendt die Auszeichnung der „eigentlich" politischen und damit auch „eigentlich" menschlichen Tätigkeit. Denn allein das Handeln korrespondiert der *Pluralität* als der Grundbedingung des Politischen: Während Arbeiten und Herstellen in der Vereinzelung erfolgen können, bedarf das Handeln des Mit-Seins Anderer. Und während Arbeiten und Herstellen von Notwendigkeit beherrschte Tätigkeiten sind, haben wir es im Handeln, Arendt zufolge, mit *Freiheit* zu tun. Handeln ist nicht determinierbar und folgt keinem Kalkül. Es unterbricht vielmehr, einem „Wunder" gleich, weltliche Lebenszusammenhänge, es bricht als *Anfang*, wie Arendt schreibt, „schlechter-

---

6    Wie Sophie Loidolt vorgeschlagen hat, ist Arendts Denken präzise als eine „Phänomenologie der Pluralität" zu interpretieren. Siehe Loidolt 2018.

7    Vgl. Blumenberg 2000.

8    Arendt 1967, [6]1989.

9    Ebd., S. 12.

dings unerwartet und unberrechenbar in die Welt" ein.[10] Dem Handeln und Sprechen, das Arendt als mit dem Handeln „gleichursprünglich" begreift – Handeln vollzieht sich in gemeinsamer Kommunikation, Sprechen ist immer auch schon Handeln[11] – kommt daher auch ein eigener Raum zu: Handeln ereignet sich in dem vom Privaten scharf abgegrenzten Raum des *Öffentlichen*,[12] oder wie Arendt auch sagt, dem „Erscheinungsraum" von Worten und Taten.[13]

Dem Grundfaktum menschlicher Pluralität entsprechend, bewegt sich das Handeln im Bereich des menschlichen „Zwischen". Genauer gesagt, bildet sich im und durchs Handeln überhaupt erst das von Arendt sogenannte „Bezugsgewebe menschlicher Angelegenheiten",[14] das sich als „zweites Zwischen" vom „Zwischen"raum objektiv-weltlicher Interessen unterscheidet. Letzterer ist, wie Arendt bemerkt, wohl von jenem „zweiten", aus dem Handeln und Sprechen hervorgehenden Zwischen „durchwachsen und überwuchert", das seinerseits jedoch jeder Dinghaftigkeit und Objektivierbarkeit sich entzieht[15] – was damit zusammenhängt, dass Handeln und Sprechen keine greifbaren, handhabbaren Resultate und Endprodukte zeitigen. Denn das gerade unterscheidet nach Arendt Handlungsprozesse fundamental von Arbeitsvorgängen und Herstellungsprozessen, dass sie zwar einen Anfang haben, aber kein voraussagbares Ende und keinen in Gewissheit zu verfolgenden Zweck.[16]

Im Raum des Politischen ereignet sich Handeln in Freiheit und Pluralität, sofern sich im Zwischen der Akteure *Macht* als Machtpotential generiert, ohne das wiederum der Bestand des Öffentlichen nicht zu denken ist. Handeln und Macht verweisen wechselseitig aufeinander, sie explizieren sich gewissermaßen gegenseitig. Denn Macht ist nicht etwas, das der einzelne als Machtquantum hat, um in Ausübung souveräner Herrschaft von anderen Gehorsam einzufordern. Macht ist überhaupt nicht als die Habe des einzelnen, isolierten Akteurs vorzustellen, sondern entsteht, so Arendt, „*zwischen* Menschen, wenn sie zusammen handeln, und sie verschwindet, sobald sie sich wieder zerstreuen".[17] Eine die Isolation an-

---

10　Ebd., S. 166.
11　„Handeln", schreibt Arendt, „ist primär legein; wo der logos aussetzt, fängt die Gewalt an" – die denn auch nur stumm sein kann. Arendt 2003, S. 350, vgl. S. 340, 345; vgl. auch Arendt 1967, ⁶1989, S. 29.
12　Arendt 1967, ⁶1989, § 7.
13　Ebd., § 28.
14　Ebd., S. 173.
15　Ebd.
16　Ebd., S. 130.
17　Ebd., S. 194.

strebende Machtausübung pervertierte sich in Ohnmacht gleichwie eine unter menschlich-pluralen Bedingungen nicht zu denkende Allmacht. Könnte doch auch „eine ins Göttliche gesteigerte Allmacht [...] im Plural nicht existieren".[18] Macht selbst ist begrenzt und bedingt durch *Pluralität*: So wie Macht sich nur im Miteinandersprechen und –handeln generiert, findet sie ihre Grenze „in dem Vorhandensein von Anderen, die außerhalb des eigenen Machtbereichs stehen und selber Macht entwickeln".[19] Selbst eine „Supermacht" mag auf der weltpolitischen Bühne bisweilen im Alleingang agieren. Doch wird auch sie spätestens dann sich ihrer Verbündeten erinnern, wenn der eingeschlagene Kurs fehlzuschlagen droht. Die gewaltsame Unterdrückung machtvoller Demonstrationen andererseits, wie sie in allen Diktaturen dieser Welt gang und gäbe ist und wie sie Hannah Arendt während der Arbeit an *Vita activa* im Ungarn-Aufstand 1956 unmittelbar vor Augen gestanden hatte, ist letztlich doch nur ein kläglicher Beweis der Ohnmacht eines Regimes, das auf frei geäußerte Meinungen einer Öffentlichkeit nicht anders als mit Panzern und Gewehren zu antworten weiß. Gewalt ist nach Arendt Macht strikt entgegengesetzt. Gewalt nämlich „kann Macht nur zerstören, sie kann sich [indes] nicht an ihre Stelle setzen".[20] Ein auf Gewalt und gewaltsame Repression sich stützendes Regime muss über kurz oder lang zusammenbrechen. Die Geschichte der einstigen „Supermacht" Sowjetunion hat das gezeigt, und heute sieht man denn auch in der Niederschlagung der ungarischen Revolution vor fünfzig Jahren den Auftakt zur Auflösung des Sowjetimperiums wie des gesamten Ostblocks. Die Revolutionen von 1956 bis 1989 ratifizieren gleichsam Arendts Einsicht, dass Macht nicht auf Gewalt gebaut werden kann.[21] Wie sie in ihrer späteren Studie *Macht und Gewalt*[22] schreibt: „Nackte Gewalt tritt auf, wo Macht verloren ist [...]. Man kann Macht durch Gewalt ersetzen, und dies kann zum Siege führen, aber der Preis solcher Siege ist sehr hoch; denn hier zahlen nicht nur die Besiegten,

---

18   Ebd., S. 196.

19   Ebd., S. 195.

20   Ebd., S. 196.

21   Vgl. Auer 2006, S. 85ff. Nach der Ansicht des Verfassers ist der Erfolg der Revolutionen in Ostmittel- und Osteuropa geradezu darauf zurückzuführen, daß selbst die Machthaber in Moskau, allen voran Michail Gorbatschow, ihre Arendtschen „Lektionen" gelernt hatten. „Sowohl die Revolutionäre wider Willen als auch die Großmächte mußten nach und nach ihre eigenen Lektionen über die Dynamik politischer Macht und die Grenzen eines Regimes lernen, das ausschließlich auf der Androhung von Gewalt beruhte. Die gewaltlosen Revolutionen von 1989 wurden dadurch ermöglicht, daß sogar die die Machthaber in Moskau diese Arendtsche Lehre akzeptierten" (ebd., S. 94).

22   Arendt 1970, ⁶1987.

der Sieger zahlt mit dem Verlust der eigenen Macht."[23] Denn: „Was niemals aus den Gewehrläufen kommt, ist Macht."[24]

Bevor ich auf die Analysen in *Macht und Gewalt* noch einmal zurückkommen werde, soll dem Seitenblick auf einen Theoretiker der Macht Raum gegeben werden, den Hannah Arendt besonders geschätzt hat, der in ihren Augen indes das Problem der Macht von Grund auf verkannt hat. Die Rede ist von Thomas Hobbes, dem nach Arendt größten politischen Philosophen der Neuzeit,[25] der nach ihrem Urteil das neuzeitliche politische Denken – und mit diesem die Praxis der Politik – freilich zugleich auf fatale Abwege geführt hat. Notate in Arendts *Denktagebuch* zeigen, dass ihre Theorien des Handelns und der Macht in der Tat vor allem auch als eine Antwort auf Hobbes zu lesen und zu verstehen sind.

## 2    Macht und Pluralität – oder: Zur Differenz von Macht und Gewalt

Die Größe von Hobbes' politischer Philosophie sieht Arendt darin, dass Hobbes, Machiavelli folgend,[26] den wesentlich politischen Charakter der Macht erkennt, d.h. erkennt, dass „der Macht *des* Menschen nicht die Natur, sondern *die* Menschen, also nicht die Materie, sondern die unvoraussagbare Spontaneität der Andern im Wege steht".[27] Mit Hobbes hält das Phänomen der *Pluralität* Einzug ins politische Denken der Neuzeit – in einem negativen Sinne allerdings, so nämlich, dass Pluralität letztlich eskamotiert wird.[28] Hobbes wird zwar des Phänomens gewahr, versteht es jedoch nicht, lautet Arendts Resümee. „Seinem mechanistischen Denken", notiert sie im *Denktagebuch*, „stellte es sich so dar, als ob alle Menschen ein bestimmtes, wesentlich gleiches Macht-*Quantum* besitzen, das, da es *Macht*-Quantum ist, per definitionem gegen alle anderen Macht-Quanten gerichtet ist. Die Lösung des ‚Konflikts' ist dann, diese Quanten abzugeben an einen

---

23   Ebd., S. 55.

24   Ebd., S. 54.

25   Arendt 2003, S. 185.

26   Wie Wolfgang Kersting gezeigt hat, ist Hobbes' spezifisch neuzeitlicher Blick auf das Politische im Denken Machiavellis „strukturell antizipiert": die Macht des uomo virtuoso, als dessen Berater sich Machiavelli begreift, radikalisiert Hobbes zu einem allgemeine Gültigkeit beanspruchenden anthropologischen Prinzip. Siehe Kersting 2006, S. 55ff.; S. 56. Vgl. dazu auch Zenkert 2004, S. 142ff., zu Hobbes' Machttheorie besonders S. 153ff.

27   Arendt 2003, S. 81.

28   Vgl. ebd., S. 96.

Macht-Monopolisator – den Tyrannen –, wonach alle machtlos zurückbleiben."[29] Das *proton pseudos* der Hobbesschen Konzeption ist es demnach, Macht als Vermögen des einzelnen zu behaupten, das „Zwischen der Pluralität"[30] als Ursprung der Macht hiermit aber zu hintergehen.

Arendt macht mit durchaus scharfem Blick auf ein zentrales Problem von Hobbes' Anthropologie aufmerksam. Die vereinzelten, egoistischen Individuen sind bei Hobbes geradezu als Machtwesen definiert, die gemäß ihrer kalkulatorischen Vernunft und unter Bedingungen notorischer Güterknappheit dazu veranlasst werden, ihre subjektive Macht unaufhörlich zu steigern. Die Welt der Hobbesschen Naturzustandsbewohner ist eine Welt jeweiliger Machtakkumulation, in der ein jeder sich um ein Mehr an Macht sorgt und alles danach beurteilt, was dem Zweck eines angenehmen Lebens dient. Alles und wirklich alles, selbst der Mensch, wird der Kategorie des Zweckdienlichen untergeordnet: Auch Freunde sind für Hobbes, wie etwa Ansehen und Geld, nur Mittel zum Zweck der Machtsteigerung.[31] Hobbes' kalkulatorische, rechnende Vernunft kennt keine Selbstzwecklichkeit des Menschen (wie später Kant), alles wird vielmehr nach ökonomischen Kategorien eingestuft. Und so wird Macht gleichsam zur Währung der Welt der Individuen, deren – nach Hobbes durchaus *vernünftiges* – Interesse an Macht sie in letzter Konsequenz in einen desaströsen Machtkampf, den Krieg aller gegen alle, führt. Das bedeutet nicht, dass fortlaufend blutige Kriegshandlungen stattfinden – es genügt die „Bereitschaft dazu während der ganzen Zeit, in der man sich des Gegenteils nicht sicher sein kann".[32] Die Zeit des Friedens kündigt sich erst an, wenn die – wiederum vernünftige – Konsequenz aus der Einsicht in die dilemmatische Lage des Naturzustands gezogen und der naturzuständliche Kriegszustand in eine civitas, einen Staat, transformiert wird, in dem ein jeder in Frieden mit jedem anderen zu kooperieren vermag. Die Erlangung dieses Ziels aber erfordert von den Individuen, wie Arendt konstatiert, die Übertragung der individuellen Machtquanten auf den staatlichen Souverän, der in seiner Person die Macht monopoli-

---

29  Ebd., S. 161.

30  Ebd.: Eine ähnlich kritische Einschätzung wie im Denktagebuch findet sich in *Vita activa* (Arendt 1967, ⁶1989, S. 293). Hobbes' kalkulatorisches Denken, so lautet Arendts Urteil dort, belegt bei allem genialen Scharfsinn das Scheitern der neuzeitlichen Vernunft „an den Klippen der Wirklichkeit". Bedeute doch „im Modus des Herstellens zu handeln, bzw. in der Form eines Kalküls mit Konsequenzen zu denken", „das Unerwartete und damit das Ereignis selbst auszuschalten". Das aber wiederum heißt für Arendt: das Handeln als die „Zwischen" der Pluralität zugehörige politische Tätigkeit par excellence.

31  Hobbes 1984, c. X, S. 66.

32  Ebd., c. XIII, S. 96.

siert. Wie die strategische Vernunft die Akkumulation von Macht im Naturzustand angeraten hat, schlägt sie nun die vertragsmäßige Transferierung der Macht an den vertragsunbeteiligten Souverän als einen absoluten Machthaber vor. Der Leviathan ist ein „technisches" Konstrukt, ein „artificial man" von absoluter Macht, der ausersehen ist, Frieden und Sicherheit in einer rechtlichen Ordnung zu realisieren, der auf Seiten der Bürger und Untertanen Gehorsam dem Souverän gegenüber entspricht. Ein Gehorsam freilich, der endet, sofern und sobald der absolute Souverän den mit seiner Souveränität verbundenen Aufgaben nicht mehr nachzukommen vermag, wie etwa im Falle des Staatszerfalls.

Hannah Arendt ist erkennbar nicht weiter an Einzelheiten der Hobbesschen Staatslehre und ihren durchaus intrikaten argumentativen Schritten interessiert. Wie der kurze Seitenblick auf Hobbes' Konzeption und Grundlinien ihrer Rezeption in Arendts *Denktagebuch* dartun sollte, richtet sich ihr Interesse gänzlich auf das Machtproblem und die mit ihm verknüpfte Frage der Pluralität, die Hobbes nach Arendt einerseits als Phänomen erkennt, andererseits theoretisch jedoch verkennt und verzeichnet. Kann doch Macht als „Urphänomen der Pluralität" niemals einem einzelnen zukommen – sei es ein einzelnes Individuum oder die Kunstfigur des staatlichen Souveräns. Was Hobbes beschreibt, ist gemäß Arendts begrifflichen Koordinaten physische *Stärke* bzw. *Gewalt* (im Verhältnis der von Furcht und Misstrauen geleiteten naturzuständlichen Individuen zueinander wie im Falle des die „Macht" monopolisierenden staatlichen Souveräns, dessen Politik und rechtliche Ordnung zugleich organisierte *Gewalt* sind).[33] Die Macht des Staates kann der Gewalt, der sie entstammt und die ihre Instituierung im Wege des Vertrags motiviert hat, nur durch überlegene Gewalt entgegenwirken. Macht und Gewalt aber sind nach Arendt nicht nur nicht dasselbe. „Macht und Gewalt sind Gegensätze", erklärt sie kategorisch. „Zwischen Macht und Gewalt", so Arendt, „gibt es keine quantitativen oder qualitativen Übergänge; man kann weder die Macht aus der Gewalt noch die Gewalt aus der Macht ableiten, weder die Macht als den sanften Modus der Gewalt noch die Gewalt als die eklatanteste Manifestation der Macht verstehen."[34] Hannah Arendts strikter und nicht unproblematischer Opposition[35] kommt man auf die Spur, wenn man wahrnimmt, dass und wie sie

---

33   Vgl. zu den (nicht immer trennscharfen) kategorialen Differenzierungen bei Arendt: Arendt 1970, ⁶1987, S. 45–47.

34   Ebd., S. 58.

35   Wie die kategorialen Unterscheidungen in *Vita activa* sind die begrifflichen Differenzierungen aber auch hier idealtypische. Arendt sieht sehr wohl, dass Macht und Gewalt „gewöhnlich" kombiniert und „nur in extremen Fällen" in Reinform auftreten. Siehe Arendt 1970, ⁶1987, S. 48, vgl. S. 47, S.53.

Macht in Analogie zum Handeln konzeptualisiert – eine Perspektive, die, wie wir gesehen haben, bereits in *Vita activa* vorgezeichnet ist. „Macht", schreibt Arendt in *Macht und Gewalt*, „entspricht der menschlichen Fähigkeit, nicht nur zu handeln oder etwas zu tun, sondern sich mit anderen zusammenzuschließen und im Einvernehmen mit ihnen zu handeln."[36] Deshalb ist für sie Macht – gleich dem Handeln – ein Selbstzweck, während Gewalt – entsprechend dem Herstellen – stets Mittel zu einem Zweck, instrumentell also zu verstehen ist.[37] Gewalt kann freilich, wie wider Arendts strikte Entgegensetzung zu sagen wäre, Macht begleiten, ohne sie deshalb weder zu ersetzen noch zu zersetzen. Das Institut des staatlichen Gewaltmonopols ist in diesem Sinne durchaus eine zivilisatorische Errungenschaft, die gerade auf die Etablierung eines potentiell gewalt*freien* Raumes zielt.[38] Und wie in ihrem philosophischen Hauptwerk verbinden sich auch in ihrer späteren Studie die Analysen mit einem eher skeptisch-resignativen Blick auf das Schicksal des Handelns und der Macht in der Neuzeit. Hat Handeln in dem emphatischen Sinn eines Neuanfangs heute noch Raum? Höhlen unüberschaubare anonyme Bürokratien die vom Gemeinsinn und der Pluralität vieler Handelnder zehrenden Machtstrukturen eines Gemeinwesens nicht aus? Arendts skeptischer Blick auf den von ihr sogenannten „neuzeitlichen ‚Praxisentzug'"[39] findet derart in der durchaus besorgten Vermutung Ausdruck, woran Macht heute scheitere, sei gar nicht einmal so sehr Gewalt „als der prinzipiell anonyme Verwaltungsapparat".[40] Pluralität und Macht würden in einer übermächtigen, als „Tyrannis ohne Tyrannen" auftretenden Bürokratie mehr und mehr verunmöglicht.[41] Ganz neue Herausforderungen für Pluralität und Macht als Matrix eines von Freiheit bestimmten politischen Raums stellen sich heute, so scheint es, durch die sogenannten „sozialen Medien" und eine fort-

---

36  Ebd., S. 45.

37  Ebd., S. 47, S. 52, S. 78.

38  Vgl. Ptassek et al. 1992, S. 181. Mit Günter Figal kann gesagt werden, dass das Verhältnis von Macht und Gewalt als „Streit" zu denken sei: Als das Andere der Gewalt ist Macht auf Gewalt angewiesen, um als Macht zu bestehen, Gewalt andererseits (und die mit ihr verbundenen Institutionen) kann sich nicht aus sich selbst, sondern nur im Verweis auf das ihr gegenüber Andere, die Macht, rechtfertigen. Figal 1994, S. 123ff.; S.133f. Thesen über Gewalt, die Arendt in ihrem Denktagebuch festgehalten hat, bewegen sich indes auf genau diese Perspektive zu, wenn es heißt, „die ursprüngliche Rechtfertigung der Gewalt" sei Macht – und Recht insofern „Institution der Macht", Herrschaft beruhe auf Macht und bedürfe der Gewalt, „um diese Macht existent zu halten". Siehe Arendt 2003, Bd. 2, S. 676.

39  Arendt 1970, [6]1987, S. 81, S. 82f.

40  Ebd., S. 82.

41  Ebd., S. 80.

schreitende Digitalisierung. Wir werden darauf in unseren Schlussbetrachtungen zurückkommen.

Zur ihrer Zeit richtet sich Arendts Blick vornehmlich auf die Verhältnisse in ihrer Wahlheimat, den USA. Als „fragloser" Sachverhalt zeigt sich ihr dort, „daß die Parteien mit ihrem Monopol der Nominierung derer, die überhaupt zur Wahl gestellt werden, nicht mehr als Organe der Volksmacht anzusehen sind, sondern vielmehr als die sehr willkommenen Hilfsmittel, durch welche eben diese Macht des Volkes eingeschränkt und kontrolliert wird". Demnach habe sich das Repräsentativsystem „in Wahrheit in eine Art Oligarchie verwandelt", „eine Oligarchie im Interesse der Massen".[42] „Der Bürger ist repräsentiert", urteilt Arendt, „doch repräsentiert und delegiert können nur Interessen und die Sorge um die allgemeine Wohlfahrt der Wählerschaft werden, keinesfalls aber ihre Fähigkeit zu handeln oder auch nur ihre Meinungen."[43] Im Wohlfahrtsstaat, so Arendt, lösen sich jedoch „alle politischen Fragen in administrative Aufgaben" auf, „die am besten von Experten behandelt und entschieden werden". Der politische Bereich präsentiert sich lediglich noch in verzerrter Gestalt: als „Verwaltungsmaschinerie", deren Geschäft „von rein wirtschaftlichen Notwendigkeiten diktiert" ist.[44]

Angesichts des Umstands, dass derart der „Geist" der Revolution institutionell gleichsam nicht „untergebracht" werden konnte,[45] nimmt Arendt bei der Utopie eines am Rätesystem orientierten Staatsbegriffs Zuflucht. Das Rätesystem scheint ihr aufgrund der in ihm horizontal und nicht vertikal konstituierten Macht „im Wesen des Handelns" zu liegen.[46] Man muss hier sicher die Frage aufwerfen, ob diese Vorstellung eines neuen Staatsbegriffs nicht, wie Ernst Vollrath gemeint hat, einem elitären „Hang zur radikalen Authentizität" entspringt, „der die Normalität des Politischen unterschätzt".[47] Otfried Höffe ist in seiner Kritik noch einen Schritt weitergegangen: Hannah Arendt definiere nicht das Politische, „sondern das, was fürs Außerordentliche [...] charakteristisch ist". So erliege die Denkerin letztlich nachgerade „einem, apolitischen Begriff des Politischen".[48] Jürgen Habermas hat in konkretem Bezug auf das von Arendt auf kommunikativ erzeugtes Einverständnis der Akteure zurückgeführte Verständnis von Macht die Berücksichtigung nicht nur strategischer Momente eingeklagt, sondern vornehmlich die Verankerung legitimer

---

42  Arendt 1963, ³1986, S. 347.
43  Ebd., S. 346.
44  Ebd., S. 350, S. 351.
45  Vgl. ebd., S. 360.
46  Arendt 1970, ⁶1987, S. 132; vgl. S. 131, S. 133.
47  Vollrath 1993, S. 45.
48  Höffe 1993, S. 32.

Macht in einem normativen Begriff von Rationalität propagiert, der wiederum in vom Diskursethiker festgelegten und als für kommunikatives Handeln maßgeblich behaupteten Diskursregeln sich ausbuchstabiert.[49] Soll mit Arendts Denken etwas anzufangen sein, so die Insinuation, bedarf es einer normativen Fundierung im Sinne der eigenen Theorie. Betreibt die vorgeschlagene normative Transformation indes nicht eine fragwürdige Szientifizierung des Politischen, die „die spezielle Inszenierung methodischer Forschung mit der Lebensführung selber verwechselt"?[50] Die argumentative Sonderpraxis vermag Lebensformen nicht zu ersetzen und hat es noch zu keiner Zeit vermocht, sie zu kreieren.

Wie immer man sich dazu stellen mag, es erscheint mir angeraten, die Provokation von Arendts Texten ernst zu nehmen und auszuloten, wo sie möglicherweise, ungeachtet mancher angeklungener Schwierigkeiten der Theorieanlage, durchaus unabgegoltene Einsichten bergen. Wo ich solche Ansatzpunkte für ein politisches Denken im Anschluss an Arendt sehe, möchte ich abschließend im Blick auf Herausforderungen, die sich gegenwärtig mit der Digitalisierung in politischer Hinsicht abzeichnen, zumindest anzudeuten suchen. Es geht um eine Problemanzeige, die signifikante Phänomene eher fragend erörtert, als Antworten präsentieren kann.

## 3 Arendts Begriff der Macht im „digitalen Zeitalter"

Die Digitalisierung gilt heute als die große, alle Lebensbereiche umwälzende Revolution. Das Internet sorgt für schnelle, vor wenigen Jahrzehnten noch undenkbare Kommunikationsmöglichkeiten; in den nächsten Jahren erwartet man eine Umwälzung der Mobilität durch selbstfahrende, digital vernetzte Automobile; die Fortschritte in der Robotik werden zu einer Revolution auch vieler Berufe und Arbeitswelten führen. Viele Arbeitsplätze werden verloren gehen, andere geschaffen werden. Unsere sämtlichen Lebensverhältnisse werden sich grundlegend ändern. Wie aber verändern die neuen Technologien unser Verhältnis zur Welt – und zu uns selbst? Soll zuletzt der Mensch selbst nach dem Modell der Maschine sich verstehen und durch letztere ersetzt werden? Und was bedeutet das für das „Bezugsgewebe menschlicher Angelegenheiten", fürs Politische im Arendtschen Sinne? Was kennzeichnet es noch als „menschlich", wenn das Paradigma eines nur noch technischen Denkens Regie führt? Trans- und Posthumanisten träumen davon.

---

49 Habermas 1979, S. 287ff.; Habermas 1992, S. 182ff.
50 Bubner 1996, S. 187.

Es liegt auf der Hand, dass die Transformation oder gar Revolutionierung unserer Weltverhältnisse viele Chancen bereithält. Wie jede Technik birgt indes auch die Digitalisierung Risiken in sich, sie hat eine Kehrseite, die zu bestreiten oder zu beschönigen töricht und naiv wäre. Zum Internet gehört das Darknet als virtuelles Forum auch der Cyberkriminalität. Cyberangriffe auf kritische Infrastrukturen können das gesamte öffentliche Leben lahmlegen und durch Desinformationen öffentliche politische Debatten gezielt manipulieren. Dass Daten in großem Maßstab „gehackt" werden können, ist nicht nur mit ökonomischen Verlusten verbunden. Die politische, demokratische Kultur insgesamt ist dadurch bedroht. Insofern zeugt es nicht eben von ausgeprägtem Problembewusstsein, wenn eine politische Partei mit der Parole „Digitalisierung first, Bedenken second"[51] dazu aufruft, den Prozeß der Digitalisierung als einen selbstzweckhaften Automatismus zu begreifen und dem Nachdenken qua „Bedenken" keine Bedeutung zuzumessen. Keine Technik ist Selbstzweck, und die Digitalisierung ist es auch nicht. Vielmehr ist es erforderlich, den Prozess zu gestalten. Und dazu gehört, sich gerade auch der Herausforderungen der Digitalisierung bewusst zu sein und sich über diese kritisch-reflektierend zu verständigen.

Besondere Bedeutung im Blick auf die Frage nach Potentialen von Arendts politischem Denken kommt in diesem Kontext zweifellos den sogenannten „sozialen Medien" zu, treten diese doch mit dem Anspruch auf, Kommunikation grundlegend zu erleichtern und Öffentlichkeit als global vernetzte neu zu definieren und zu konstituieren. Deren politisch durchaus problematische Tendenzen zeichnen sich heute bereits ab – und müssen zu denken geben. Es stellen sich manche triftige Fragen: Was bedeutet es, dass unzählige Daten von Nutzern dieser Medien von Riesenmaschinen in den Händen weniger Großkonzerne wie Google, Facebook & Co. gesammelt und vermarktet werden? Was bedeutet dies alles im Blick auf das Recht auf Privatheit als notwendiges Pendant zum Öffentlichen, und auch im Blick auf den Datenschutz? Sind Privatheit und individueller Datenschutz bloß noch Chimären? Was bedeuten die durch die jüngsten Skandale um Facebook & Co. publik gewordenen Praktiken des Internetkonzerns in Sachen Datenmissbrauch für den Raum des Politischen, für die Konstitution von Öffentlichkeit und öffentlicher bzw. veröffentlichter Meinung – und damit im Arendtschen Sinne: von Macht?

Man sollte sich, wie mir scheint, hüten, die sich hier aufdrängenden Fragen und Probleme zu bagatellisieren oder schönzureden, bzw. als Bedenkenträgertum von vornherein zu diskreditieren. Denn tatsächlich geht es hier im Kern um die Zukunft des Politischen, das zu erodieren droht, wo Menschen sich nur noch vir-

---

51 Mit dieser Parole warb die Freie Demokratische Partei (FDP) auf Plakaten im Bundtagswahlkampf 2017.

tuell – und eben nicht in einem *Erscheinungsraum* – begegnen. Wie der ehemalige Bundesinnenminister Gerhart Baum schreibt: „Die Demokratie wird durch das Internet gefährdet. Wir können manipuliert werden, Wahlen können manipuliert werden. Meinungsbildung wird manipuliert. Daten sind Macht."[52] Eine „Macht", die Nutzer oft nur zu leichtfertig aus der Hand geben, die sich andererseits in den Netzen weniger Großkonzerne konzentriert. Es gibt derart bereits jetzt eine „Machtasymmetrie zwischen den großen Kommunikationsunternehmen einerseits und den Nutzern andererseits", die einen kundigen und durch die technologischen Entwicklungen besorgten Juristen wie Wolfgang Hoffmann-Riem nach „hoheitlich fundierter Gegenmacht" in Gestalt neuer grundrechtlicher Regelwerke rufen lassen.[53]

Die Sorge erscheint durchaus berechtigt. Wer mit Arendt an der Zukunft des Politischen interessiert ist, wird auch sie nicht für unbegründet oder bedenkenträgerisch halten. Denn Welt als öffentlicher Raum „ist" nicht einfach „da". Es gibt sie, wie Arendt eingeschärft hat, nur durch die Macht geteilter Meinungen – aber nicht durch manipulierte und selektierte Meinungen in Echokammern und Filterblasen.

„Politik entsteht", so Arendt, „in dem Zwischen-den-Menschen",[54] sie hat es mit dem Erscheinungsraum zu tun, der entsteht, wenn Menschen zusammenkommen und im Handeln sowie im Austausch ihrer Meinungen über ihr gemeinsames Handeln ein „Bezugsgewebe menschlicher Angelegenheiten" bilden: Macht. Demgemäß gewinnt eine politische Ordnung in dem Maße an Offenheit und Freiheit, in dem sie auf der sich in diesem „Zwischen" generierenden Macht beruht, wie sie, umgekehrt, zerstört wird, wo sie das „Zwischen" der gemeinsamen Handlungswelt korrumpiert.[55] Insofern geht es in der Debatte um das „digitale Zeitalter" in der Tat um nichts Geringeres als die zukünftige Gestalt und die elementaren Bedingungen unseres Zusammenlebens, mit Arendts Worten: die *conditio humana*.

Arendts Denken kann in diesem Sinne dazu ermutigen, sich dessen bewusst zu werden, was mit den angesprochenen problematischen Tendenzen des Digitalen auf dem Spiel steht. Die Digitalisierung eröffnet zweifellos neue Möglichkeiten der Kommunikation. Doch der Raum des Öffentlichen kann durch die neuen

---

52  Baum 2017, S. 183.
53  Hoffmann-Riem 2017, S. 133, S. 136. Vgl. auch die pointierten Diagnosen von Yvonne Hofstetter, die in Seitenblicken explizit Hannah Arendt ins Spiel bringt (Hofstetter 2017, S. 29, S. 36).
54  Arendt 1993, S. 11. Identische Wendungen finden sich im Denktagebuch; siehe Arendt 2003, S. 17.
55  Arendt 1993, S. 105.

Technologien auch zunichtegemacht werden. Wenn, wovon Hannah Arendt überzeugt war, die Menschen dadurch ausgezeichnet sind, immer wieder Anfänger zu
sein und neue Anfänge zu machen, gibt es bei aller Skepsis vielleicht aber doch
auch Grund zur Hoffnung, dass die „Freiheit, frei zu sein"[56] nicht verloren oder
aufzugeben ist. Die Frage der Macht ist mehr als eine Überlebensfrage.[57]

## Literatur

Arendt, Hannah (1963, 31986): Über die Revolution, München/Zürich: Piper.
Arendt, Hannah (1967, 61989): Vita activa oder Vom tätigen Leben, München/Zürich: Piper.
Arendt, Hannah (1970, 61987): Macht und Gewalt, München/Zürich: Piper.
Arendt, Hannah (1993): Was ist Politik? Fragmente aus dem Nachlaß, hg. von Ursula Ludz,
    München/Zürich: Piper.
Arendt, Hannah (2003): Denktagebuch 1950–1973, 2 Bde., hg. von Ursula Ludz und Inge-
    borg Nordmann, München/Zürich: Piper.
Arendt, Hannah (2018): Die Freiheit, frei zu sein. Aus dem amerikanischen Englisch von A.
    Wirthensohn. Mit einem Nachwort von Th. Meyer, München: dtv.
Auer, Stefan (2006): »Der verlorene Schatz der Revolution. Hannah Arendt und die Revolu-
    tionen 1956, 1968 und 1989«. Osteuropa 9/2006, S. 85–97.
Baum, Gerhart (2017): »Autonomie – Überlebensfrage der Demokratie«, in: Reclaim Auto-
    nomy: Selbstermächtigung in der digitalen Weltordnung, hg. von Jakob Augstein, Berlin:
    Suhrkamp, S. 173–185.
Blumenberg, Hans (2000): Die Verführbarkeit des Philosophen, Frankfurt/M.: Suhrkamp.
Bubner, Rüdiger (1996): Welche Rationalität bekommt der Gesellschaft? Vier Kapitel aus
    dem Naturrecht, Frankfurt/M.: Suhrkamp.
Figal, Günter (1994): »Öffentliche Freiheit: Der Streit von Macht und Gewalt. Zum Begriff
    des Politischen bei Hannah Arendt«. Politisches Denken. Jahrbuch, S. 123–136.
Fulbright, J. William (1966, 1967): The Arrogance of Power, New York: Random House;
    dt.: Die Arroganz der Macht, Reinbek bei Hamburg: Rowohlt.
Gehrke, Hans-Joachim (2006): »Thukydides – Politik zwischen Realismus und Ethik«. In:
    Otfried Höffe (Hg.), Vernunft oder Macht? Zum Verhältnis von Philosophie und Politik,
    Tübingen: Francke Verlag, S. 29–40.
Großmann, Andreas (1997): »Renaissance einer streitbaren Denkerin. Hannah Arendt in
    der neueren Diskussion«. Philosophische Rundschau 44 (1997), S. 208–233.
Großmann, Andreas (2003): »Denken im Zeichen der Pluralität«. Philosophische Rund-
    schau 50 (2003), S. 311–315.
Großmann, Andreas (2006): »Hannah Arendt zum Hundertsten. Tendenzen und Perspekti-
    ven neuerer Literatur«. Journal Phänomenologie 26/2006, S. 75–82.

56   Arendt 2018.
57   Revidierter und aktualisierter Wiederabdruck aus: Krause Ralf/Rölli Marc (Hrsg.):
     Macht. Begriff und Wirkung in der politischen Philosophie der Gegenwart, Bielefeld:
     transcript 2008, S. 49–62.

Habermas, Jürgen (1979): »Hannah Arendts Begriff der Macht«. In: Adelbert Reif (Hg.), Hannah Arendt. Materialien zu ihrem Werk, Wien: Europaverlag, S. 287–305.

Habermas, Jürgen (1992): Faktizität und Geltung. Beiträge zur Diskurstheorie des Rechts und des demokratischen Rechtsstaats, Frankfurt/M.: Suhrkamp.

Hobbes, Thomas (1984): Leviathan oder Stoff, Form und Gewalt eines kirchlichen und bürgerlichen Staates. Hg. und eingeleitet von Iring Fetscher, übersetzt von Walter Euchner, Frankfurt/M.: Suhrkamp.

Höffe, Otfried (1993): »Politische Ethik im Gespräch mit Hannah Arendt«. In: Peter Kemper (Hg.), Die Zukunft des Politischen. Ausblicke auf Hannah Arendt, Frankfurt/M.: Fischer Taschenbuch Verlag, S. 13–33.

Hofstetter, Yvonne (2017): »Soziale Medien: Wer Newsfeeds auf Werbeplattformen liest, kann Propaganda erwarten, aber nicht die Wahrheit«, in: Reclaim Autonomy: Selbstermächtigung in der digitalen Weltordnung, hg. von Jakob Augstein, Berlin: Suhrkamp, S. 25–37.

Hoffmann-Riem, Wolfgang (2017): »Reclaim Autonomy: Die Macht digitaler Konzerne«, in: Reclaim Autonomy: Selbstermächtigung in der digitalen Weltordnung, hg. von Jakob Augstein, Berlin: Suhrkamp, S. 121–139.

Kersting, Wolfgang (2006): »Handlungsmächtigkeit und Ordnung. Niccolò Machiavelli und Thomas Hobbes über Macht und Vernunft«. In: Otfried Höffe (Hg.), Vernunft oder Macht? Zum Verhältnis von Philosophie und Politik, Tübingen: Francke Verlag, S. 55–74.

Loidolt, Sophie (2018): Phenomenology of Plurality. Hannah Arendt on Political Intersubjectivity, New York/London: Routledge.

Luhmann, Niklas (2000): Die Politik der Gesellschaft, hg. von André Kieserling, Frankfurt/M.: Suhrkamp.

Ptassck, Peter; Sandkaulen-Bock Birgit; Wagner, Jochen; Zenkert, Georg (1992): Macht und Meinung. Die rhetorische Konstitution der politischen Welt. Mit einem Vorwort von Rüdiger Bubner, Göttingen: Vandenhoeck & Ruprecht.

Röttgers, Kurt (1990): Spuren der Macht. Begriffsgeschichte und Systematik, Freiburg/München: Alber.

Vollrath, Ernst (1993): »Hannah Arendts ›Kritik der politischen Urteilskraft‹«. In: Peter Kemper (Hg.), Die Zukunft des Politischen. Ausblicke auf Hannah Arendt, Frankfurt/M.: Fischer Taschenbuch Verlag, S. 34–54.

Zenkert, Georg (2004): Die Konstitution der Macht. Kompetenz, Ordnung und Integration in der politischen Verfassung, Tübingen: Mohr Siebeck.

# Pluralität und Macht

Wolfgang Heuer

Arendts Konzept der Macht ist ohne ihr Konzept der Pluralität nicht denkbar. Es steht im Zentrum ihres Werkes *Vita activa oder Vom tätigen Leben* und unterscheidet sich von unserem liberalen Verständnis grundlegend und mit weitreichenden Konsequenzen. Es hat eine bleibende Bedeutung, weil es ein wohl erwogener und begründeter Gegenentwurf zu unserem liberalen Pluralitätsverständnis ist; es handelt sich nicht um eine Utopie, wohl aber um eine Heterotopie und ist dabei zwar sehr plausibel, aber nur schwer zu verwirklichen. Oder umgekehrt: die politischen und gesellschaftlichen Verhältnisse lassen eine solche Pluralität nur in seltenen Ausnahmefällen zu, so dass Arendts Schriften eine dauerhafte Kritik der Verhältnisse darstellen.

Ich vermute, dass für viele die Versuchung groß ist, die vielschichtige Welt, die Arendt dort vor uns ausbreitet, auf „Anschlussfähigkeit" hin zu überprüfen und das zu übernehmen, was passt, und im Übrigen das wegzulassen, was nicht zu passen scheint. So, wie auch Arendts These der Banalität des Bösen, ihre strikte Unterscheidung zwischen dem Politischen und dem Gesellschaftlichen, ihre Kritik der Französischen Revolution oder der antipolitischen Wertschätzung der Arbeit bei Marx nicht zu den Auffassungen des Mainstream passen. Da wir in unserer liberalen Welt ständig von Pluralität und Kommunikation reden, scheinen uns Arendts Definitionen bei flüchtigem Lesen vertrauter zu sein, als sie es tatsächlich sind; ihre Sprachbilder und die offenen Enden ihrer Buch-Kapitel und Aufsätze, die in sich abgeschlossene Essays sind, erscheinen als Ergänzungen, Vertiefungen, gelegentlich auch als Korrekturen unserer liberalen Welt. Dabei wird das Provozierende leicht übersehen oder absichtlich weggelassen. Denn erst, wenn es bei genauerem Hinsehen und in der Konfrontation mit unseren Alltagsauffassungen

© Springer Fachmedien Wiesbaden GmbH, ein Teil von Springer Nature 2019
M. Wischke und G. Zenkert (Hrsg.), *Macht und Gewalt. Hannah Arendts*
*„On Violence" neu gelesen*, https://doi.org/10.1007/978-3-658-27006-3_7

aufscheint, so in einer kritischen Gegenüberstellung mit Rawls und Habermas,[58] natürlich auch mit Carl Schmitt und Leo Strauss, wird das Provozierende produktiv und enthüllt die Fülle der Arendtschen Perspektiven.

Arendt wusste, dass ihre Schriften eine Art von Langzeitwirkung hatten, und zitierte dazu gelegentlich aus dem Gedicht von Christian Morgenstern: „Korf erfindet eine Art von Witzen,/die erst viele Stunden später wirken."[59] Zweifellos hat sich die seither entwickelte Bürgergesellschaft Arendts Witzen angenähert. Doch werden sie angesichts der vorherrschenden liberalen Wirklichkeit und Realpolitik wirklich verstanden?[60]

Das Kapitel „Handeln" in *Vita activa oder Vom tätigen Leben* beginnt mit einem Paukenschlag der Definition: „Das Faktum der menschlichen Pluralität, die grundlegende Bedingung des Handelns wie des Sprechens, manifestiert sich auf zweierlei Art, als Gleichheit und als Verschiedenheit. Ohne Gleichartigkeit gäbe es keine Verständigung unter Lebenden, kein Verstehen der Toten und kein Planen für eine Welt, die nicht mehr von uns, aber doch immer noch von unseresgleichen bevölkert sein wird. Ohne Verschiedenheit, das absolute Unterschiedensein jeder Person von jeder anderen, die ist, war oder sein wird, bedürfte es weder der Sprache noch des Handelns für eine Verständigung, eine Zeichen- und Lautsprache wäre hinreichend."[61]

Dieses Zusammenwirken von Gleichheit und Verschiedenheit wird im späteren Verlauf des Kapitels noch um die Gleichartigkeit in der Arbeitswelt ergänzt, bei der die Verschiedenheit von zwei Arbeitern durch den Arbeitsprozess in der Verschmelzung zu einem Dritten aufgehoben wird.[62] Politische Gleichheit erscheint daher als das Gegenteil der kulturellen Verschiedenheit. Sie existiert daher nicht wesensmäßig, sondern wird von außen durch Verfassung und Gesetze an die Einzelnen herangetragen.

Auf der Suche nach den Grundlagen menschlicher Existenz zählte Arendt die Pluralität neben der Gebürtigkeit, Sterblichkeit und Weltlichkeit zu den vier grundlegenden menschlichen Bedingtheiten. Damit wollte sie einen Essenzialismus vermeiden, der die Menschen als „so sind sie eben" definiert, oder wie Rousseau behauptete, als frei, gleich und gut geboren und von der Gesellschaft versklavt und entfremdet. Die Bedingtheit der Pluralität bildet nur physiologisch

58   Siehe Heuer 2018.
59   Arendt 1970, Blatt 010437f.
60   Zu Arendt Denk- und Schreibweise siehe Dewey 2018 und 2014; siehe auch Robaszkiewicz 2017.
61   Arendt 1981, S. 164.
62   Ebd., S. 209.

und hinsichtlich der Möglichkeiten des Handelns den Rahmen. Aus politischer Perspektive sind die Menschen gesehen ungleich geboren und erfahren erst durch die Politik die Möglichkeit der Gleichheit.

Die ersten Definitionen von Gleichheit und Verschiedenheit machen Arendts Denkweise deutlich: nicht in Entweder-oder-Kategorien oder Hierarchien zu denken, sondern in Koexistenzen wie Gleichheit und Verschiedenheit, die netzartige Form menschlichen Handelns, die Tätigkeiten Arbeiten, Herstellen und Handeln, Denken, Wollen und Urteilen, und eben die Pluralität, die sich von Individualität, Dualität oder Kollektivität unterscheidet.

Ohne die Pluralität gäbe es kein Sprechen und Handeln, sondern nur Kommunikation in der Gestalt von Information und Tätigsein in der Gestalt eines sich Verhaltens.

Somit lassen sich vier wesentliche Aspekte der Pluralität im Hinblick auf das Phänomen der Macht bestimmen: erstens eine qualitative Pluralität, die sich in einer spezifischen Art des Sprechens und Handelns äußert und sich von der uns geläufigen numerischen, quantitativen Pluralität der Vielen oder der Menge unterscheidet. Diese Pluralität entsteht zweitens in der Intersubjektivität, im Zwischen den Personen, und unterscheidet sich völlig von dem neuzeitlichen, uns so geläufigen Subjektivismus; er stellt keine Erweiterung des Subjekts dar, sondern betrifft den Ort, an dem sich die Beziehungen zwischen den Subjekten bilden. Es ist dies ein Erscheinungsort, ohne den Sprechen und Handeln und die Intersubjektivität nicht stattfinden könnten. Ein solcher Ort bildet sich drittens durch Macht, die durch das gemeinsame Sprechen und Handeln entsteht und nur durch sie aufrechterhalten werden kann und zudem als Pluralität mit ihrem Erscheinungsraum, der Intersubjektivität und der Macht der institutionellen republikanischen Form und Dauerhaftigkeit bedarf. Diese Form ermöglicht nicht nur eine Machtbildung durch die Montesquiesche Machtteilung zwischen den Institutionen, sondern bedeutet, viertens, Macht ohne Souveränität, die das Konzept des Nationalstaats ablehnt und auf territorialer wie supranationaler Ebene durch eine föderale Form von Machtbildung und Machtteilung ersetzt, die prinzipiell auf absolute Souveränität verzichtet und für eine nichthegemoniale Erweiterung einer Föderation offen ist.

Diese vier Aspekte sollen im weiteren genauer betrachtet werden.

# 1    Aspekte des Unterschieds zwischen quantitativer und qualitativer Pluralität

Ich möchte den Unterschied zwischen dem uns geläufigen Begriff des Pluralismus und dem Arendts als den zwischen einem quantitativen und einem qualitativen Pluralismus bezeichnen. Unsere westliche Gesellschaft ist von dem quantitativen Pluralismus der Akteure einer Produktions- und Austauschgesellschaft geprägt. Individualismus, Behaviorismus und die Freiheit von äußeren Einmischungen gehören zu den entscheidenden Werten dieser Gesellschaft. Sie gipfeln, so Arendt, in stupidem Stolz und in Eitelkeit, in Geniekult und in der Figur der von ihr wegen ihres Führungsanspruchs qua gewerblicher Denktätigkeit verabscheuten Intellektuellen. Abhängig von der Art des Warenaustauschs geht es um den Austausch von dazugehörigen Informationen, um die Verwirklichung von Interessen, die Nutzung von Verhaltensweisen, die Übervorteilung der Konkurrenz und die Etablierung von pluralen Netzwerken zum eigenen Geschäftsinteresse. Die von Adam Smith so genannte Gesellschaft von Händlern und ihre utilitaristische Weise zu denken und zu handeln erliegt in Teilen der Versuchung, die Pluralität, den „Wettbewerb", zum eigenem Vorteil einzuschränken: mit Hilfe von Korruption, Kartellbildungen und Verschweigen von Produktmängeln. Von dort ist der Weg zu einer Gewalt nicht weit, die von Erpressung und staatlich abgesicherten Handelskriegen bis zur Bildung paralleler Mafiastrukturen reicht.

Deshalb unterscheidet Arendt zwischen Wirtschaft und Gesellschaft einerseits und Politik andererseits. Daher ihre Unterscheidung zwischen einem politischen Handeln als einem miteinander Handeln einerseits und einem karitativen füreinander oder einem kriminellen gegeneinander Handeln andererseits, das private Interessen verfolgt und die Etablierung eines offenen Erscheinungsraums, eben einer qualitativen Pluralität, anstrebt. Daher auch Arendts Ablehnung einer Form des Sprechens, das nicht die Pluralität respektiert, sondern in Form von Dialektik und Logik zur Selbst- und Weltzerstörung führt.[63]

Wie sehr es auf unabhängiges politisches Handeln zur Steuerung von Wirtschaft und Gesellschaft ankommt, zeigt die globale Bewegung der „Corporate Social Responsibility" als Antwort der UNO seit dem Jahr 2000 auf die Entgrenzung von Märkten und Gesetzen im globalen Maßstab. Diese Bewegung versucht die beiden Ebenen der Pluralität, Markt und Gemeinwohl, miteinander zu versöhnen. Es kostet viel Überzeugungsarbeit, Unternehmen davon zu überzeugen, dass die Prioritäten der Transparenz, Nachhaltigkeit und des Gemeinwohls nicht nur den Menschen dienen, sondern auch Profite nicht reduzieren und sogar erhöhen kön-

---

63    Arendt 2002, Bd. 1, S. 214–215 (Juni 1952).

nen. Die beeindruckenden Erfolge des ethischen Unternehmensverbands „Instituto Ethos" in Brasilien, der seit seiner Gründung 1999 zeitweise 1.500 Unternehmen auf der Grundlage von Freiwilligkeit vertrat, die ein Drittel des BIP umfassten,[64] belegen diese These. Doch hat sich die Zahl der beteiligten Unternehmen während der aktuellen Wirtschaftskrise erheblich reduziert. Grund dafür ist nicht nur die Wirtschaftskrise, sondern auch das Misstrauen in eine korrupte Politikerklasse, die die Attraktivität ethischen Verhaltens schädigt, öffentliche Güter privatisiert und den Bedürfnissen des Neoliberalismus unterwirft. Wirtschaft und Gesellschaft bedürfen einer starken Politik des Gemeinsinns, die den Raum der Pluralität verteidigt und selber als gutes Beispiel vorangeht.

Im Verhältnis zu diesem pragmatischen Konzept von verantwortlicher Politik stellt die extreme Offenheit des von Arendt entworfenen Konzepts der Pluralität gedanklich und hinsichtlich der Akzeptanz eine erheblich größere Herausforderung dar. Dieses Konzept weist drei Charakteristiken des Handelns auf: Unvorhersehbarkeit, Unabänderlichkeit und das Fehlen einer bestimmbaren Autorschaft. Arendts Vergleich des spontanen Handelns mit der Unwahrscheinlichkeit der menschlichen Existenz und die Charakterisierung des spontanen Handelns als eine zweite Geburt weist der Unvorhersehbarkeit ein überaus positives Potential zu. Aus ihrer Sicht glich die völlig unerwartete Ungarische Revolution 1956 einem Wunder, das sie noch kurz zuvor in ihrer Analyse der totalen Herrschaft mit der Vernichtung jeglichen Handelns und jeglichen Weltbezugs ausgeschlossen hatte.

Der Offenheit der Pluralität entspricht eine sehr weit gehende Offenheit des Handelns. Es ist bemerkenswert, dass Arendt diese Offenheit und Freiheit nicht zugunsten der Sicherheit einschränkte. Institutionelle Grenzen und Stabilisierungsmechanismen des politischen Raums dienten ihr der Verstetigung des Handelns, nicht der Reduzierung. Und noch bevor sie sich mit den Institutionen befasste, beschrieb sie die stabilisierende Funktion von zwei Aspekten des Handelns selber, einerseits des vertrauenbildenden Versprechens der Akteure untereinander und andererseits des Vergebens von Handlungen, die in eine ausweglose Lage geführt haben. Anders als Strafe oder Rache, die der Wiederherstellung der Gerechtigkeit dienen, ermöglicht das Vergeben die Wiederherstellung der Handlungsfähigkeit.

Eine solche Zuversicht in die Offenheit von Sprechen und Handeln ist bei jemandem, der von den Katastrophen der totalen Herrschaft und des Holocaust betroffen wurde, sehr beeindruckend. Arendt konzentrierte sich auf die Freiheit der Menschen, ihre Pluralität und Potentiale als das Andere der finsteren Zeit. Es genügt ein Blick auf ihre Zeitgenossen, die wie Leo Strauss einen anderen Weg ge-

---

64   Heuer 2015b, S. 81–112.

gangen sind.[65] Er war wie Arendt als Jude aus Deutschland geflohen, er hielt die mangelnde Stärke des Politischen in der Theorie und Praxis des Liberalismus für den Grund der Katastrophe und wandte sich der klassischen Antike als Ort der Tradition eines starken Verständnisses von Politik zu. Doch im Unterschied zu Arendt lehnte er eine radikale Offenheit mit ihrer Unvorhersehbarkeit und Unabänderlichkeit ab und setzte stattdessen auf den Philosophen als Berater des Regierenden und die Trennung der Wahrheit des Philosophen und des Regierenden von der Welt der Massen mit ihren Mythen und der Religion. Aus Arendts Sicht beruht diese vermeintliche Sicherheit auf einer inakzeptablen Einschränkung der Pluralität und Freiheit, auf Instrumentalisierung und Gewalt, also auf noch viel mehr Unsicherheit.

Bei Strauss wie bei vielen anderen stellen Freiheit und Sicherheit einen Gegensatz dar. Die Freiheit einzuschränken ist eine generelle Versuchung, nicht nur angesichts von Terrorismus, sondern auch angesichts einer unsicheren Entwicklung der Lage in der Welt aufgrund einer augenscheinlichen Entgrenzung von Märkten, Kriegen und Migrationen. Sicherheit zu erlangen durch Ausschluss und Rückzug ist die Illusion einer, in Baumans Worten, „Retrotopie".[66] Eine solche Rückwärtsgewandtheit lehne ein gemeinsames, verantwortungsvolles Handeln in der Welt ab und befördere Populismus, „insbesondere die Rehabilitation des tribalen Gemeinschaftsmodells, den Rückgriff auf das Bild einer ursprünglichen/unverdorbenen ‚nationalen Identität', deren Schicksal durch nichtkulturelle Faktoren und solche, die Kultur gegenüber immun sind, vorherbestimmt sei."[67] Reduktion der Pluralität auf Souveränität, des Selbst auf Identität, Einsatz von Gewalt und autoritären Lösungen werden populär. Sie kennzeichnen im Übrigen auch den wirtschaftlich-politischen Großraum der Zukunft von der Türkei bis China, der nicht in der Tradition der Aufklärung und einer aufklärerischen Politik und Theorie à la Montesquieu steht.[68] Wenn Umfragen 2017 ergaben, dass das Vertrauen in Behörden und Politik in China weitaus größer ist als in Europa, dann bedeutet das, dass in beiden Regionen Freiheit und Sicherheit als Gegensätze erscheinen.[69] Arendts Entwurf der Entfaltung der qualitativen Pluralität, der Intersubjektivität und der Bildung von Macht, das heißt des Phänomens einer aktiven „Freiheit für", schafft dagegen Sicherheit durch Freiheit; er ist das völlige Gegenteil der Retrotopie, aber im liberalen Denken wenig geläufig.

---

65   Beiner 1990, S. 238–254.
66   Bauman 2017.
67   Ebd., S. 17f.
68   Keane 2015, S. 18–31.
69   Edelman Trust Barometer, https://www.edelman.com/trust-barometer.

## 2      Intersubjektivität

Wer sind die Handelnden? Arendts Unterscheidung zwischen denen, die Handlungen beginnen, und denen, die sie weitertragen, dient der Erläuterung, dass niemand allein handeln kann, sondern der Mithandelnden bedarf. Und ihre Erklärung, dass niemand der Autor einer gemeinsamen Handlung ist, soll begründen, warum kein Handeln vorausgeplant und durchgeführt werden kann. Es bedarf daher aber auch derjenigen, die das Handeln als Ereignis von außen her beobachten, verstehen und bewerten. Dennoch heißt „kein Autor" nicht Niemand. Eichmann war für Arendt ein Niemand; erst durch eigenes kritisches Denken wird jemand zu einer Person. Die Person spielt bei Arendt für das Handeln und Sprechen wie für das Denken und Urteilen eine entscheidende Rolle. Die Person ist das Gegenteil des gesichtslosen Konformisten.

Unter den von Arendt verfassten Portraits *Menschen in finsteren Zeiten* ist die Schilderung ihres Freundes Waldemar Gurian und dessen geistige Unabhängigkeit, Freundlichkeit und öffentliche Erscheinung besonders anrührend.[70] Es ist nicht Gurians Charakter, der hier im Mittelpunkt steht, den wir in vergleichbaren Fällen mit einer Biographie zu beschreiben geneigt sind, sondern dessen Handeln, das Arendt interessierte. Der Charakter betrifft die Eigenschaften, das Handeln dagegen die Persönlichkeit. Die Betrachtung des Charakters führt uns auf das Individuum zurück, dessen Anlagen und Talente, Stärken und Defekte, das Was dieses Individuums, während sich die Persönlichkeit, das Wer dieser Person, in der Wechselseitigkeit ihrer Handlungen mit Anderen unserem Blick offenbart. Arendt bewertet ein solches Handeln nicht utilitaristisch hinsichtlich Mittel und Zweck. Es zählt die Größe der Handlung, nicht ihre Ergebnisse.

Diese Situierung des Handelns, der Persönlichkeiten und der Politik in dem Dazwischen, das Arendt bildlich als ein Beziehungsnetz beschreibt, grenzt sich deutlich von der seit Descartes bis heute unhinterfragten Annahme des souveränen Subjekts ab. Eines Subjekts mit eigenem Willen und Entschluss, Gestaltungskraft, und Durchsetzungsvermögen, das heißt eben all jenen Eigenschaften, die in Wirtschaft, Gesellschaft und Politik als Werte obenan stehen. Das Jahrzehnt nach 1968 hat in Europa und den USA zu einem Wertewandel hin zu mehr Individualismus, Autonomie und Selbstverwirklichung geführt. Die Chancen für Arendts Intersubjektivität des Handelns scheinen gering zu stehen. Kreatives Teamwork klingt nach Intersubjektivität, doch bleibt sie auf an Mittel und Zwecke gebundene Unternehmensziele und Gewinne beschränkt.

---

70   Heuer 2015a, S. 43–55.

In dem Netz der Beziehungen, in der Intersubjektivität, scheinen die politischen Phänomene wie Freiheit, ziviler Ungehorsam, Autorität, Macht, Gewalt und Herrschaft auf. Aus der Sicht des Dazwischen entstehen Freiheit, ziviler Ungehorsam, Autorität und Macht im wechselseitigen, gemeinsamen Handeln; Gewalt und Herrschaft dagegen bewirken die Einschränkung des Netzes der Beziehungen. Es ist bekannt, dass niemand Freiheit, Autorität oder Macht „hat", wenn sie nicht wechselseitig ermöglicht werden, doch scheinen diese Phänomene aus subjektivistischer Perspektive nur dank individueller Vorzüge der jeweiligen Personen in deren Besitz gelangt zu sein. Diese Auffassung ist antipolitisch, sie usurpiert einen Teil des politischen Raums und führt damit unterschwellig Gewalt in ihn ein. Die Einführung der Kategorie des herstellenden Akteurs, der souverän sein Handeln bestimmt und „im Besitz" der Macht ist, ersetzt Handeln durch Herstellen. So sind so weit voneinander entfernte Tätigkeiten wie die der Produktion des Handwerks („wo gehobelt wird, da fallen Späne") und die revolutionäre Schaffung einer neuen Gesellschaft und eines neuen Menschen („man kann kein Omelette braten, ohne Eier zu zerschlagen") durch ihre gewaltförmigen Tätigkeiten eng miteinander verbunden. Arendt schärft das Gespür für die Gefährdungen der Politik durch Instrumentalisierung, Subjektivismus, Souveränität und Herstellen-wollen, lange bevor die darin enthaltene Gewalt offen auftritt.

## 3    Macht und Machtteilung

So wie die qualitative Pluralität nur durch Sprechen und Handeln entsteht und einen Erscheinungsraum bildet, so wird auch durch das Sprechen und Handeln unausweichlich Macht gebildet. Macht entsteht in dem Netz der Beziehungen und hält den Erscheinungsraum aufrecht. Auch Versprechen und Verzeihen sind Formen der Machtbildung. Insofern ist qualitative Pluralität nicht ohne Macht denkbar. Arendt steht hier Foucault viel näher als üblicherweise angenommen. Sie kritisierte die Tradition, vor allem Plato, der Politik als eine Technik analog der Tätigkeit eines Steuermanns bezeichnete, und das Christentum, weil sie der Macht und Welt der Erscheinungen misstraute.

Da Macht wie allgemein das Handeln nicht nur unabsehbar ist, sondern auch zur Ausuferung neigt, hat Arendt im Dialog mit Montesquieu und den Founding Fathers der USA für die Begrenzung der Macht die Formel gefunden: Machtstärkung durch Machtteilung. Ähnlich wie Versprechen und Verzeihen beruht diese Formel auf der immanenten Wechselwirkung des Handelns und auf dessen institutioneller Verstetigung.

Bekanntlich hat Arendt in ihrem Buch *Über die Revolution* die Französische
Revolution mit der Gründung der USA hinsichtlich des Verlaufs der zwei Phasen
einer gelingenden Revolution miteinander verglichen, der Befreiung und der Gründung der Freiheit. In Frankreich scheiterte die Gründung der Freiheit im Terror
und in der anschließenden Diktatur Napoleons, während sie in den USA in der
Gründung einer föderalen Republik verwirklicht wurde. Wie wichtig dieser Zusammenhang zwischen Befreiung und Gründung der Freiheit ist und wie wenig
er gewöhnlich beachtet wird, zeigen die revolutionären Ereignisse im 20. Jahrhundert, bei denen Befreiungsbewegungen und Befreiungskämpfe wie in Cuba,
Angola, Mosambik, Vietnam, Kambodscha und Nicaragua gefeiert wurden, die
dann aber statt der Freiheit Diktaturen, oft in Anlehnung an die Französische Revolution, hervorbrachten. Der Verlauf der Arabellion im Nahen Osten vor wenigen
Jahren belegte die Unausweichlichkeit dieses notwendigen Doppelschritts von Befreiung und Gründung der Freiheit erneut. Er gelang nur in Tunesien; in Ägypten
haben wir den Moment erlebt, in dem der Befreiungsprozess auf dem Tahrir-Platz
erstarrte und es nicht gelang, eine neue Freiheit zu gründen.

Dagegen konnte die Gründung der Freiheit in den nordamerikanischen Kolonien gelingen, weil sie nicht den erschwerenden Bedingungen wie in Frankreich
unterlagen: Es gab keine absolute Monarchie, sondern nur eine beschränkte, die
nicht zu Exzessen verleitete, es gab seit langem politische Erfahrungen durch Institutionen der Selbstregierung und keine politisch unerfahrenen Salon-Revolutionä-
re, und es gab keine Armut, deren Radikalisierung zu politischem Kontrollverlust
geführt hätte wie in Frankreich.

Die für Arendt entscheidenden Lehren und Erfahrungen wurden in den amerikanischen Kolonien gemacht, sie liegen in der Neudefinition der Quelle des Rechts
und des Ursprungs von Macht, die sich gänzlich von dem Konzept des absoluten
Souveräns als vermeintlichem Nachfolger von Papst und Bischof unterscheidet. Im
Übrigen handelte es sich für Arendt bei diesem Souverän um niemand anderen als
um einen Usurpator, „und alle die Theorien zu Beginn der Neuzeit über Souveränität und das Gottesgnadentum von Kaiser und König dienten nur dazu, diese Tatsache zu verschleiern."[71]

Arendt hob drei Aspekte des Prozesses der Gründung der Freiheit hervor: ers-
tens gleich zu Beginn der kolonialen Besiedlung die grundlegende Erfahrung einer
Art von Machtbildung in Form des Vertrags der Passagiere der Mayflower, die auf
Pluralität gründete, frei von Souveränität und vorpolitischen religiösen oder philo-
sophischen Begründungen war und auf dem Prinzip des Vertragsschlusses, des
Versprechens und Versprechen Haltens beruhte.

---

71  Arendt 1963, S. 208.

Damit stellte Arendt diese wechselseitige Art von politischer Gesellschaft oder Konsoziation freier und gleicher Bürger den bekannten Gesellschaftsverträgen von Hobbes und Rousseau gegenüber, die beide auf der Machtabgabe an den Herrscher beruhen. „Der auf wechselseitigen Verpflichtungen (mutual subjection) beruhende Vertrag, in dem Macht aus dem Versprechen entspringt, enthält in neuer Form sowohl das altrepublikanische Prinzip der potestas in populo und implizite die Negation des Herrschaftsprinzips – ‚wenn das Volk regiert, wo sind dann die Regierten?' – als auch das föderative Prinzip ‚eines auf Wachstum angelegten Commonwealth' (wie Harrington seine utopische Oceana nannte), in der konstituierte politische Gemeinschaften sich miteinander verbinden und dauernde Bündnisse abschließen, ohne ihre Identität aufzugeben."[72]

Zweitens gab es kein Problem mit der Legitimität der Verfassungsgebung, das heißt mit dem so oft im Kontext der Französischen Revolution diskutierten pouvoir constituant. „Denn die Abgeordneten der Länderparlamente und der Volksversammlungen, welche die Länderverfassungen erließen, hatten ihre Befugnisse von einer Unzahl konstituierter Körperschaften erhalten – von den Provinzen, Distrikten und ländlichen Bezirken sowie von den Stadt- und Dorfgemeinden. Sie hatten das größte Interesse daran, die Körperschaften nicht zu zerstören, denen sie die eigenen Befugnisse verdankten"[73].

Drittens schaffen diese Elemente der Machtbildung Welt und Stabilität angesichts einer Zukunft, „die unabsehbar und unvoraussagbar alles verschlingen würde, wenn der Mensch in sie nicht Absehbares und Voraussagbares werfen würde"[74]. Es ist bemerkenswert, wie Arendt politisches Handeln mit den Regeln der Sprache vergleicht, die kein Mechanismus der Zwangsläufigkeit ist, sondern auf Erfahrung beruht und aus ihr Orientierung bezieht: „[…] so wie es zur Grammatik des Handelns gehört, dass sie die einzige Fähigkeit ist, die menschliche Pluralität voraussetzt, so gehört es zu der Syntax der Macht, dass sie das einzige menschliche Attribut ist, das nicht dem Menschen selbst anhaftet, sondern dem weltlichen Zwischenraum eignet, durch den Menschen miteinander verbunden sind und den sie ausdrücklich im Gründungsakt stiften, indem sie von ihrer Versprechenskapazität Gebrauch machen, die im politischen Bereich vielleicht die höchste und bedeutendste aller menschlichen Fähigkeiten ist."[75]

Die von Arendt in ihrem Essay *Macht und Gewalt* beschriebene Unterscheidung von Macht, Gewalt, Kraft und Stärke und die Definition von Macht als Phänomen,

---

72   Ebd., S. 222.
73   Ebd., S. 214.
74   Ebd., S. 227.
75   Ebd.

das durch gemeinsames Handeln entsteht, erscheint vielen Kollegen, zumindest in Deutschland, als zu idealtypisch und zu wenig kompatibel mit unserer Welt. Sie wurde daher als eine unter verschiedenen Machtformen einsortiert und gelegentlich mit der ganz anderen Definition Foucaults von allgegenwärtiger Macht verglichen.[76] Das verstellt aber den Blick auf die notwendige Diskussion über die Grundlagen einer Alternative zu Nationalstaat und Souveränität, die Arendt dabei im Blick hatte.

Zwei Aspekte möchte ich noch diesem Kurzüberblick über Arendts Über die Revolution hinzufügen. Der erste betrifft die Dynamisierung des Machtbildungsprozesses jenseits der Sphäre der Abgabe der Macht der Beherrschten an ihre Herrscher. Politik ist kein Verwaltungshandeln, sondern ein immer wieder neues, spontanes Handeln, dessen organisatorische Formen Vereinigungen sind – unabhängig, ob Townhall-Versammlungen in den nordamerikanischen Kolonien, Gesellschaften zu Beginn der Französischen Revolution, Räte zu Beginn der Russischen Revolution und in Ungarn 1956, oder Bürgerinitiativen und Nichtregierungsorganisationen heute. „Diese eigentümlichen Organisationen waren in Wahrheit das, was man später ‚politische Gesellschaften' nannte, und ihre große Bedeutung für die Zukunft lag darin, dass sich in ihnen ein politischer Raum gebildet hatte, in dem Macht und die Beanspruchung von Rechten möglich war, ohne dass man doch Souveränität besaß oder auch nur nach ihr verlangte."[77]

Der zweite Aspekt betrifft die strikte Unterscheidung von Gesetz und Macht, von institutionellem Rahmen, der das Handeln ermöglicht und es zugleich zugunsten der Handlungsfreiheit aller gegenüber dem diktatorischen Verlangen einer Mehrheit einschränkt, und dem flüchtigen Handeln selber. Erst die Herrschaft der Gesetze ermöglicht eine auf Pluralität gründende Machtbildung; die Republik ermöglicht die Entfaltung einer nicht souveränen Demokratie. „Die von den amerikanischen Revolutionären so oft betonte Unterscheidung von Republik und Demokratie basiert auf einer radikalen Trennung von Gesetz und Macht."[78] Die gegenwärtige Verfassungskrise in Polen ist ein Beispiel dafür, wie sich die Macht die fundamentalen Gesetze unterwerfen und damit auf demokratischem Weg die Freiheit einschränken will.

Diese zentralen Charakteristiken republikanischen Denkens sind Ausgangpunkte für Arendts qualitative Unterscheidung zwischen Volk, Staat und Nation. Bei Volk handelt es sich um die in einem politischen Gemeinwesen lebende Bevölkerung, bei Staat um die Institutionen von Politik und Verwaltung und bei Na-

---

76 Göhler 2011, S. 224–240; Forst 2015.

77 Arendt 1963, S. 218.

78 Ebd., S. 215f.

tion um eine kulturell-historische Gemeinsamkeit einer bestimmten Bevölkerungs-
gruppe. Deutlich wird bei dieser Unterscheidung die Trennung von Politik und
Kultur, Staatsbürgerschaft und kultureller Zugehörigkeit. Arendt zufolge musste
die Neuzeit das folgende Problem lösen: Wie soll politische Freiheit und kulturelle
Differenz miteinander in Einklang gebracht werden? Hobbes und Rousseau sahen
die Lösung in der Einheit von Volk, Staat und Nation, die auf Souveränität beruhte – bei Hobbes in Gestalt des zum Leviathan zusammengeschweißten Volkes
unter Führung des Souveräns und bei Rousseau in Gestalt des volonté générale des
mit der Nation identischen souveränen Volkes. Bei Hobbes soll sich das Volk aus
Gründen der Sicherheit durch den Souverän unterwerfen lassen, bei Rousseau aus
Einsicht in die Notwendigkeit durch sich selbst. Bei Hobbes ist damit der Tyrannei
die Tür geöffnet, bei Rousseau dem Antikosmopolitismus und der Xenophobie.

Es ist bemerkenswert, für Arendt und auch für uns, dass die amerikanischen
Revolutionäre keiner Theorie gefolgt sind, sondern ihre Erfahrungen und die der
Klassiker in den Vordergrund stellten. So zitiert Arendt einen von ihnen, John
Dickinson, der erklärte, dass „Erfahrung unser bester Führer ist, Vernunft kann
uns in die Irre leiten".[79] Die schriftlichen Diskussionen der Gründungsväter über
Gewaltenteilung, checks and balances und die nötigen verfassungsmäßigen Maßnahmen zur Stabilisierung der Republik, veröffentlicht in den Federalist Papers,
sind zu einem republikanischen Klassiker ersten Ranges in der Politikwissenschaft
geworden. Und doch hat Arendt recht, dass das Neue nirgendwo einen ihm ad-
äquaten gedanklichen und begrifflichen Ausdruck gefunden hat. Was Arendt hinsichtlich der Macht und der wechselseitigen Verpflichtungen und Versprechungen
analysierte, ist von den Revolutionären und ihren Erben nie theoretisch bewahrt
worden. „[…] wenn es wahr ist, dass alles Denken mit Andenken anhebt – dem
andenkenden Nachhängen eines Wirklichen -, so ist nicht weniger wahr, dass kein
Andenken gesichert sein kann, das nicht durch den Prozess begrifflicher Klarheit
und Verdichtung gegangen ist, auf Grund deren es weiterwirken und sich entfalten
kann",[80] stellte sie enttäuscht fest.

Das ist ein Grund dafür, dass die Unterscheidung zwischen Republik und Demokratie, Föderation und Nationalstaat auf dem politiktheoretischen Gebiet nur un-
genügend in den Vordergrund gestellt wird. Vor dem Hintergrund der amerikanischen Revolution fasste Arendt 1963 in einer Rundfunkdiskussion zum Verhältnis
von Nationalstaat und Demokratie ihre Kritik an etwa einhundertfünfzig Jahren
praktischer Erfahrungen mit Souveränität und Nationalstaat vor. Arendt erklärte,
dass die vor allem mit der Französischen Revolution eingeführte nationalstaatliche

---

79   Ebd., S. 219.
80   Ebd., S. 283.

Volkssouveränität viel weniger Stabilität aufwies als gedacht, denn „die Nation, das heißt das durch den Nationalstaat politisch emanzipierte Volk, hat bereits sehr früh eine verhängnisvolle Neigung gezeigt, seine Souveränität an Diktatoren und Führer aller Arten abzutreten",[81] was bedeutet, dass dieses Volk dem Parteien-system, das diesem Nationalstaat entspricht, immer skeptisch gegenüberstand und dass dieses Parteiensystem „in vielen Fällen und immer unter Zustimmung brei-tester Volksmassen mit der Errichtung einer Parteidiktatur und der Abschaffung gerade der spezifisch demokratischen Institutionen des Nationalstaates geendet"[82] hat. Die Sorge um das demokratische Handeln im öffentlichen Raum trat immer hinter die Sorge um das „nationale Zusammenleben auf dem ererbten, historisch gewordenen Gebiet"[83] zurück.

Zweitens hat im Nationalstaat die nationale Zugehörigkeit Vorrang vor der Demokratie, denn die Nation hat den Staat erobert. Dabei können selbst unter Diktaturen durchaus bürgerliche Grundrechte wie Interessenrepräsentation und Pressefreiheit gewährt werden, nicht aber „das Recht der politischen, direkten Mit-bestimmung".[84]

Drittens führt die Grundlage des europäischen Nationalstaats, die auch von Weber und Jellinek unterhinterfragte „Dreieinigkeit von Volk – Territorium – und Staat", zur Homogenisierung des Volkes mit der Alternative: erzwungene Assimi-lation oder Ausschluss, und im Fall der Fortexistenz von nationalen Minderheiten zu sogenannten „Minderheitenrechten", die, so Arendt, von den Minderheiten zu-recht nur als „mindere Rechte"[85] angesehen wurden.

Viertens führte der Zerfall des Russischen Reichs und der Habsburger Monar-chie zu einer Fülle rechtloser Minderheiten, deren prekäre Lage Arendt in ihrem Buch als einen der Ursprünge totaler Herrschaft ansah.

Fünftens schließlich erklärte Arendt, dass „der Souveränitätsbegriff des Nationalstaats, der ohnehin aus dem Absolutismus stammt, [...] unter heutigen Machtverhältnissen ein gefährlicher Größenwahn [ist]. Die für den Nationalstaat typische Fremdenfeindlichkeit ist unter heutigen Verkehrs- und Bevölkerungs-bedingungen so provinziell, dass eine bewusst national orientierte Kultur sehr schnell auf den Stand der Folklore und der Heimatkunst herabsinken dürfte."

Aus alledem folgte: „So wie wir heute außenpolitisch überall vor der Frage ste-hen, wie wir den Verkehr der Staaten unter- und miteinander so einrichten können,

81  Arendt 2006a, Band 2, Ausgabe 1, (www.hannaharendt.net).
82  Ebd.
83  Ebd.
84  Ebd.
85  Ebd.

dass Krieg als *ultima ratio* der Verhandlungen ausscheidet, so steht uns heute überall innenpolitisch das Problem bevor, wie wir die moderne Massengesellschaft so umorganisieren und aufspalten können, dass es zu einer freien Meinungsbildung, zu einem vernünftigen Streit der Meinungen und damit zu einer aktiven Mitverantwortung an öffentlichen Angelegenheiten für den Einzelnen kommen kann. Der Nationalismus in seiner egozentrischen Borniertheit und der Nationalstaat in seiner wesensmäßigen Unfähigkeit, die eigenen Grenzen legitim zu transzendieren, dürften dafür die denkbar schlechtesten Voraussetzungen bilden."[86]

Wie wir sehen, liegt das Problem der Souveränität darin, dass sie nicht so sehr die Demokratie einschränkt als vielmehr die Freiheit. Bei der Demokratie handelt es sich um Mehrheitsverhältnisse und Mehrheitsentscheidungen, mit der sich Minderheiten unterdrücken lassen – wir sehen das gegenwärtig in verschiedenen Ausprägungen in Polen, Ungarn und der Türkei, wo der Volkswille gegen die republikanischen Institutionen und Freiheiten mobilisiert wird. Bei der Freiheit geht es um Meinungs- und Bewegungsfreiheit und die Möglichkeit der Partizipation aller. Arendt liefert hierzu eine philosophisch-anthropologische Begründung, warum Souveränität nicht gleichbedeutend mit Freiheit ist: weil sie der menschlichen Pluralität widerspricht. „Wären Souveränität und Freiheit wirklich dasselbe, so könnten Menschen tatsächlich nicht frei sein, weil Souveränität, nämlich unbedingte Autonomie und Herrschaft über sich selbst, der menschlichen Bedingtheit der Pluralität widerspricht. Kein Mensch ist souverän, weil Menschen, und nicht der Mensch, die Erde bewohnen […]. Alle Ratschläge, welche die Tradition uns anzubieten hat, uns in souveräner Freiheit von anderen zu halten, laufen darauf hinaus, eine 'Schwäche' der menschlichen Natur zu überwinden und zu kompensieren, und diese Schwäche ist im Grunde nichts anderes als die Pluralität selbst."[87] Freiheit bedeutet die Existenz von Pluralität und Intersubjektivität, während Souveränität nicht bloß auf uns selbst gerichtet ist im Sinne der Freiheit von Herrschaftsansprüchen anderer, das heißt im Sinne der Selbstherrschaft, sondern, so folgert Arendt, vor allem auch unausweichlich auf andere „als willkürliche Herrschaft über andere".[88] Daher folgerte sie: „The famous sovereignty of political bodies has always been an illusion, which, moreover, can be maintained only by the instruments of violence, that is, with essentially nonpolitical means. […] If men wish to be free, it is precisely sovereignty they must renounce".[89]

---

86   Ebd.
87   Arendt 1981, S. 229f.
88   Ebd.
89   Arendt 2006b, S. 163.

Wie aber soll diese Freiheit praktiziert und bewahrt werden, wenn die Voraussetzung dafür der Verzicht auf Souveränität ist, wo wir doch in all unseren liberalen Demokratien in Rousseauscher Tradition das Volk als den Souverän bezeichnen, bezeichnenderweise im Singular, der sich bei den Wahlen zeigt und in dessen Auftrag seine Vertreter agieren?

Es ist nicht nur der von Arendt konstatierte „Bruch der Tradition" im 20. Jahrhundert, der im Holocaust gipfelte und sie veranlasste, die gesamte Tradition des politisch-philosophischen Denkens auf seine Schwächen hin zu überprüfen, die diesen Bruch nicht verhindern konnte, sondern es ist auch ihr Exil in den USA, das sie dazu ermunterte, eine weitere Entdeckung zu machen, die Verlängerung von Pluralität, pluraler Macht, Machtteilung und Räten in Gestalt des Föderalismus.

## 4    Macht ohne Souveränität, Föderalismus

Arendts Buch *Über die Revolution* ist im Verhältnis zu ihren Büchern über den Totalitarismus und *Vita activa oder Vom tätigen Leben* das politisch wichtigste.[90] „Es gehört zweifellos zu den größten und zukunftsträchtigsten Errungenschaften der Amerikanischen Revolution, dass es ihr gelang, den Anspruch der Macht auf Souveränität im politischen Körper der Republik konsequent zu eliminieren, denn im Bereich menschlicher Angelegenheiten kann Souveränität schließlich und endlich immer nur auf Gewaltherrschaft durch einen Tyrannen hinauslaufen."[91]

Ein föderatives Prinzip sui generis existierte schon in den nordamerikanischen Kolonien, bevor die Gründungsväter Montesquieu lasen und über Gewaltenteilung und die föderative Struktur eines Großstaates diskutierten. Bezirke, Landkreise und Gemeinden zusammen mit der Pluralität der Bundesstaaten verkörperten nicht nur als föderales System „die einzig mögliche Alternative zu dem nationalstaatlichen Prinzip", sondern, wie schon im Kontext der Gründung des gewaltenteiligen Gemeinwesens erwähnt, war es auch „der einzige Ausweg aus dem circulus vitiosus von pouvoir constituant und pouvoir constitué."[92] Der Föderalismus ist

---

90    Dissertationen der vergangenen Jahre, die sich kritisch mit Phänomen und Theorien
      der Souveränität befassen und dabei Arendt und Hobbes vergleichen, dringen nicht zu
      der republikanischen, föderalistischen Alternative vor, in deren Tradition sich Arendt
      auch gerade gegenüber Hobbes stellte; siehe Jonathan Havercroft: Captives of So-
      vereignty, Cambridge University Press 2011; Daniel Loick: Kritik der Souveränität,
      Frankfurt/M. – New York 2012; Rainer Miehe: Jenseits und diesseits der Herrschaft.
      Thomas Hobbes' politische Philosophie im Urteil Hannah Arendts, Nordhausen 2015.
91    Arendt 1963, S. 199f.
92    Ebd., S. 215.

also nicht nur eine Organisationsform zur Machtteilung, sondern auch zur Machtbildung und Stabilisierung von Macht und Freiheit. Stärkung von Macht durch Teilung der Macht geschieht also nicht nur durch die Gewaltteilung in engerem Sinn
zwischen Legislative, Exekutive und Jurisdiktion, sondern auch durch die Teilung
der politischen Gemeinschaft in sich politisch selbst verwaltende Einheiten. Somit
wird auch potentielle Souveränität geteilt und damit ihrer zerstörerischen, antipluralistischen Kraft beraubt.

Arendt war mit diesen Auffassungen nicht allein. Camus befasste sich vielfach mit dem Föderalismus: in Untersuchungen zu traditionellen föderalen Dorf-
strukturen in der Kabylei in Algerien, mit Ideen zu einer französisch-algerischen
Konföderation, in seinem Plädoyer für ein föderiertes Europa nach dem Krieg
und der Idee einer europäisch-nordamerikanischen NGO als Beginn einer Bür-
ger-Politik in internationalem Maßstab. Erst kürzlich wurden jene seiner Aufsätze
veröffentlicht, die ihn als einen Räte-Republikaner ausweisen.[93]

Damit wird deutlich, dass sich Pluralität, Macht und Nationalstaat in einem
strukturellen Konflikt befinden. Die Schwierigkeiten, in Zeiten der Globalisierung
der Schwächung der Wohlfahrtstaaten und der sozialen Gerechtigkeit wirkungsvoll entgegenzutreten, führt nicht nur die europäische Sozialdemokratie in eine
existenzielle Krise, sondern erhöht gleichzeitig die Attraktivität des anderen traditionellen Orientierungsrahmens, des Nationalstaats.[94] Wenn dieser Wandel von der
sozialen zur nationalen Frage so reflexhaft und ohne weiteres Nachdenken daher-
kommt, bedeutet das, dass Theorie und Praxis des Nationalstaats allgegenwärtig
sind, während Theorie und Praxis des Föderalismus als dessen Gegenteil nur eine
mindere Rolle zu spielen scheinen.

Ein Blick in die Schulen und Universitäten belegt das, wo die Theoretiker des
souveränen Nationalstaats, Bodin, Hobbes und Rousseau, zuweilen auch Carl
Schmitt, als Klassiker gelesen werden, nicht aber Denis de Rougemont, Alexandre
Marc und Hannah Arendt.[95] Dabei sind die Erstgenannten aus keinem anderen
Grund Klassiker als dem, dass wir sie zu solchen erklären und ihnen folgen, und
wir folgen ihnen, weil wir keine tatsächliche Alternative zu dem neuzeitlichen,
souveränen Nationalstaat sehen.

---

93  Marin 2013.

94  Vgl. die Studie zu Armut und nationalistischer politischer Orientierung im gegen-
    wärtigen Frankreich von Eribon 2016.

95  Denis de Rougemont (1906–1985), Schweizer Publizist und Vorkämpfer der europäi-
    schen Integration; Alexandre Marc (1904–2000), französischer Aktivist und erster
    Generalsekretär der L'Union européenne des Fédéralistes, veröffentlichte zusammen
    mit Robert Aron „Principe du fédéralisme" 1948.

Dabei gibt es historisch zwei Traditionen staatlicher Organisation: den souveränen Nationalstaat auf der einen Seite und die Föderation in Gestalt des Bundesstaats, Staatenbunds oder entsprechender Mischungen auf der anderen. Wie Foucault überzeugend beschrieben hat, ist der Nationalstaat die Folge eines neuzeitlichen Wachstums der Bevölkerung und des technischen Fortschritts, die die Ersetzung feudaler Verwaltung von Territorien durch die Verwaltung von Bevölkerungen erforderlich machte. Es handelt sich dabei also um eine historische Staatsform, die nicht der Weisheit letzter Schluss, sondern lediglich eine adäquate Form für einen bestimmten Stand von Technik und Bevölkerungsentwicklung ist. Dabei stieß die Idee einer nicht religiösen, sondern weltlichen Souveränität zu Beginn der Neuzeit keineswegs auf Zustimmung, sondern auf heftigen Widerstand. Für das nationalstaatliche souveräne Denken musste mit Hilfe der Analogie zu einem weit verbreiteten religiösen Bild, nämlich der Unversehrtheit der Jungfrau Maria, geworben werden.[96]

Die Globalisierung von Technik, Mobilität, Räumlichkeit und Zeitlichkeit macht nun bereits seit Jahrzehnten die faktische und auch historische Begrenztheit des Nationalstaats deutlich. Der Nationalstaat ist also nicht die einzig mögliche staatliche Organisationsform, vielmehr gab es immer die zweite Tradition, auch wenn sie über lange Strecken missachtet wurde und unterlegen war. Man denke dabei nicht nur an die römische Bündnispolitik, sondern auch das mittelalterliche Heilige Römische Reich Deutscher Nation, das bis zu Napoleons Expansionskriegen 1806 existierte, und in dessen Bereich Staatsrechtler wie Althusius, Hugo und auch Leibniz in Kategorien der Föderation und nicht des Nationalstaats dachten. Es ist auch bemerkenswert, dass sie sich deshalb von Bodin und Hobbes, zum Teil noch als deren Zeitgenossen, deutlich distanzierten.[97] Angesichts dieser zwei Traditionslinien wird die provozierend klingende Frage des kanadischen Politologen Thomas Hüglin verständlich: „Have we read the wrong authors?"[98]

Es ist trotz der zahlreichen föderalen Strukturen weltweit erstaunlich, wie wenig begriffliche Orientierungspunkte als Grundlagen des Föderalismus erarbeitet wurden. Arendts Zugang zu dieser Thematik ist der theoretisch am weitesten entwickelte, hat aber nicht nur unter Politikwissenschaftlern, sondern auch unter Soziologen und Historikern kaum Anklang gefunden. So stellte der Historiker Hobsbawm 1965 hinsichtlich der Rezeption von Arendts Buch *Über die Revolution* „a certain lack of interest in mere fact" und die Unmöglichkeit „of

---

96  Vgl. Maissen 2006, http://www.uni-heidelberg.de/presse/ruca/ruca06–1/wie.html; Maissen 2006, Kap. III. 9, S. 253–277.
97  Beeley 2011, S. 32–50; Riley 1976, S. 7–42.
98  Hüglin 1992, S. 75–93; auch in: Rechtstheorie, Beiheft 16, 1997, S. 219–240.

meaningful dialogue between her and those interested in actual revolutions"[99] fest, während im Unterschied dazu immerhin ein Jurist wie der Richter am Obersten Gerichtshof der USA, William O. Douglas, den Thesen Arendts vorbehaltlos zustimmte.[100]

Es scheint nun so, wie Arendt anhand der beiden Revolutionen feststellte, dass die kulturellen und politischen Gewohnheiten, in denen eine Revolution stattfindet, den Geist und Verlauf dieser Revolution stark beeinflussen. Günstige Bedingungen wie in Nordamerika herrschten auch im Heiligen Römischen Reich deutscher Nation, zu dem die Provinzen der Niederlande und Kantone der Schweiz gehörten. Es ist daher kein Wunder, dass föderalistische Vorstellungen im Kontext dieser beiden Länder diskutiert wurden.

Der Calvinist, Staatstheoretiker und Politiker Althusius entwickelte in der quasi autonomen Stadt Emden und im regen Austausch mit den benachbarten Niederlanden seine ständisch-korporativistische Staatstheorie mit einer von unten nach oben aufgebauten konsozialen, gemeinschaftsorientierten Staats- und Gesellschaftslehre, einer Theorie, die seiner Umwelt und politischen Erfahrung entstammt.[101] Dabei ist die in der Forschung übliche Diskussion, ob Althusius' Gesellschaftsvorstellungen eher dem Mittelalter oder der Neuzeit zuzurechnen sind, weniger interessant als die in seinen Ideen entwickelten föderalen Vorstellungen, die hinsichtlich der Subsidiarität auf Thomas von Aquin zurückgehen und in ihrer Orientierung am Vertragswesen den Weg zur modernen Republik eröffnen. Wie es in einem Aufsatz von Charles S. McCoy über „The Lost Tradition" von Althusius heißt, „he held [...] that 'the rights of sovereignty' belong to 'the realm, or to the commonwealth and people' in a covenanted order, and that the 'supreme magistrate is the steward, administrator, and overseer of these rights' as granted by covenant. He can therefore be deposed."[102] Es würde sich lohnen, weitere Beispiele historischer föderativer Strukturen oder Elemente und ihre theoretische Widerspiegelung zu untersuchen wie die Behandlung der Nationalitätenfrage durch Otto Bauer und Karl Renner im Habsburger Reich oder die Toleranz im Osmanischen Reich zur Zeit von Ali Pascha im Unterschied zur nationalistischen Minderheitenpolitik in der modernen Türkei.[103]

---

99   Hobsbawm 1965, S. 255.
100  Douglas 1962.
101  Vgl. Duso/Krawietz /Wyduckel 1997.
102  McCoy 2001, S. 13.
103  Vgl. Riesbeck 1996; Marz 2016; Solmaz 2016.

# 5    Zum Schluss – die Abwesenheit der Pluralität

Wie sehr die Missachtung von Pluralität, die Unkenntnis der politisch-theoretischen Grundlagen des Föderalismus und ein an nationalstaatlicher Herrschaft und Gewalt orientiertes Verständnis von Macht die Chancen föderaler Gründungen scheitern lassen, zeigt das Beispiel der Staatsgründung Israels und Arendts Unterstützung des Konzepts eines binationalen Staates.

Dieses Konzept eines arabisch-jüdischen föderativen Staates wurde von der kleinen jüdischen Organisation Ihud (Union) unter Leitung von Judah L. Magnes, einem Vertreter des amerikanischen Reformjudentums und Pazifisten sowie Rektor der Hebräischen Universität in Jerusalem, und dem Religionsphilosophen Martin Buber vorangetrieben. In den entscheidenden Jahren zwischen dem Ende des Zweiten Weltkriegs und der Gründung des Staates Israel 1948 war Arendt für kurze Zeit an den Aktivitäten der Ihud beteiligt. Magnes, Buber und Arendt hatten unterschiedliche Beweggründe für die Befürwortung einer Föderation, die aber nicht die gemeinsamen Aktivitäten schwächten.

Magnes, von Scholem als „a role model of internal courage" bezeichnet, weil er ein „free man" sein wollte und sich weigerte, „to be „intimidated by the public",[104] ging es um die Sicherheit und Freiheit eines künftigen jüdischen Gemeinwesens in Palästina, und er hielt sie nur im Rahmen einer Koexistenz und Kooperation zwischen Juden und Arabern für möglich. Als amerikanischer Staatsbürger und Angehöriger des amerikanischen liberalen Judentums war ihm die föderative Praxis der USA geläufig, die er 1909 als eine „republic of nationalities"[105] bezeichnete, und es lag für ihn deshalb nahe, auf dieses Beispiel zurückzugreifen. Buber hatte vom philosophischen und theologischen Standpunkt aus das dialogische Verhältnis des Ich-Du als Prinzip der zwischenmenschlichen Kommunikation und des wechselseitigen Respekts entwickelt und auf die Beziehung von Juden und Arabern übertragen. In einer Rede anlässlich des XII. Zionistenkongresses in Karlsbad 1921 warnte er vor dem Nationalismus als Frucht der Französischen Revolution und Ausdruck einer Vereinsamung des modernen Menschen, der sich als Reaktion darauf in einem Gruppenegoismus mit anderen zusammenschließe.[106] 1926 plädierte er in seinem Essay „Zur jüdisch-arabischen Frage" für den „Dienst an der fremden Bevölkerung des Landes um des werden sollenden Gemeinwesens willen; Interessenvereinigung, aber auch Förderung ihrer besonderen Interessen, um

---

104  Nach Kotzin 2010, S. 2.

105  Ebd., S. 220.

106  Buber 1936.

sie die Wünschbarkeit und Möglichkeit der Interessenvereinigung fühlen zu lassen, aber über diesen Zweck hinaus, um ihres Wohls als eines Glieds der werden sollenden Gemeinschaft willen."[107]

Hannah Arendt hatte sich zum ersten Mal 1940 von einem politischen Standpunkt aus zur Zukunft des jüdischen Volkes geäußert und angesichts des Scheiterns der europäischen Minderheitenpolitik seit dem Ende des Ersten Weltkriegs festgestellt, dass es in den europäischen Nationalstaaten keine Möglichkeit der Assimilation mehr gebe und daher für die jüdische Minderheit eine Zukunft nur in einem neuen föderalen Systems Europas bestehe, einem „Nationenverband mit europäischem Parlament",[108] bei dem es nicht mehr die Gleichsetzung von Nation und Territorium bei gleichzeitiger Spaltung des Volkes in ein eingeschlossenes auf dem Boden dieses Territoriums und einem ausgeschlossenen außerhalb dieses Territoriums gebe. Nicht nur Palästina, so Arendt, sondern der ganze Nahe Osten sei nur von einem geeinigten Europa her zu halten.[109]

Angesichts des Holocaust und des Beschlusses der zionistischen Mehrheit, einen jüdischen Staat zu gründen, schwanden die Hoffnungen auf eine Föderation. 1950 äußerte sich Arendt zum letzten Mal in ihrem Essay „Frieden oder Waffenstillstand im Nahen Osten?"[110] zum Problem der Staatsgründung mit einer langen Analyse der Fehler und Versäumnisse, die sich in den folgenden zwei Punkten zusammenfassen ließen. Erstens seien beide Seiten, die jüdische und die arabische, völlig blind in der wechselseitigen Wahrnehmung und in ausschließender und nationalistischer Weise auf die eigene Geschichte konzentriert gewesen; den Nachbarn gegenüber sei man aufgrund fehlender Wirtschaftsverflechtung mit dem „Gefühl absoluter Fremdheit" begegnet.[111]

Zweitens sei die Mandatszeit eine Erziehung zu Verantwortungslosigkeit gewesen, bei der die jeweils eigenen Interessen der Juden und Araber kultiviert und der Gesamtkontext verloren wurde. Die Briten hätten nichts zugunsten einer Annäherung der Völker unternommen, um keine Bündnisse gegen sich zu fördern.

Auf beiden Seiten gab es zwar Ausnahmen, doch scheiterten entsprechende positive Vorschläge immer wieder an den Mehrheitsverhältnissen, darunter der Vorschlag des ersten UNO-Gesandten Israels Abba Eban 1948, eine Nahost-Liga zu gründen, in der „die Türkei, der christliche Libanon, Israel und der Iran als

---

107  Buber 1993, S. 100.
108  Arendt 2000, S. 232.
109  Ebd., S. 233.
110  Arendt, 1991, S. 39–75.
111  Ebd., S. 49.

Partner einer arabischen Welt in einem Nichtangriffsbund mit gegenseitiger Verteidigung und wirtschaftlicher Zusammenarbeit" vereinigt würden.[112]

Arendts Fazit angesichts des Scheiterns eines föderalen Staates lautete: „Die Notwendigkeit einer jüdisch-arabischen Verständigung lässt sich mit objektiven Faktoren nachweisen; deren Möglichkeit hingegen ist fast ausschließlich eine Frage subjektiver politischer Klugheit und entsprechender Persönlichkeiten."[113] Dass es an politischer Klugheit fehlte, lag auch daran, dass nur diejenigen Einwanderer mit dem Konzept des Föderalismus etwas anfangen konnten, die Erfahrungen mit ihm gemacht hatten, die also aus den USA, zum Teil auch aus Deutschland kamen, nicht aber jene, die aus Osteuropa stammten.

Wie erwähnt, setzte sich auch Camus für föderative Lösungen ein, in seinem Fall des Algerienkonflikts, bei dem es um die Selbstbestimmung und das Zusammenleben der mehrheitlich arabischen Bevölkerung, der Kabylen und der großen aus Europa stammenden Minderheiten ging. Da es keine starken Vertreter einer föderalen Lösung gab, sondern nur Nationalisten in Frankreich, Algerien und bei der algerischen und französischen Linken, führte der Unabhängigkeitskampf zu einem Blutbad und einer anschließenden Parteidiktatur in Algerien. Camus' Vorstellung einer Mittelmeer-Union mit Algier als „Bundeshauptstadt" und Sitz des „Bundesparlaments", einer Föderation, die sich „eines Tages mit einem schließlich vereinten Europa" zusammenschließen würde,[114] klingt angesichts des realpolitischen Alltags phantastisch, aber kolonialistisch war sie keineswegs, wie unterstellt wurde.

Dass schließlich Macht auch eine Frage des Zusammenspiels unserer geistigen Tätigkeiten ist, hat Arendts Studentin und Biographin Elisabeth Young-Bruehl in ein denkwürdiges Bild gefasst: Arendt „imagined a kind of republic of the mental faculties. In the mental republic, no faculty was to be dominant. No faculty was to be sovereign or invoke the sovereignty of the mind as a whole under its leadership. Thinking, Willing and Judging were to be a system of checks and balances: a senate, an executive, and a court."[115]

---

112  Ebd., S. 69.
113  Ebd., S. 60.
114  Camus 1955.
115  Kohn/Young-Bruehl 2007, S. 295.

# Literatur

Arendt, Hannah (1963): Über die Revolution, München.
Arendt, Hannah (1970): „An Ernst Vollrath", 20.12.1970, unveröff. Nachlass. In: Library of
  Congress, Hannah Arendt Papers, Container 15/04, Blatt 010437f.
Arendt, Hannah (1981): Vita activa oder Vom tätigen Leben, München.
Arendt, Hannah (1991): „Frieden oder Waffenstillstand im Nahen Osten?". In: Israel,
  Palästina und der Antisemitismus, Berlin.
Arendt, Hannah (2000): „Zur Minderheitenfrage (1940)". In: Vor Antisemitismus ist man
  nur noch auf dem Monde sicher. Herausgegeben von Knott, Marie Luise. München-
  Zürich.
Arendt, Hannah (2006a): „Nationalstaat und Demokratie (1963)". In: HannahArendt.net,
  Band 2, Ausgabe 1, (www.hannaharendt.net).
Arendt, Hannah (2006): „What is Freedom?" In: Between Past and Future. Eight Exercises
  in Political Thought, New York.
Arendt, Hannah (2002): Denktagebuch, 1950–1973. Hrsg. von Ingeborg Nordmann und
  Ursula Ludz, Bd. 1, München.
Bauman, Zygmunt (2017): Retrotopia, Berlin.
Beiner, Ronald (1990): „Hannah Arendt and Leo Strauss: The Uncommenced Dialogue".
  In: Political Theory, Vol. 18, No. 2.
Beeley, Philip (2011): „Leibniz and Hobbes". In: Look, Brandon C. (2011): The Continumm
  Companion to Leibniz, London-New York.
Buber, Martin (1936): „Nationalismus". In: Zion als Ziel und als Aufgabe, Berlin.
Buber, Martin (1993): „Zur jüdisch-arabischen Frage". In: Mendes-Flohr, Paul R. (Hrsg.):
  Ein Land und zwei Völker. Frankfurt/M.
Camus, Albert (1955): „L'avenir algérien". In: L'Express, 23. Juli 1955.
Dewey, Fred (2018): „From an appparent contradiction in Arendt to a working group meth-
  od". In: Meints, Waltraud/Öftering, Tonio/Lange, Dirk (Hrsg.) (2018): Hannah Arendt:
  Lektüren zur Politischen Bildung, Wiesbaden.
Dewey, Fred (2014): The School of Public Life, Dormats 4.
Douglas, William O. (1962): „The guts of freedom". In: San Francisco Chronicle, 21 Janu-
  ary 1962.
Duso, Giuseppe /Krawietz, Werner/Wyduckel, Dieter (Hrsg.) (1997): Konsens und Kon-
  soziation in der politischen Theorie des frühen Föderalismus. Vorwort von Dieter Wy-
  duckel, Berlin.
Edelman Trust Barometer: https://www.edelman.com/trust-barometer.
Eribon, Didier (2016): Rückkehr nach Reims, Berlin.
Forst, Rainer (2015): Normativität und Macht – Zur Analyse sozialer Rechtfertigungsord-
  nungen, Berlin.
Göhler, Gerhard, (2011): „Macht". In: Göhler, Gerhard/ Iser, Mattias/ Kerner, Ina (Hrsg.):
  Politische Theorie. 25 umkämpfte Begriffe zur Einführung, Wiesbaden.
Havercroft, Jonathan (2011): Captives of Sovereignty, Cambridge University Press.
Heuer, Wolfgang (2015a): „Who is Capable of Performing Action? Some Thoughts on the
  Importance of Personality". In: Belgrade Journal for Media and Communications, #7.

Heuer, Wolfgang (2015b): El poder de los insensatos: libertad y responsabilidad para una economía sustentable. In: Sierra Gutierrez, Angela (Hrsg.) (2015): Discursos politicos, identidades y nuevos paradigmas de gobernanza en América Latina, Ed. Laertes.

Heuer, Wolfgang (2018): „Hannah Arendt. Ein Zuhause für den zivilen Ungehorsam". In: INDES. Zeitschrift für Politik und Gesellschaft.

Hobsbawm, E. J. (1965): „Review". In: History and Theory, vol. 4, no. 2.

Hüglin, Thomas O. (1992): „Have we read the wrong authors? On the Relevance of Johannes Althusius as a Political Theorist". In: Studies in Political Thought, vol. 1, auch in: Rechtstheorie, Beiheft 16, 1997.

Keane, J. (2015): "Die neuen Despotien. Vorstellungen vom Ende der Demokratie". In: Merkur 69 (790).

Kohn, Jerome/Young-Bruehl, Elisabeth (2007): Critique de la souveraineté et de l'État-nation. In: Kupiec, Anne/Leibovici, Martine/Muhlmann, Géraldine/Tassin, Etienne (Hrsg.): Hannah Arendt. Crises de l'état-nation. Pensées alternatives, Paris.

Kotzin, Daniel P. (2010): Judah L. Magnes. An American Jewish Nonconformist, Syracuse University Press.

Loick, Daniel (2012): Kritik der Souveränität, Frankfurt/M. – New York.

Marc, Alexandre/ Aron, Robert (1948): „Principe du fédéralisme", Paris.

Marin, Lou (Hrsg.) (2013): Albert Camus – écrits libertaires (1948–1960), Indigène Editions.

Maissen, Thomas (2006): „Wie die Jungfrau zum Staat kam". In: Ruperto Carola 1/2006, Forschungsmagazin der Universität Heidelberg. http://www.uni-heidelberg.de/presse/ruca/ruca06-1/wie.html.

Maissen, Thomas (2006): Die Geburt der Republik. Staatsverständnis und Repräsentation in der frühneuzeitlichen Eidgenossenschaft, Göttingen.

Marz, Rasim (2016): Ali Pascha – Europas vergessener Staatsmann, Berlin.

McCoy, Charles S. (2001): „The Lost Tradition?" In: Publius, vol. 31, no 2.

Miehe, Rainer (2015): Jenseits und diesseits der Herrschaft. Thomas Hobbes' politische Philosophie im Urteil Hannah Arendts, Nordhausen.

Riesbeck. Peter (1996): Sozialdemokratie und Minderheitenrecht. Der Beitrag der österreichischen Sozialdemokraten Otto Bauer und Karl Renner zum internationalen Minderheitenrecht, Verlag für Entwicklungspolitik, Saarbrücken.

Riley, Patrick (1976): „Three Seventeenth Century German Theorists of Federalism: Althusius, Hugo and Leibniz". In: Publius 6, No. 3.

Robaszkiewicz, Maria (2017): Übungen im politischen Denken. Hannah Arendts Schriften als Einleitung der politischen Praxis, Wiesbaden.

Solmaz, Kahraman (2016): Krise, Macht und Gewalt. Hannah Arendt und die Verfassungskrisen der Türkei von der spätosmanischen Zeit bis heute. Baden-Baden.

# Von der Macht der Gründung zur Macht einer Bürgerordnung

## Vom revolutionären Pathos eines Handlungsneuanfangs

Karl-Heinz Breier

So wie Sprache und Politik zusammengehören; so ist es die Aufgabe einer jeden politischen Gemeinschaft, die eigene politische Ordnung in ihrem Selbstverständnis auszulegen. Immerhin artikuliert sich in den Metaphern und Symbolen, die die eigene öffentliche Selbstauslegung zur Sprache bringen und die der Selbstinterpretation gleichsam ihre Stimme geben, worauf die Macht der politischen Ordnung beruht. Denn in ihrer sprachlichen Erscheinung manifestiert sich die – eben sprachlich – zu Bewusstsein gebrachte Macht. So leuchtet es ein, dass im sprachlichen Erscheinungsraum stets um die Auslegung und Deutung von Wirklichkeit gerungen wird, ja, dass sich in der politischen Selbstinterpretation die gesamte Wirklichkeitsmacht einer politischen Ordnung konzentriert. Von daher ist es leicht einzusehen, dass in modernen Mediengesellschaften bereits der Zugang zum medialen Erscheinungsraum heiß begehrt ist.[1] Denn was medial multipliziert zur Erscheinung gebracht wird, entwickelt ungleich mehr *pouvoir* als jene unmittelbare Macht, die durch die physische Zusammenkunft und den Handlungsanfang sich begegnender Menschen hervorgebracht wird.

„Anfang – das ist es, was in einer Revolution geschieht, und es ist das Anfangende, was dem revolutionären Pathos zugrunde liegt. Eine Gemeinschaft be-

---

1 Vgl. Trawny 2011, S. 36.

© Springer Fachmedien Wiesbaden GmbH, ein Teil von Springer Nature 2019
M. Wischke und G. Zenkert (Hrsg.), *Macht und Gewalt. Hannah Arendts
„On Violence" neu gelesen*, https://doi.org/10.1007/978-3-658-27006-3_8

gibt sich auf einen unbekannten Weg, indem sie selbst mit ihm überhaupt erst beginnt. Der Anfang war für Hannah Arendt *das* politische Phänomen par excellence, und dieses „Wunder" des Neubeginns vergleicht sie mit dem Wunder einer jeden Geburt. Mit der Geburt tritt etwas schlechthin Neues in die Welt, ja die Geburt ist für Hannah Arendt der personifizierte Neubeginn. Die Welt sieht danach schlichtweg anders aus."[2]

Hannah Arendt versteht unter einer Revolution ein eminent historisches Ereignis, welches in der Bedeutung, in seiner historischen Größe und in seinem gesamten Wirklichkeitsausmaß alle anderen Geschehnisse überragt.[3] Eine Revolution ist außerordentlich. Sie zielt ab auf ein neues politisches Sein; sie bricht mit der alten Ordnung und sie wagt in allem existenziellen Ernst den Neuanfang. Sie drängt auf eine radikale Neuordnung, ja auf eine Neuordnung selbst der Zeitalter. Mit *Novus Ordo Saeclorum* ist das fünfte Kapitel in Hannah Arendts *On Revolution* überschrieben, und diese von Vergil stammenden Worte, wonach die große Folge der Zeiten von Neuem beginnt – *Magnus ab integro saeclorum nascitur ordo* –, zieren bis heute als Inschrift das Hoheitszeichen der USA – ein Hoheitszeichen, das auf jeder Rückseite der Ein-Dollar-Noten zu finden ist. Die Vereinigten Staaten von Amerika haben sich 1776 von ihrem Mutterland losgesagt, und mit der Unabhängigkeitserklärung machten sie einen epochalen Neuanfang.

Revolutionen nehmen von handelnden Menschen ihren Ausgang – von Menschen, die mit und in ihrem Handeln die gemeinsame Welt, in der sie leben, umgestalten. Und so wie sich unser Mensch-Sein in der Art und Weise unseres Handelns zeigt, so bezeugen revolutionäre Akte und alle damit verbundenen Aktivitäten gleichsam in Reinform, in welch radikaler Form, was Mensch-Sein bedeuten kann. Menschen erschaffen Wirklichkeit. Menschen bringen Wahrheit geradezu hervor, nicht immer, aber bisweilen auch gewaltsam.

„Aber die Kategorie der Gewalt wie die Kategorie des bloßen Wechsels oder Umsturzes ist für eine Beschreibung des Phänomens der Revolution ganz unzulänglich; nur wo durch Wechsel ein Neuanfang sichtbar wird, nur wo Gewalt gebraucht wird, um eine neue Staatsform zu konstituieren, einen neuen politischen Körper zu gründen, nur wo der Befreiungskampf gegen den Unterdrücker die Begründung der Freiheit wenigstens mitintendiert, können wir von einer Revolution im eigentlichen Sinne sprechen."[4]

Im Verlauf einer Revolution beginnen Menschen eine völlig neue Geschichte, sie setzen ein *initium*, sie entwickeln Initiativen. Ihre Initiativen brechen dabei mit

---

2    Trawny 2011, S. 52.
3    Vgl. Arendt 1994b, S. 237.
4    Arendt 1963, S. 41f.

dem Bisherigen, und dieses Unterbrechen des Gewohnten kann wie alles Handeln weder rückgängig noch ungeschehen gemacht werden. Eine Revolution zeigt sich im radikalen Bruch mit dem Vergangenen,[5] und diese Reise ins Unbekannte, die das gerade Gegenteil einer bequemen Kreuzfahrt mit bekanntem Ziel ist, wo keine festen Ankerzeiten programmiert und keine festen Liegezeiten reserviert sind, verlangt allen Beteiligten viel Mut, Gestaltungskraft, ja *virtù* im originären Sinne des Wortes ab.

„Des Mutes bedarf es, weil es in der Politik niemals primär um das Leben, sondern immer um die Welt geht, die so oder anders aussehen, so oder anders uns überdauern soll."[6] Hannah Arendt denkt in dieser Hinsicht mit Niccolò Machiavelli, der mit seinem Begriffspaar von *virtù* und *fortuna* die kategorialen Schneisen geschlagen hat. Um der *fortuna*, dem Inbegriff der Unverfügbarkeit, möglichst nicht das Feld zu überlassen, bedarf es der zupackenden *virtù*, jener politischen Fähigkeit, die es versteht, die Welt für das eigene Handeln zu öffnen.

Nach Machiavelli zeigt sich das schier unentwirrbare Geflecht zwischen Handelndem und Welt im Wechselspiel zwischen *virtù* und *fortuna*. Wer nicht als Spielball der *fortuna* stets nur behandelt werden möchte, muss selbst handeln. Mit seiner *virtù* kann er versuchen, die ständig anbrandende *fortuna* einzudämmen und in die Schranken zu weisen. Es geht darum, für das eigene Handeln eben Handlungsspielraum zu gewinnen. *Virtù* ist so gesehen die entfaltete Fähigkeit, der *fortuna* günstige Gelegenheiten abzuringen. Ein Virtuose ist ein Spielmacher, der das Spiel öffnet, ein Vorbereiter, der den genialen Pass spielt, ja ein *uomo virtuoso*, der der *occasione* den Weg bereitet. Er ist derjenige, der Chancen erkennt, hervorruft oder auch nutzt.

Während Machiavelli in seinem *Principe* vom Herrscher her denkt und seinen Lesern in den Kategorien von Sicherung, Erweiterung und Ausbau von Herrschaft seine politischen Erfahrungen mitteilt, bezieht sich Arendt in erster Linie auf den Machiavelli der *Discorsi*, d. h. auf den republikanisch argumentierenden Politikberater, dessen Blick auf die gemischte Verfassung und auf die politischen Qualitäten von Bürgern gerichtet ist.

In seinen *Discorsi* denkt der Florentiner von den Bürgern her, und aus dieser Perspektive ist Machiavelli für Arendt „der einzige nachklassische Denker, dessen Hauptanliegen es war, das Politische in seine alte Würde einzusetzen".[7] Sein Augenmerk richtet sich auf „das Wiedererstehen jenes rein weltlich-politischen

---

5    Vgl. Nitschke [2]2017, S. 189–194.
6    Arendt 1994a, S. 208.
7    Arendt [2]1981a, S. 36.

Raumes, um das sein gesamtes Denken kreist".[8] Für den römisch-republikanisch
denkenden Machiavelli wie auch für Arendt geht es einerseits – existenziell
gedacht – um die originär menschliche Fähigkeit, als Handelnder in Erscheinung
zu treten, und andererseits –politisch gedacht – um die Handlungsräume, die
mundialen Institutionen, in denen sich Handeln verwirklichen kann. Bereits in
ihrer Doktorarbeit bei Karl Jaspers hat sich Arendt mit der weltzugewandten *amor
mundi* beschäftigt, die sie in ihrer Augustinus-Interpretation dezidiert von der
*amor dei* und der *amor sui* abgrenzt.

Als Weltwesen, deren Weltzugehörigkeit sich im Handeln zeigt, sind wir auf
Handlungsräume angewiesen. Und wo Menschen der Handlungsraum etwa von
Despoten vorenthalten wird, werden Menschen ihrer möglichen Handlungswelt
beraubt. Die Frage ist: Wie gehen Weltwesen mit dieser Beraubung, wörtlich gesprochen Privatisierung, um? Fügen sie sich oder revoltieren sie? Auch wenn zunächst nur die Mutigsten sich gegen Handlungseinschränkungen erheben und nur
die Furchtlosesten einen öffentlichen Raum zur Verwirklichung ihrer politischen
Existenz einfordern, mit einer Rebellion und einer Revolte nimmt die Befreiung
von angemaßter Herrschaft ihren Ausgang. Jedoch, das revoltierende Aufbegehren
gegen die Unterdrückung der eigenen Stimme in der Welt ist für sich genommen
noch keine Revolution. Revolutionen sind prinzipiell etwas anderes als „nur"
erfolgreiche Aufstände oder gar ein Staatsstreich: „Nur wo dieses Pathos des Neubeginns vorherrscht und mit Freiheitsvorstellungen verknüpft ist, haben wir das
Recht, von Revolution zu sprechen."[9]

# 1    Herrschaftskategorie als Grundkategorie des Politischen?

Revolutionen im originär politischen Sinne sind für Hannah Arendt Vorgänge, die
in erster Linie gegen ein (Miss-)Verständnis des Politischen gerichtet sind, nämlich
gegen die Annahme, dass das Politische mit Herrschaft[10] gleichzusetzen sei. Wenn
gemeinhin unter Revolution verstanden wird, dass eine Herrschaftsgruppe die andere ablöst, so radikalisiert Arendt den Revolutionsbegriff dahingehend, dass sie
Herrschaft als dominierende Politikkategorie selbst in Frage stellt. Arendts Verständnis von Revolution unterläuft die tradierte Überlieferung des Herrschafts-
denkens, was sich gerade auch in der begrifflichen Unterscheidung der Begriffe

---

8    Arendt 1963, S. 267.
9    Arendt 1963, S. 41.
10    Vgl. Breier [2]2018, S. 69–74.

*Macht* und *Gewalt* widerspiegelt. Politik lässt sich für Hannah Arendt nicht darauf verkürzen, dass die einen herrschen und die anderen beherrscht werden. „Die theoretisch kürzeste und grundlegendste Version dieser Bestrebungen, das Handeln durch Herrschaft zu ersetzen, findet sich in dem Dialog über den ‚Staatsmann', wo Plato die beiden Stadien, in denen griechischer Auffassung gemäß das Handeln sich abspielt, nämlich das anfangende Stadium des *archein* und das durchführende des *prattein*, uminterpretiert in zwei vollständig voneinander geschiedene Arten menschlicher Tätigkeit."[11]

Nach Arendt hat sich seither der Herrschaftsbegriff, der von der Dichotomie von Herrschern und Beherrschten lebt, fest in der Ausdeutung des Politischen etabliert. Die Einen wissen, und die Anderen führen aus. Die Einen haben ein theoretisches Leitbild, eine Idee vor Augen und sind qua Einsicht in den theoretischen Grund befugt zu befehlen, und die Anderen gehorchen. Die Einen herrschen – im besten Falle gerecht –, und die Anderen werden beherrscht. „Plato hat als erster die Menschen eingeteilt in solche, die wissen und nicht tun, und solche, die tun und nicht wissen, was sie tun."[12] Nach Arendt ist „der Riß, mit dem Plato das Handeln in einen Gegensatz zwischen Wissen und Tun aufspaltete, zwar auf die mannigfaltigste Weise variiert und auch wieder verdeckt [worden], aber nie wieder verheilt".[13] Der Abstand zwischen Philosophenkönigen und Philosophenuntertanen hat sich als Herrschaftskategorie verfestigt – ausgehend davon, dass der Philosoph die Höhle der Meinungen verließ, um jenseits des politischen Streits um Meinungsführerschaft nach Einsicht und eben Wahrheit zu streben.

Vor diesem Hintergrund hingegen lehnt es Arendt ab, als Philosophin bezeichnet zu werden. Denn sie zielt gerade nicht auf die *eine* Wahrheit, die in ihrer Konsequenz die Menschen von der Politik geradezu erlösen würde. Denn dann verkümmerte Politik zu einer bloßen Technik, die im Dienste der *einen* Wahrheit einen bloß exekutiven, sprich ausführenden Charakter hätte.

Im Gegenteil, Hannah Arendt warnt davor, Politik als rein funktionale Größe zu betrachten und damit zu degradieren. Wer Politik lediglich als Dienerin der Philosophie, als Magd der Theologie, oder modern gesprochen, als Funktion der Ökonomie ansieht, verkennt nach Arendt die originär weltverhaftete Eigenart des Politischen. Von welch vermeintlichem archimedischen Punkt auch immer der Raum des Politischen herabgewürdigt wird, als Anwältin des Politischen rehabilitiert Arendt das *In-between* – die Welt der zwischenmenschlichen Bezüge, ihrer Hinsichten, Absichten und Umsichten. Das existenzielle Faktum der Pluralität von

---

11   Arendt ²1981a, S. 216.
12   Ebd., S. 217.
13   Ebd.

Menschen und all ihrer unterschiedlichen Weltwahrnehmungen und Perspektiven fordert uns heraus, weswegen für Arendt nicht die Abwendung von der Welt, sondern die Zuwendung zur gemeinsamen Welt im Fokus ihrer politikwissenschaftlichen Betrachtung steht.

„The political scientist; in love with the world [...] something the Greek called polis, what men do. This includes: Worry for the world, we are afraid something may happen to the mundus hominum".[14] Hannah Arendt weiß, wovon sie spricht. Als deutsche Jüdin hat sie die Zerbrechlichkeit der menschlichen Angelegenheiten erfahren. Der Holocaust und die nationalsozialistische Politik der Vernichtung haben sie nachhaltig schockiert: „Das Entscheidende ist der Tag gewesen, an dem wir von Auschwitz erfuhren. [...] Das war wirklich, als ob der Abgrund sich öffnet. [...] Dieses hätte nie geschehen dürfen. Da ist irgendetwas passiert, womit wir alle nicht fertig werden."[15]

Die *Politik der Vernichtung* und die *Vernichtung des Politischen* werden zu Hannah Arendts Lebensthema. Während sie in ihrem Buch über die *Elemente und Ursprünge totaler Herrschaft* sowie in ihrer Artikelserie über *Eichmann in Jerusalem* das spezifisch Neue, das radikal Antipolitische der totalen Herrschaftsform analysiert, wendet sie sich in ihren Schriften *Über die Revolution, Vita activa* und *Macht und Gewalt* dem „seltenen ‚Schatz' des Politischen"[16] zu. Diesen *Schatz des Politischen* zu bergen, ist immerfort auch eine gleichsam revolutionäre Aufgabe.

„Macht entsteht, wann immer Menschen sich zusammentun und gemeinsam handeln, ihre Legitimität beruht nicht auf den Zielen und Zwecken, die eine Gruppe sich jeweils setzt; sie stammt aus dem Machtursprung, der mit der Gründung der Gruppe zusammenfällt."[17] Politisch gesprochen ist es evident, dass derjenige, der allein ist, vollkommen ohnmächtig ist. Einzeln zu sein, ist im Politischen *die* Minderheit par excellence, weswegen Alexis de Tocqueville die „Kunst der Vereinigung" auch als politische „Grundwissenschaft"[18] bezeichnet hat. Um in der Welt mächtig zu werden, bedarf es Mit-Handelnder, mit denen man gemeinsam die politische Welt gestaltet. Und dieses Phänomen der Machtbildung hat nicht im Ansatz etwas mit Gewalt zu tun. Gewalt zerstört, vernichtet – ja, im letzten ist Gewalt für Arendt unpolitisch. Gewalt hat instrumentellen Charakter und als Werkzeug der Herrschaft dient sie eben bloßer Herrschaft, die in ihrer extremen Form eben auch *Gewaltherrschaft* genannt wird.

---

14   Arendt 1965 (unveröff.), S. 4.
15   Arendt ²1997, S. 59f.
16   Arendt 1963, S. 361.
17   Arendt ⁴1981, S. 53.
18   Tocqueville ²1984, S. 606.

Auch wenn einer Revolution eine gewaltsame Rebellion vorausgeht, das revolutionäre, neugründende Gestalten ist originär politisches Handeln. Auf die Frage, was angesichts der existenziellen Zukunftsoffenheit, die in revolutionären Situationen geradezu paradigmatisch zutage tritt, zu tun ist, helfen bloße Gewaltakte nicht weiter. Denn Gewalt zerstört und vernichtet, Dinge und bisweilen Menschen. Was hat gewalttätige Zerstörung mit der konkreten Gestaltung des Zusammenlebens von Menschen zu tun? Gewalt verwüstet, und was hat Verwüstung mit gemeinsamem Handeln und Verantworten zu tun? Zu verwüsten ist keine Kunst, aber politisch in der Welt zu sein und in Sorge um die gemeinsame Welt möglichst klug zu agieren, ist eine hohe Kunst. So sehr wir uns auch angewöhnt haben, abschätzig über Politik zu reden und Politik für ein schmutziges Geschäft zu halten, es ist gerade diese Kunst des Politischen, die politische Menschen auszeichnet, wenn sie im Verbund mit anderen ihre gemeinsamen Angelegenheiten regeln.

Indem Hannah Arendt die Phänomene *Macht* und *Gewalt* in ihrer Eigenart sowie in ihrer unterschiedlichen Bedeutung zu Bewusstsein bringt, lassen sich auch die Begriffe *Freiheit* und *Befreiung* konturierter wahrnehmen. Befreiung ist ein Akt der Rebellion, und im Akt der Befreiung – etwa von angemaßter Herrschaft – kann Gewalt durchaus eine Rolle spielen. Aber so wenig wie eine Rebellion mit einem revolutionären Gründungsakt gleichzusetzen ist, so wenig ist auch ein gewaltsamer Befreiungsakt mit der radikalen Umgestaltung einer politischen Ordnung in eins zu setzen. Unter Bezugnahme auf die Amerikanische Revolution versteht Hannah Arendt unter *Revolution* die „Errichtung eines Raumes, in dem die Freiheit in den Worten und Taten der freien Männer erscheinen konnte".[19] *Befreiung* hingegen ist immer die Befreiung von einer Form des Zwanges und von daher eng mit dem Begriff der Gewalt verbunden. Eine Revolution hingegen, die nach dem Befreiungsakt darauf abzielt, politische Institutionen zunächst ins Leben zu rufen und anschließend am Leben zu erhalten, versucht Freiheit als Lebensweise erfahrbar zu machen. Und Freiheit als Lebensweise ist gerade nicht gewalttätig und machtlos, sondern im Zusammenleben der Bürgerinnen und Bürger konsequent gewaltlos und machtvoll in der institutionellen Ausgestaltung.

„Daß Befreiung und Freiheit nicht dasselbe sind, daß Freiheit zwar ohne Befreitsein nicht möglich ist, aber niemals das selbstverständliche Resultat der Befreiung ist, daß der Freiheitsbegriff, der der Befreiung eigen ist, notwendigerweise nur negativ ist, und daß also die Sehnsucht nach Befreiung keineswegs identisch ist mit dem Willen zur Freiheit – all das sind natürlich Binsenwahrheiten."[20] Zum zentralen Begriff avanciert daher die *Gründung der Freiheit*, die nach Arendt in

---

19    Arendt 1994b, S. 240.
20    Arendt 1963, S. 34f.

der Konstituierung einer neuen Verfassung ihren Abschluss findet. Denn der Sinn der Neukonstitution besteht darin, den Akt der Befreiung in den Status der Freiheit und damit in die Etablierung der neuen *Volksmacht* oder besser gesagt *Bürgermacht* zu überführen. *Wir sind das Volk!* oder – ohne einen Hauch ethnischer Aufladung – *We the people*, diese revolutionären Leitsprüche verdichten in Reinform den Anspruch auf *politische Existenz und republikanische Ordnung.*[21] Die Legitimität einer jeden Revolution liegt für Arendt im Gründungsakt einer freiheitlichen Verfassungsgebung. Die Verfassung und die ihr zugehörigen Institutionen der politischen Selbstregierung sind für Arendt der Raum der Freiheit.

## 2    Von der freiwilligen Knechtschaft

Hannah Arendt zufolge sind es die Phänomene Krieg und Revolution, die im existenziellen Zentrum der öffentlichen Angelegenheiten stehen: „Geht man an ihnen vorbei, so ist es, als hätte man in der Welt, die die unsrige ist, gar nicht gelebt."[22] Die Menschen sehen sich in vielen Regionen der Welt mit Konflikten und kriegerischen Auseinandersetzungen konfrontiert und erfahren die Auswirkungen von Unterdrückung, Ausbeutung und willkürlicher Gewalt. Gegen diese Missstände und die damit einhergehende Not entwickeln sich Protestbewegungen, die Würde und Rechtsstaatlichkeit einerseits und soziale Teilhabe sowie eine verantwortungsvolle Regierungsführung andererseits fordern und einfordern.

Denn was bedeutet es, wenn der Raum des Politischen nicht existiert, wenn Menschen allein der Gewalt sich beugen und nur unter Zwang reagieren? Von Agieren kann dann keine Rede mehr sein. Herrschaft diktiert den Alltag, und der Alltag ist bestimmt von der Kluft zwischen Herrschern und Beherrschten. Allseits und überall herrscht Furcht: Die Beherrschten fürchten die Herrscher, die Herrscher fürchten die Beherrschten, die Beherrschten fürchten sich untereinander, und selbst die Herrscher leben untereinander in ständiger Furcht. Etienne de la Boétie hat in seiner *Rede von der freiwilligen Knechtschaft* das Phänomen der angemaßten Herrschaft meisterhaft auf den Punkt gebracht:

„Man wird es nicht gleich glauben wollen, aber es ist wahr: vier oder fünf Leute sind es immer, die den Tyrannen stützen, vier oder fünf halten für ihn das ganze Land in Knechtschaft. Immer waren es fünf oder sechs Vertraute, denen er folgte, die sich an ihn heranmachten oder die er zu Spießgesellen seiner Grausamkeiten berief, zu Gefährten seiner Vergnügungen, als Kuppler seiner Lüste und Teilhaber

---

21    Vgl. Breier/Gantschow 2012.
22    Arendt 2003, S. 124.

an seinen Räubereien. Diese sechs richten ihren Führer so gut ab, daß er nicht nur in eigener Sache übles tut, sondern sich auch noch mit ihren Schandtaten vergesellschaften muß. Diese sechs haben ihrer sechshundert, die unter ihnen schmarotzen, und sie machen die sechshundert zu dem, was sie selbst für den Tyrannen bedeuten. Diese sechshundert haben wieder sechstausend unter sich, die sie in Amt und Würde erhoben haben, denen sie die Regierung von Provinzen oder die Einnahme von Steuern anvertrauen ließen, damit sie für ihre Habgier und Grausamkeit bereit stehen und sie auch auf Befehl gleich ausführen und auch sonst soviel übles tun, daß sie sich nur unter deren Schutz halten und nur von ihnen gedeckt der Strafe des Gesetzes entgehen können. Gewaltig ist das Gefolge hinterdrein, und wer den ganzen Faden abspulen wollte, fände nicht nur die sechstausend, sondern hunderttausend und Millionen mit diesem Stricke am Tyrannen hängen. […] Kurz, es kommt durch die Günstlingswirtschaft und die Gewinnbeteiligung bei den Tyrannen so weit, daß es schließlich fast ebenso viele Menschen gibt, denen die Tyrannei Nutzen zu bringen scheint, wie solche, die die Freiheit lieben."[23]

Ein von Drohung, Ausbeutung, Erniedrigung, Verstellung, Einschüchterung und eben Furcht gekennzeichnetes Leben verlangt den Beteiligten zwar viele Kniffe, Tricks, Täuschungen, ja Grausamkeiten ab. Aber es liegt auf der Hand, dass ein Herrschaftssystem, das allein das Wohl der Herrschenden im Auge hat,[24] zu Recht als eine Verfallsform sogenannter politischer Ordnung bezeichnet werden kann.[25] Gerade an diesem „Wohl" der Herrschenden teilzuhaben, übt ja die Anziehungskraft auf die Unterdrückten aus, in der Unterdrückungshierarchie möglichst selbst zum Unterdrücker aufzusteigen. Wo Menschen vor allem damit beschäftigt sind, den Schwächeren zu unterdrücken und sich gefügig dem Stärkeren zu unterwerfen, kann nicht im Entferntesten von einer gelungenen menschlichen Existenz die Rede sein. Und eine politische Ordnung, die auf angemaßter Willkürherrschaft beruht und die Gewalt sowie deren Androhung zu ihrem Herrschaftsgrund erhebt, bringt soviel Unfrieden hervor, dass selbst die Herrschenden in ständiger Furcht leben – in Furcht vor der Revolte.[26] Freiheit bedeutet demgegenüber Frei*sein*, und eine Lebensweise der Freiheit ist für Arendt höchst anspruchsvoll.

Jedoch, eine Befreiung von Unterdrückung konnte historisch gesehen auch immer eine monarchische Regierungsform leisten, die im Unterschied zur an-

23  La Boétie 1980, S. 81f.

24  Vgl. Aristoteles ⁴1981, S. 1295a 19ff.

25  Vgl. ebd., 1279a, S. 17ff.

26  Vgl. Montesquieu 1988, wo er am Beispiel eines persischen Harems die Struktur despotischer Herrschaft und der ihr eigenen Unterdrückungspyramide anschaulich nachzeichnet.

gemaßten Herrschaft einer Tyrannei Untertanenrechte garantiert. Was jedoch
auch jede Monarchie verhinderte und weswegen Untertanen keine Bürger waren,
war der ungehinderte Zugang zum gemeinsamen öffentlichen Raum. Die „Freiheit
einer politischen Lebensweise" erforderte die Wiederentdeckung einer anspruchs-
volleren Regierungsform. „Sie verlangte nach der Verfassung einer Republik."[27]
    Freiheit wird nicht wie ein Ding unserer Gegenstandswelt *gefunden*, sondern
wie jede Praxis wird sie *erfunden*. Wo Menschen in allem existenziellen Ernst
versuchen, schöpferisch nicht nur ihre eigenen, sondern auch ihre gemeinsamen
Angelegenheiten zu gestalten, dort nehmen sie sich als weltbegabte Wesen und in
ihrer Weltzugehörigkeit wahr.[28] Und diese Wahrnehmung für das eigene Politisch-
*sein* zu stärken und die Kluft zu schließen, die sich in unserer metaphysischen
Tradition „zwischen der Welt des Denkens und dem Denken der Welt"[29] auftut,
steht im Zentrum von Arendts praktischer politischer Wissenschaft, die deshalb
auch *Bürgerwissenschaft*[30] genannt werden kann. Arendt hat deutlich auf diese
Dimension unserer Existenz aufmerksam gemacht: „[…] *wir sind von dieser Welt
und nicht bloß in dieser Welt*".[31]
    Mit Machiavelli verbindet Arendt eben diese Hochschätzung der Welt, pathe-
tisch ausgedrückt die *amor mundi*. Im Unterschied zur *amor dei*, wo der Nächste
qua Abstammung vom gleichen Schöpfer geliebt wird, wo die Welt als *civitas ter-
rena* aber nur abkünftig von der *civitas dei* her interpretiert und geschätzt wird,
denkt Arendt radikal politisch. Sie wendet sich gegen das augustinische Credo und
dessen Denkbewegung: „Der amor zur Welt, geleitet von dem letzten Telos, ist se-
kundärer Natur. Im Erstreben des summum bonum ist die Welt, und zwar die Welt,
zu der der amans gehört, in ihrer Eigenständigkeit vergessen."[32] Für Arendt, und
hierin zeigt sie sich als *Anwältin des Politischen*, ist entscheidend, dass die Bezüge
zwischen Menschen nicht von einem Absoluten, einem maßgebenden Gut außerhalb der Welt hergeleitet werden. Ganz unabsolutistisch und jenseits der „Weltlosigkeit des archimedischen Punktes"[33] ist die Welt selbst für Arendt das „*tertium
comparationis* des Menschseins".[34]

---

27    Arendt ²2018, S. 16.
28    Vgl. Gantschow 2012, S. 95–115.
29    Vollrath 2003, S. 78.
30    Vgl. Breier 1998.
31    Arendt 1979, S. 32.
32    Arendt 1929, S. 24.
33    Vgl. Breier 2007, S. 12ff.
34    Arendt 1986, S. 343.

Für Weltbewohner, die nicht auf dem archimedischen Punkt, sondern in Weltbezügen leben, fallen Sein und Erscheinung zusammen. Im tätigen Erscheinen gibt sich unser Sein, eben unsere Art und Weise zu sein, zu erkennen, weswegen es für Arendt abwegig ist, im Bereich vielfältigen Existierens nach einer einheitlichen zu Grunde liegenden Substanz Ausschau zu halten.

„Menschlich und politisch gesprochen, sind Wirklichkeit und Erscheinung dasselbe, und ein Leben, das sich außerhalb des Raumes, in dem allein es in Erscheinung treten kann, vollzieht, mangelt nicht des Lebensgefühls, wohl aber des Wirklichkeitsgefühls, das dem Menschen nur dort entsteht, wo die Wirklichkeit der Welt durch die Gegenwart einer Mitwelt garantiert ist, in der eine und dieselbe Welt in der verschiedensten Perspektiven erscheint."[35] „The criterion ist the world",[36] und für Weltwesen, die sich in ihrer Weltzugehörigkeit ernst nehmen, muss der Raum ihres Erscheinens intakt bleiben. Diese Aufgabe allerdings können wir nach Arendt bewältigen, ohne im Letzten von einer „vernünftig-theoretischen Zuwendung zur Ordnung des Kosmos als Teilhabe am Göttlichen"[37] abhängig zu sein. Als politische Wesen können wir ganz unmetaphysisch in der Welt zu Hause sein. Allenfalls Theokratien, die im Lichte ihres letzten Wahrheitsanspruches Herrschaft und Gefolgschaft einfordern, verdunkeln in ihrer Praxis die Helle der Welt. Um in Erscheinung zu treten, bedürfen wir eines Erscheinungsraumes, der für politische Wesen nur ein Freiraum und kein Herrschaftsraum sein kann. Als Weltwesen gehört die Welt zur Bedingung unseres In-der-Welt-Seins, ja nur in Weltbezügen können wir „aus der Finsternis der Kreatur in die Helle des Menschlichen"[38] gelangen. Gerade diese Teilhabe an der öffentlichen Freiheit gehört für die Gründungsväter der amerikanischen Republik zur *public happiness*.

Hinzu kommt das anthropologische Motiv des *striving for excellency*. Nur im öffentlichen Raum, im Raum des Sehens und Gesehenwerdens kann man sich auszeichnen. Das Streben, der Beste zu sein, sich in öffentlichen Angelegenheiten und politischen Qualitäten auszuzeichnen, war beileibe kein Laster. Es galt unter den Revolutionären der amerikanischen Republik als eine Tugend – ganz wie im republikanischen Denken der Antike überhaupt.[39] Als Laster hingegen galten das pure Herrschaftsstreben und die Lust zu herrschen. „Denn der Wille zur Macht als solcher, ohne alle Leidenschaft, sich auszuzeichnen (wo Macht nicht Mittel, sondern Zweck ist), ist das hervorstechende Merkmal des Tyrannen und nicht einmal

---

35   Arendt ²1981a, S. 192f.
36   Arendt 1965 (unveröff.), S. 1.
37   Bien ³1985, S. 169.
38   Arendt 1963, S. 362.
39   Vgl. Breier ²2017, S. 183–188.

mehr als politisches Laster zu bezeichnen."[40] Die Herrschlust des Tyrannen steht im krassen Gegensatz zur öffentlichen Freiheit. Sie konterkariert jene ebenbürtige Bürgergleichheit, die nur in Republiken gilt und die weder Untertanen noch Obertanen kennt – von Willkür- und Gewaltherrschaft ganz zu schweigen.

Wer jedoch Arendts Gedankengang nicht mitgehen mag und sie als *Nostalgikerin der antiken Polis* zu diskreditieren versucht, hat Entscheidendes nicht verstanden. Die freien Griechen sind sich als *Bürger*[41] begegnet; sie haben eine anspruchsvolle Existenz angestrebt und gründeten deshalb einen Raum, in dem sie frei sprechen, handeln und urteilen konnten. Diese Ansprüche an ein würdevolles Leben als Nostalgie abzutun, weist aus, wie existenzvergessen bisweilen gedacht wird.[42] Darüber hinaus soll die Polis als Bollwerk gegen die individuelle Sterblichkeit einen möglichst unvergänglichen Raum dafür bieten, dass gemeinsame Erinnerungen und nachahmenswerte Vorbilder im kollektiven Gedächtnis aufbewahrt und verankert werden. „Eine Welt, die Platz für Öffentlichkeit haben soll, kann nicht nur für eine Generation errichtet oder nur für die Lebenden geplant sein; sie muß die Lebensspanne sterblicher Menschen übersteigen."[43]

## 3     Gründungsgeist und gelebte Reformbereitschaft

Neben dem griechischen Politikverständnis rekurriert Hannah Arendt auch auf den römischen Politikbegriff, der den Gründungsakt und das Gründungsdenken zu originär politischen Phänomenen erhebt.

Wie muss eine freiheitliche politische Ordnung, die als institutionelles Bollwerk ja gerade jeder Form von angemaßter Herrschaft Paroli bieten soll, beschaffen sein? Da liegt es – von der gemischten Verfassung her gedacht – auf der Hand, auf unterschiedliche Verfassungsprinzipien zu rekurrieren: auf die Tatkraft des Monarchischen, auf die Klugheit und Wohlberatenheit des Aristokratischen sowie auf den *common sense* des Demokratischen. Die gesamte Tradition republikanischen Denkens, die von Cicero über Machiavelli, Montesquieu, die Federalist Autoren, Alexis de Tocqueville bis hin zu Hannah Arendt reicht, gibt reichlich Hinweise,

---

40    Arendt [2]2018, S. 21.

41    Vgl. Breier [2]2017, S. 19–25.

42    Vgl. Gantschow 2011. Explizit gegen die Existenzvergessenheit argumentiert Alexander Gantschow, wenn er in seinen Kapiteln über Sören Kierkegaard und Friedrich Nietzsche die geistigen Wurzeln modernen Existenzdenkens freilegt.

43    Arendt [2]1981a, S. 54.

wie das Gründen und Bewahren von Republiken zu meistern ist und was alles zu einem republikanischen Selbstverständnis gehört.[44]

Schon in *Vita activa* macht Arendt deutlich, dass Handeln und Freiheit gleichzusetzen sind: „Denn Freiheit, die nur sehr selten – in Revolutions- und Krisenzeiten – zum direkten Zweck politischen Handelns wird, ist eigentlich der Sinn dessen, daß es so etwas wie Politik im Zusammenleben der Menschen überhaupt gibt."[45] Politische Freiheit muss in diesem Zusammenhang von bürgerlichen Rechten und Freiheiten unterschieden werden, die nach Arendt in allen Verfassungsstaaten die Macht der Regierung in Schranken halten und die Menschen in ihren privaten und sozialen Rechten schützen. Diese Rechte werden zwar vom Staat garantiert, aber das Leben und die Aktivitäten, die sie schützen, sind in erster Linie nicht politisch. Es handelt sich nach Arendt daher um „bürgerliche Freiheiten",[46] um die „private Freiheit",[47] sprich um die so genannten „negativen Freiheiten",[48] die nicht nur die Grenzen der Herrschaft abstecken, sondern eben auch die Grenzen des öffentlichen Raumes.

Politische Freiheit versteht Arendt im Unterschied zur privaten Freiheit vielmehr als öffentliche Freiheit, die ganz lebendig und eben *vital* als Freiheit der Rede und Freiheit der Versammlung zu verstehen ist. Denn politisch frei ist nur derjenige, der sprechen und handeln kann und der sich seiner Möglichkeiten im öffentlichen Raum bewusst ist. Freiheit als politische Wirklichkeit gibt es nur dort, wo sich Bürgerinnen und Bürger ihr Recht sichern – ihr Mitspracherecht in Angelegenheiten der Republik.[49] Nur wer unter dem Schutz dieses Rechts steht und auch von seiner Sicherheit überzeugt ist, kann sich der Welt öffnen und sich handelnd einmischen. Während private Freiheit die Möglichkeit zur *private happiness* eröffnet, kann die Praxis politischer Freiheit *public happiness* hervorbringen. Nach Rahel Jaeggi geht es Arendt um ein „Verständnis von politischer Freiheit als einer Freiheit, die nur im und durch das politische Handeln existiert, weil sie die gemeinsame Gestaltung des politischen Zusammenlebens betrifft."[50] Und in der Tat, für Arendt geht es im Politischen niemals primär um das Leben, sondern

---

44  Vgl. Romberg 2007.
45  Arendt 1994a, S. 201.
46  Arendt 1963, S. 174.
47  Ebd., S. 177.
48  Ebd., S. 354.
49  Vgl. Breier ²2018, S. 183–188.
50  Jaeggi 2003, S. 241.

immer um die Welt, „die so oder anders aussehen, so oder anders uns überdauern soll".[51]

Es bedarf daher der Bindung an das Gesetz, an eine Verfassung, weil nur diese Bindung für Dauerhaftigkeit und Kontinuität im Bereich der weltlichen Angelegenheiten sorgt. Hier zeigt sich wiederum Arendts römisches Politikverständnis: *lex* als dauerhafte Bindung. Ebenso wie Machiavelli spricht auch Hannah Arendt von der *Heilkraft* der Institutionen. Grundlage für diese im besten Sinne zivilisierende Heilkraft ist die Überzeugung, dass wir Menschen durch gegenseitige Versprechen, Bündnisse und Verträge in der Lage sind, der möglichen Bodenlosigkeit, die allem Zukünftigen innewohnt, weltliche Zwischenböden einzuziehen.

Der phänomenale Zusammenhang zwischen Revolution und Konstitution wird vor allem an einem Zitat von Cicero deutlich, das Arendt in Über die Revolution anführt: „Denn es gibt nichts, wobei menschliche Vollkommenheit näher an der Götter Walten heranreicht, als neue Staaten zu gründen oder schon gegründete zu bewahren."[52] Arendt knüpft auch hier an das Verständnis der römischen Republik an, wenn sie den Zusammenhang von *constitution* und *institutions* betont. Das *Bewahren* als politische Tätigkeit muss in einer sich verändernden Welt stets fähig sein, Bewährtes immer wieder neu zu gründen. Denn im Politischen kann eine „konservative Haltung, die die Welt so, wie sie ist, akzeptiert und nur danach strebt, sie in ihrem Status quo zu erhalten, nur ins Verderben führen, weil die Welt im ganzen wie alle einzelnen Dinge in ihr unabänderlich dem Ruin der Zeit überantwortet ist, wenn die Menschen sich nicht entschließen, einzugreifen, zu ändern, Neues zu schaffen."[53] Bewahren ist demzufolge im Bereich des Politischen ein Tätigsein, das in einer neu geschaffenen Wirklichkeit das Gegründete erneut und immer wieder erneuert zum Vorschein bringt.

Wie kein anderer thematisiert Niccolo Machiavelli diese permanente Reformbereitschaft.[54] Zu Beginn des dritten Buches seiner *Discorsi* fordert er ein, den Gründungsgeist einer politischen Ordnung stets im Bewusstsein zu halten und, wenn nötig, institutionell zu erneuern. Reform bedeutet von daher ein ständiger Rückbezug auf die ursprüngliche Form. In Machiavellis Worten: „Um einer Republik die Freiheit zu erhalten, bedarf es jeden Tag neuer Maßnahmen."[55]

---

51   Arendt 1994a, S. 208.
52   Arendt 1963, S. 259.
53   Arendt 1994c, S. 273.
54   Vgl. Breier ²2018, S. 165–170.
55   Machiavelli ²1997, S. 404.

## 4 Vom goût de la liberté zur public happiness

In Arendts politischem Denken bilden die politische Freiheit und die mit ihr einhergehende Handlungsmacht das Fundament eines republikanischen Gemeinwesens. Dabei wird die Beschäftigung mit den öffentlichen Angelegenheiten, an
denen Menschen teilhaben, nicht als Last, sondern eher als Lust empfunden, die
ihnen innere Befriedigung verschafft. Begriffe wie *Sich-auszeichnen-Können*,
*Bedeutung-Haben* und *Beim-Handeln-gesehen-Werden* sind vor diesem Hintergrund von großer Bedeutung, ja deren Bedeutungskern lässt sich hin zu Hannah
Arendts Kritik an modernen Massengesellschaften herausschälen. Wo Menschen
sich nicht als *somebodies* wahrnehmen können, sei es, dass ihnen als *nobodies* die
Erscheinungsräume vorenthalten werden, oder sei es, dass die Erscheinungsräume
schlichtweg verwaisen, der Wunsch nach politischer Freiheit bricht sich bisweilen
sehr unvermittelt Bahn.

Zugleich wird vollends klar, was bereits Alexis de Tocqueville in seiner Schrift
*Der alte Saat und die Revolution* auf den Begriff gebracht hat: Oft habe er sich
gefragt, „wo die Quelle jener Leidenschaft für die politische Freiheit liege, die zu
allen Zeiten die Menschen zu den größten Taten"[56] beflügelt hat. Allein das Aufbegehren gegen einen Despoten und das Verlangen, sich von den Übeln der angemaßten Herrschaft zu befreien, führen nach Tocqueville noch nicht ins Zentrum
der politischen Freiheit. Der Beweggrund liegt tiefer und er rührt auch nicht daher,
„daß die wahre Freiheitsliebe jemals allein durch die Aussicht auf die materiellen
Güter geweckt werde, die sie verschafft; denn diese Aussicht verdunkelt sich oft."[57]
Er fügt sogar hinzu: „Die Menschen, die in der Freiheit nur diese Güter suchen,
haben die Freiheit nie lange bewahrt."[58] Das Motiv, das Bewegende, das Freiheit
suchende Menschen antreibt, liegt offensichtlich woanders. Es ist das Frei*sein*
selbst, die beglückende Erfahrung, politisch existent zu sein.[59] Jenseits aller An-
triebe, sich aus den unterschiedlichsten Arten von Knechtschaft zu befreien, nährt
sich die politische Freiheit aus der Erfahrung des Sprechen- und Handeln-Kön-
nens. Handelnd und sprechend zu *sein* und die Welt, die darüber ihre ursprüngliche Fremdheit verliert, mitzugestalten, führt ins Zentrum von Tocquevilles wie
auch von Arendts Freiheitsverständnis, und in Amerika ist dem Franzosen dieser Zusammenhang von *politischer Existenz und republikanischer Ordnung* auf
Schritt und Tritt begegnet:

---

56 Tocqueville 1978, S. 168.
57 Ebd., S. 168.
58 Ebd., S. 168.
59 Vgl. Hereth ²2001, S. 25ff.

„Die freien Einrichtungen, die die Bewohner der Vereinigten Staaten besitzen, und die politischen Rechte, von denen sie einen so regen Gebrauch machen, erinnern jeden Bürger beständig und in unzähligen Formen daran, daß er in Gesellschaft lebt. [...] Man befaßt sich mit dem öffentlichen Wohl zuerst notgedrungen, dann aus freien Stücken; was Überlegung war, wird Instinkt, und durch stetes Arbeiten für das Wohl seiner Mitbürger nimmt man schließlich die Gewohnheit und die Neigung an, ihnen zu dienen."[60]

Es ist jener *goût de la liberté*, jener Geschmack an der Freiheit, der insbesondere die Aktiveren, oftmals die Ehrgeizigeren, in der Bürgerschaft veranlasst, sich für die Bewahrung ihrer politischen Ordnung einzusetzen. Im besten Falle eint die Bürgerinnen und Bürger die gemeinsam erfahrbare und erfahrene Realität, dass sie an einem Tätigkeitsbereich teilhaben, den sie selbst hervorbringen und der nur im handelnden Miteinander existiert.

Vor diesem Hintergrund leuchtet es ein, dass jede Freiheit sichernde Ordnung nicht zentralistisch organisiert sein darf. Sicherlich, zentralistisch lässt es sich unkomplizierter herrschen, aber gerade um bloße Herrschaft geht es in einer Bürgerordnung ja nicht. „Regierung ist nicht Herrschaft",[61] hat Hannah Arendts akademischer Freund Dolf Sternberger sehr pointiert ausgedrückt, und damit hat er sehr deutlich Aristoteles' Einsicht, dass Regieren und Regiertwerden eine von beiden Seiten zu erbringende Leistung erfordert, *reaktualisiert*.

*Leadership* und *citizenship* gehören zusammen. Sind wir als Bürgerinnen und Bürger lediglich Regierte, oder haben wir als Amtsinhaber und Repräsentanten[62] öffentliche Verantwortung übernommen, es ist in jedem Fall die gemeinsame Bürgerordnung, die das weltlich Verbindende darstellt. Und damit dieses Verbindende, die *res publica*, für möglichst viele erfahrbar wird und bleibt, war es auch den amerikanischen Verfassungsvätern vollkommen klar: Das politische Leben sollte nicht an einem Ort zentralisiert und damit an allen übrigen Orten abgetötet werden. Anlässlich der Frage der politischen Neugründung kam es für sie darauf an, in einem ausbalancierten Institutionengefüge Macht nicht nur zu limitieren, sondern alte und neue Machtursprünge so miteinander zu verbinden, dass eine von den Bürgern ausgehende machtvolle politische Ordnung entstehen konnte. Konstitution ist in Anlehnung an Montesquieu nichts Negatives und sie bedeutet keine Verneinung der Macht, im Gegenteil, mit der Konstituierung einer politischen Ordnung erwächst Macht. Die von Montesquieu beschriebenen *rapports*, die spezifischen Bezüge zwischen Menschen entfalten institutionelle Bindekraft

---

60   Tocqueville ²1984, S. 593f.
61   Sternberger 1967, S. 67.
62   Vgl. Breier ²2018, S. 177–182.

und als ausgeklügeltes Zusammenspiel unterschiedlicher Machtkombinationen verdichtet sich das Handlungsnetz, das einerseits das Politische hervorbringt und das andererseits vom *Geist der Gesetze* inspiriert wird.

## 5 Entsouveränisierung durch Machtverteilung

In Artikel 47 der *Federalist Papers* finden wir auch Hinweise auf Montesquieus geistige Patenschaft. Er wird dort von James Madison als Gewährsmann – „the celebrated Montesquieu"[63] – und berufenswürdige Autorität herangezogen. Ganz gezielt griffen die amerikanischen Gründungsväter nach ihrer Unabhängigkeitserklärung auf den Machtdenker Montesquieu zurück. Denn nach ihrer Unabhängigkeit von ihrem Herkunftsland standen sie vor der Herausforderung, „den Machtverlust, der durch das Verschwinden der englischen Krone und des englischen Parlaments eingetreten war, auszugleichen und neue Machtzentren zu schaffen. Für diese Aufgabe, *Macht neu zu etablieren*, mobilisierten die Gründer und die Männer der Revolution das ganze Arsenal dessen, was sie selbst ‚politische Wissenschaft' nannten."[64] Ihre Frage lautete: Wie konnte in einer amerikanischen Union die Macht so geteilt, aufgeteilt und verteilt werden, dass eine neue Bundesmacht entstehen konnte, ohne allerdings gleichzeitig die einzelnen Bundesstaaten zu entmachten? Nur in einem ausgetüftelten Machtgefüge, in dem die einzelnen bundesstaatlichen Mächte nicht vereinnahmt, sondern vielmehr in ihrer Mächtigkeit erhalten werden, konnte der Schlüssel für eine annehmbare neue Verfassung, für eine *constitutio libertatis*, liegen. Keine der bisherigen Machtquellen sollte versiegen, wenn eine neue Macht ins Leben gerufen werden würde.

„Montesquieus Entdeckung betrifft das Wesen der Macht überhaupt, und diese Entdeckung steht in so offenbarem Widerspruch zu allen uns sonst geläufigen Machtbegriffen, daß sie heute nahezu vergessen ist, obwohl doch die Gründung der amerikanischen Republik entscheidend von ihr inspiriert ist."[65] Es ist erstens die Entdeckung, dass eine intakte politische Ordnung machtvoll sein muss – denn ohne Macht lässt sich in ihr nichts bewegen –, und zweitens die Entdeckung, dass Macht auf dem Prinzip unseres Handelns beruht. Im dritten Buch seines Werkes *Vom Geist der Gesetze* trifft Montesquieu eine höchst bedeutsame Unterscheidung: „Zwischen der Natur und dem Prinzip der Regierung besteht folgender Unterschied: Die Natur der Regierung ist das, was sie so sein, das Prinzip, was sie so

---

63  Madison 1961, S. 301.
64  Arendt 1963, S. 193f.
65  Ebd., S. 195f.

handeln läßt; die Natur ist ihre besondere eigene Struktur, das Prinzip liegt in den
menschlichen Leidenschaften, welche ihre Bewegung bestimmen. Daher müssen
die Gesetze dem Prinzip der Regierung genau so entsprechen wie ihrer Natur, und
es gilt, dieses Prinzip aufzusuchen."[66]

Montesquieus Fragen zielt offensichtlich auf das Prinzip des Handelns, sprich
auf jenen spezifischen *esprit general*, der als jeweilige Handlungstypik den unterschiedlichen politischen Ordnungsformen, sprich der Natur der Regierung, ihr
Leben einhaucht. Der Baron de la Brède et de Montesquieu weist eindringlich
darauf hin, dass eine politische Ordnung nur von Dauer sein kann, wenn die gängigen Gebräuche, Sitten, Gewohnheiten und Lebensstile der Menschen ihr entgegen-
kommen und die jeweilige Ordnung, eben la nature du gouvernement, überhaupt
erst mit Leben erfüllen. Sein ganzes Werk *Vom Geist der Gesetze*, in dem er sich
eben dem *Geist* der Gesetze widmet, handelt von dem Zusammenhang zwischen
Natur und Prinzip der Regierung.

Für den von den Erfahrungen ausgehenden Franzosen ist – wie für Hannah Arendt – eine politische Ordnung etwas anderes als ein leviathanischer
Kommandostaat. Das Politische erschöpft sich keineswegs, wie Benjamin Barber
sehr plastisch formuliert, in der Kunst der „Raubtierhaltung".[67] Im Gegenteil, wer
das Politische auf seinen Zwangscharakter reduziert und wer seinen Fokus allein
darauf richtet, Menschen voreinander in Schach zu halten, bleibt hoffnungslos in
der Herrschaftskategorie gefangen.

Um dieser Reduktion des Politischen auf den Herrschaftsbegriff zu entgehen,
zieht Arendt das politische Denken von Montesquieu heran. Er war für sie „der letzte politische Theoretiker, der die Frage der Staatsformen ernst genommen hat".[68]
Er fragt: Welcher Zusammenhang besteht zwischen einer politischen Ordnung und
dem ihr innewohnenden Geist der Gesetze, und in welcher Verfassung muss eine
Gesellschaft sein, damit ihre politische Ordnung möglichst von Dauer ist? In einer
Vorlesungsnotiz bringt Arendt dies auf den Punkt: „His forms of government do
not know the distinction between the rulers and the ruled."[69] Und Arendts akademischer Freund Ernst Vollrath erläutert den von Montesquieu vollzogenen Wechsel der Blickrichtung sehr prägnant: „In Montesquieus Unterscheidung zwischen
nature du gouvernement und principe du gouvernement findet stillschweigend eine
Verlagerung der zentralen Kategorie der Staatsformenlehre statt."[70] Nicht *Wer*

---

66   Montesquieu ²1992, S. 33.
67   Barber 1994.
68   Arendt ²1981a, S. 196.
69   Arendt 1955 (unveröff.), S. 2.
70   Vollrath 1977, S. 397.

*herrscht über wen?* ist Montesquieus entscheidende Frage, sondern es ist das Phänomen der Machtbildung, das im Mittelpunkt seiner Betrachtungen steht. Mit dem *Prinzip des Handelns* hat Montesquieu gleichsam die Klammer entdeckt, den verbindenden Geist der Gesetze, der in der gesamten Gesellschaft und damit sowohl in den Regierenden wie den Regierten tonangebend ist. Eine politische Ordnung ist nur solange stabil, wie die jeweilige Handlungstypik die gesamte Gesellschaft prägt. Verlieren in einer Diktatur, die von allseitiger Furcht beherrscht ist, die Menschen ihre Furcht, verbinden sie sich, versammeln sie sich und bilden sie urplötzlich und frei von Furcht öffentliche Macht, wie dies beim Zusammenbruch der ehemaligen DDR zu sehen war, so ändert sich das *principe du gouvernement* und die von handelnden Menschen ausgehebelte *nature du gouvernement* bricht in sich zusammen.

Ebenso könnte es Republiken widerfahren, die nach Montesquieu von der Wertschätzung und Hochachtung der eigenen Verfassung getragen werden müssen. Wenn etwa die Menschen aufhörten, ihre Verfassung anzuerkennen, wenn sie eine verfassungsfeindliche Lebensweise entwickelten und sich in großer Mehrheit vom Geist der Verfassung entfremden und die konkreten Gesetze missachten würden, so wären der Verfall und die Zerstörung der Republik nicht mehr abwendbar. Auch noch so viele Polizisten könnten die innere Annahme der eigenen politischen Ordnung nicht erprügeln. Auch wenn es oft behauptet wird: Politisch gesehen sind Macht und Gewalt gerade nicht das gleiche. Macht und Gewalt sind alles andere als identisch. Gerade dort, wo Ohnmacht herrscht, neigen Menschen dazu, aus Ohnmacht heraus gewalttätig zu werden.

Montesquieu, und darin folgt ihm Arendt, hat entdeckt, dass durch die Pluralität handelnder Menschen Macht nicht gemindert, sondern gemehrt und vermehrt wird. Machtteilung und Machtverteilung führen – von der Bürgerordnung hergedacht – nicht zu einer Machtminderung, sondern zur Vergrößerung der Macht. Je mehr Menschen handelnd eingebunden sind, desto größer ist die Machtbasis. Und je mehr Menschen am Handeln beteiligt sind, desto mehr wird die Macht Einzelner entsouveränisiert. Es ist eben dieser Gedanke, den Michael Hereth „Entsouveränisierung"[71] genannt hat. Er ist allen Denkern einer gemischten Verfassung gemeinsam; und bei Montesquieu führt dieser Gedanke der Entsouveränisierung ins Zentrum seines politischen Denkens, das gerade deshalb zum Denken des Politischen avanciert. In einem dichten und vielfach verschränkten Machtgefüge kann sich kein Einzelner zu einem Souverän aufschwingen. Jedes Handeln erfährt durch das wechselseitige Eingebundensein eine Mäßigung, und da leuchtet es ein, dass Montesquieu mit seinem Plädoyer für *modération* dem französischen

---

71    Hereth 1995, S. 45ff.

Absolutismus des 18. Jahrhundert und dessen Souveränitätsanspruch kategorial widerspricht.

„Politisch hat sich vermutlich kein anderer Bestandteil des traditionellen philosophischen Freiheitsbegriffs als so verderblich erwiesen, wie die ihm inhärente Identifizierung von Freiheit und Souveränität."[72] Wer souverän sein will, verhält sich wie Homo faber, jener Herr und Meister des Herstellens, der möglichst souverän alle Dinge als Material und Mittel für seine Zwecke in Gebrauch nimmt. Er nimmt Stand *gegenüber* seinem Material. Politisch Handelnde jedoch befinden sich immer in Bezug zu anderen Handelnden, das heißt sie nehmen Stand *in* der Welt, in der sie handeln.

*Macht, potentia, power, pouvoir*, alle Begriffe drücken den potenziellen Charakter menschlichen Zusammenhandelns aus. Jedoch „im Unterschied zu den Mitteln der Gewalt, die aufgespeichert werden können, um dann im Notfall intakt eingesetzt zu werden",[73] existiert Macht nur, wo sie realisiert wird. Das heißt – und man beachte die Radikalität unseres menschlichen Vermögens zu handeln – weltlicher Macht wohnt eine ungeheuer revolutionäre Fähigkeit inne. Es ist die Fähigkeit, „neue Realitäten zu schaffen".[74]

*Gründen* und *Bewahren* ersetzen demzufolge das *Herrschen* und *Beherrscht-werden*. Arendt entwickelt demnach eine republikanische Denkungsart des Politischen, die sich auf politische Teilhabe und Teilnahme gründet und sich vor allem an das Gründungsgeschehen der amerikanischen Republik anlehnt. Es geht demnach um die Konstitution des Politischen qua Verfassung und öffentliche Institutionen. Es geht um das *Regieren* und *Regiert-werden*, das sich im politischen Handeln von Menschen im Phänomen der Macht zeigt. „Wo immer es Menschen gelingt, die Macht, die sich zwischen ihnen im Verlauf einer bestimmten Unternehmung gebildet hat, intakt zu halten, sind sie bereits im Prozeß des Gründens begriffen; die Verfassungen, Gesetze und Institutionen, die sie dann errichten, sind genau solange lebensfähig, als die einmal erzeugte Macht lebendigen Handelns in ihnen überdauert."[75]

---

72  Arendt: 1994a, S. 213.
73  Arendt: ²1981a, S. 193.
74  Ebd., S. 194.
75  Ebd., S. 227.

# Literatur

Arendt, Hannah, 1929: Der Liebesbegriff bei Augustin. Versuch einer philosophischen Interpretation, Berlin.

Arendt, Hannah, 1955 (unveröff.): Montesquieu, in: dies.: History of political theory, lectures, in: Arendt Papers, Box 39, Library of Congress, Washington D. C.

Arendt, Hannah, 1963: Über die Revolution, München.

Arendt, Hannah, 1965 (unveröff.): From Machiavelli to Marx, Vorlesungsmanuskript Cornell University, in: Arendt Papers, Box 39, Library of Congress, Washington D. C.

Arendt, Hannah, 1979: Vom Leben des Geistes, Bd. I, Das Denken, München.

Arendt, Hannah, 21981a: Vita activa oder Vom tätigen Leben, München.

Arendt, Hannah, 41981b: Macht und Gewalt, München.

Arendt, Hannah, 1986: Elemente und Ursprünge totaler Herrschaft, München.

Arendt, Hannah, 1994a: Freiheit und Politik, in: dies.: Zwischen Vergangenheit und Zukunft. Übungen im politischen Denken I, hrsg. von Ursula Ludz, München, S. 201–226.

Arendt, Hannah, 1994b: Revolution und Freiheit, in: dies.: Zwischen Vergangenheit und Zukunft. Übungen im politischen Denken I, hrsg. von Ursula Ludz, München, S. 227–251.

Arendt, Hannah, 1994c: Die Krise in der Erziehung, in: dies.: Zwischen Vergangenheit und Zukunft. Übungen im politischen Denken I, hrsg. von Ursula Ludz, München, S. 255–276.

Arendt, Hannah, 1994d: Kultur und Politik, in: dies.: Zwischen Vergangenheit und Zukunft. Übungen im politischen Denken I, hrsg. von Ursula Ludz, München, S. 277–302.

Arendt, Hannah, 21997: Fernsehgespräch mit Günter Gaus, in Ursula Ludz (Hrsg.): Hannah Arendt. Ich will verstehen. Selbstauskünfte zu Leben und Werk, München, S. 44–70.

Arendt, Hannah, 2003: Was ist Politik? Fragmente aus dem Nachlaß, hrsg. von Ursula Ludz, München.

Arendt, Hannah, 22018: Die Freiheit, frei zu sein, München.

Aristoteles, 41981: Politik, übers. u. hrsg. von Olof Gigon, München.

Bien, Günther, 31985: Die Grundlegung der politischen Philosophie bei Aristoteles, Freiburg/München.

La Boétie, Etienne de, 1980: Von der freiwilligen Knechtschaft, übers. u. hrsg. von Horst Günther, Frankfurt am Main.

Breier, Karl-Heinz, 1998: Politische Wissenschaft als Bürgerwissenschaft – Hannah Arendt über Bürgerfreiheit in der Republik, in: Berg-Schlosser, Dirk/Riescher, Gisela/Waschkuhn, Arno (Hrsg.): Politikwissenschaftliche Spiegelungen. Ideendiskurs – Institutionelle Fragen – Politische Kultur und Sprache. Festschrift für Theo Stammen zum 65. Geburtstag, Opladen/Wiesbaden, S. 160–180.

Breier, Karl-Heinz, 2004: Richard Sennett, in: Riescher, Gisela (Hrsg.): Politische Theorie der Gegenwart in Einzeldarstellungen von Adorno bis Young, Stuttgart, S. 449–453.

Breier, Karl-Heinz/Gantschow, Alexander, 2006: Einführung in die Politische Theorie, Berlin.

Breier, Karl-Heinz, 2007: Hannah Arendt interkulturell gelesen, Nordhausen.

Breier, Karl-Heinz, 42011: Hannah Arendt zur Einführung, Hamburg.

Breier, Karl-Heinz, Gantschow, Alexander, 2012: Politische Existenz und republikanische Ordnung. Zum Staatsverständnis von Hannah Arendt, Baden-Baden.

Breier, Karl-Heinz, 22017: Bürger; Demokratie; Freiheit; Herrschaft; Macht; Politik; Re-
form; Repräsentation; Republik, in: Schwarz, Martin/Breier, Karl-Heinz/Nitschke, Peter:
Grundbegriffe der Politik. 33 zentrale Politikbegriffe zum Einstieg, Baden-Baden.
Hamilton,Alexander/Madison, James/Jay, John, 1961: The Federalist Papers (1787–1788),
hrsg. von Clinton Rossiter, New York/Scarborough.
Gantschow, Alexander, 2011: Das herausgeforderte Selbst. Zur Lebensführung in der Mo-
derne, Würzburg.
Gantschow, Alexander, 2012: Von der Selbstsorge zur Sorge um die Welt – Hannah Arendts
Umwendung existenzphilosophischen Denkens, in: Breier, Karl-Heinz/Gantschow, Ale-
xander (Hrsg.): Politische Existenz und republikanische Ordnung, Baden-Baden, S. 95–
115.
Hereth, Michael, 1995: Montesquieu zur Einführung, Hamburg.
Hereth, Michael, 22001: Tocqueville zur Einführung, Hamburg.
Jaeggi, Rahel, 2003: Öffentliches Glück und politische Freiheit: Hannah Arendts Kritik des
liberalen Individualismus, in: Thaa, Winfried/Probst, Lothar (Hrsg.): Die Entdeckung
der Freiheit. Amerika im Denken Hannah Arendts, Berlin/Wien, S. 237–253.
Machiavelli, Niccolò, 21977: Discorsi. Gedanken über Politik und Staatsführung, eingel. u.
übers. von Rudolf Zorn, Stuttgart.
Montesquieu, Charles Louis de Secondat Baron de la Brède et de, 1988: Perserbriefe, hrsg.
u. übers. von Jürgen von Stackelberg, Frankfurt am Main.
Montesquieu, Charles Louis de Secondat Baron de la Brède et de, 21992: Vom Geist der
Gesetze, hrsg. u. übers. von Ernst Forsthoff, Tübingen.
Nitschke, Peter, 22017: Revolution, in: Schwarz, Martin/Breier, Karl-Heinz/Nitschke, Peter:
Grundbegriffe der Politik. 33 zentrale Politikbegriffe zum Einstieg, Baden-Baden.
Romberg, Regine, 2007: Athen, Rom oder Philadelphia? Die politischen Städte im Denken
Hannah Arendts, Würzburg.
Sternberger, Dolf, 1967: Herrschaft und Vereinbarung. Über bürgerliche Legitimität,
Frankfurt am Main.
Tocqueville, Alexis de, 1978: Der alte Staat und die Revolution, hrsg. von Jacob P. Mayer,
München.
Tocqueville, Alexis de, 21984: Über die Demokratie in Amerika, hrsg. von Jacob P. Mayer,
München.
Trawny, Peter, 2011: Medium und Revolution, Berlin.
Vollrath, Ernst, 1977: Die Staatsformenlehre Montesquieus, in: Haungs, Peter (Hrsg.): Res
publica. Studien zum Verfassungswesen. Dolf Sternberger zum 70. Geburtstag, Mün-
chen, S. 392–414.
Vollrath, Ernst, 1996: Revolution und Konstitution als republikanische Grundmotive bei
Hannah Arendt, in: Baule, Bernward (Hrsg.): Hannah Arendt und die Berliner Republik.
Fragen an das vereinigte Deutschland, Berlin, S. 130–150.
Vollrath, Ernst, 2003: Was ist das Politische? Eine Theorie des Politischen und seiner Wahr-
nehmung, Würzburg.

# Macht- und Gewaltstrukturen im Sprachduktus der Neuen Rechten

Kristin Freter

> *Gewalt ist die Attacke gegen ein zerbrechliches Gut, das mit dem Wort Dialog die Bereitschaft bezeichnet, die Welt mit den Anderen zu teilen.*[1]
> *Hannah Arendt*

Die Demokratie hat es zurzeit nicht leicht. In vielen westlichen Ländern ist seit einigen Jahren ein bedenklicher Rechtsruck[2] zu verzeichnen, nationalistische Tendenzen greifen um sich und populistische Forderungen fallen bei großen Teilen der Bevölkerung auf fruchtbaren Boden. In ihrer preisgekrönten Essaysammlung bescheinigt Carolin Emcke unserer Demokratie eine „Legitimationskrise [...] im Zeitalter des globalen Kapitalismus."[3] Die Frage, wie es so weit kommen konnte, wurde und wird heftig debattiert und hat in den Medien einen festen Platz. Ebenso umstritten ist die Frage nach dem Umgang mit der Neuen Rechten: Soll man mit ihnen reden oder ihnen den Raum für die öffentliche Verbreitung ihrer agitatorischen Thesen erst überhaupt nicht bieten? Wie wird Pluralität durch Sprache bzw. Dialogverweigerung negiert? Für ihre strikte Differenzierung von Macht und Gewalt – „wo die eine absolut herrscht, ist die andere nicht vorhanden"[4] – ist Arendt häufig kritisiert worden.[5] Trotzdem ermöglichen diese Unterscheidungen neue Sichtweisen auf altbekannte Begriffe. Zudem kommt Arendt das Verdienst zu, den Begriff Macht (schon vor Foucault) positiv belegt zu haben und ihn damit auch für feministische Theoretiker*innen und Aktivist*innen interessant zu machen, die sich von der üblichen Konnotation von Macht = Herrschaft abgestoßen fühlen.[6]

---

1   Arendt 1960, S. 41.
2   Werner 2016, URL: https://www.uni-hamburg.de/newsletter/mai-2016/warum-kommt-es-in-europa-zum-aktuellen-rechtsruck-herr-marcinkiewicz.html.
3   Emcke 2013, S. 169.
4   Arendt [25]2015, S. 57.
5   Vgl. Benhabib 2006, S. 200.
6   Vgl. dazu Hartsock 1996, S. 27–49, besonders S. 32–34.

© Springer Fachmedien Wiesbaden GmbH, ein Teil von Springer Nature 2019
M. Wischke und G. Zenkert (Hrsg.), *Macht und Gewalt. Hannah Arendts „On Violence" neu gelesen*, https://doi.org/10.1007/978-3-658-27006-3_9

Im Fokus dieses Beitrags steht das Selbstverständnis der Neuen Rechten als *Hüterin der Meinungsfreiheit.* Dabei wird auch die Doppelrolle der Sprache beleuchtet: Einerseits ist sie ein unverzichtbares, handlungsbegleitendes Medium der Vermittlung und Kommunikation, deren Wichtigkeit von Hannah Arendt in ihren Schriften, besonders in der *Vita activa,* immer wieder hervorgehoben wurde. Andererseits lässt sich Sprache auch für bestimmte Zwecke instrumentalisieren: Sprache kann schmeicheln oder verletzen, die Aufmerksamkeit auf etwas lenken und manipulieren. Ob Hasskommentare in sozialen Medien oder populistische Aussagen von Politiker*innen, die um die Stimmen ihrer Wähler*innen am rechten Rand bangen – Sprache ist mächtig, weil sie Realitäten schafft, indem durch sie Informationen selektiv oder auch gar nicht vermittelt werden. Bewusst inszenierte Tabubrüche wie der Versuch Frauke Petrys, das zurecht in Vergessenheit geratene Adjektiv „völkisch" entstigmatisieren zu wollen[7] oder die hassgeladene Aschermittwoch-Rede von André Poggenburg[8] werden in erster Linie dazu genutzt, mediale Aufmerksamkeit zu generieren. Zwar folgt oftmals auch eine hitzige Debatte, die aber leider größtenteils in den sozialen Netzwerken und damit innerhalb der eigenen Echokammer geführt wird.[9] Zu einem deliberativen Austausch unterschiedlicher Meinungen kommt es dabei in der Regel nicht.

Dieser Beitrag möchte mit Arendts Überlegungen zu Macht und Gewalt die Diskurs-verweigerung der (neuen) Rechten thematisieren und aufzeigen, dass bereits das bewusste Entziehen des Dialogs einen Akt der Gewalt darstellt.

Der erste Teil bietet einen Einblick in Arendts aristotelisch geprägtes Politikverständnis und eine Verortung der Arendtschen Schlüsselbegriffe Pluralität und Freiheit sowie der Konstellation Macht und Gewalt. Der zweite Teil widmet sich den Phänomenen Terrorismus und Populismus und analysiert die von ihnen geteilten Strukturen der Sprachlosigkeit und der Weigerung, Pluralität als Grundbedingung der *conditio humana* anzuerkennen. Arendts Gedanken zum politischen Diskurs sind in dieser Hinsicht noch immer erstaunlich aktuell und werden, so lange es eine Welt zwischen den Menschen gibt, immer aktuell bleiben.

---

7   Krauel 2016, URL: https://www.welt.de/politik/article158067022/Kampfbegriffe-der-Nazis-sind-nicht-resozialisierbar.html.

8   Orden 2018, URL: http://www.taz.de/!5485065/.

9   Vgl. Heinrich-Böll-Stiftung 2017, URL: https://www.boell.de/de/2017/02/08/filter-bubble-echokammer-fake-news.

# 1    Pluralität, Macht und Gewalt

In ihrem Essay *Macht und Gewalt* (dt. 1972) kritisiert Hannah Arendt, dass sich bis dahin kaum einer der Mühe unterzogen habe, sich mit der Rolle der Gewalt im geschichtlichen und politischen Kontext dezidiert auseinanderzusetzen.[10] Von Hobbes über Rousseau und Voltaire, Karl Marx, Friedrich Engels und Mao Tse-tung bis hin zu Carl von Clausewitz und Bertrand de Jouvenel sei Gewalt bisher mit Herrschaft[11] und Zwang assoziiert und häufig als eine gesteigerte Form der Macht[12] oder „Macht als eine Art gemilderte Gewalt"[13] angesehen worden. Im Gegensatz zu Hobbes' Modell des Leviathans, dem das Machtmonopol zukommt, plädiert sie für ein dezentriertes Machtmodell, das den Faktor Pluralität berück-sichtigt: Pluralität zählt für Arendt zu den Grundbedingungen menschlicher Exis-tenz, da jeder Mensch in ein bereits bestehendes Bezugsgewebe menschlicher Angelegenheiten, in eine gemeinsam bewohnte Welt hineingeboren wird. Diesem Umstand kann er sich höchstens entziehen, wenn er ein Leben fernab von jeglicher Gesellschaft führt. Doch der Mensch ist ein soziales Lebewesen, das sich erst in der Interaktion mit anderen überhaupt konstituiert.[14] Auf der einen Seite entfaltet sich Macht zwischen den Menschen, auf der anderen Seite wird sie aber auch durch die Anwesenheit der anderen, die ebenfalls Macht generieren, begrenzt.

Während Herrschaft stets vertikal ausgeübt wird und nach der Definition des Soziologen Max Weber Gehorsam erfordert, erfolgt Politik nach Arendt auf horizontaler Ebene, im *Zwischen der Menschen*. Mit der Differenzierung von Schlüsselbegriffen wie Macht, Stärke, Kraft, Autorität und Gewalt[15] möchte Arendt dem Missverständnis entgegenwirken, dass, bezogen auf die Politik, immer nur die Frage entscheidend sei, wer über wen herrsche: „Erst wenn man diese verhängnisvolle Reduktion des Politischen auf den Herrschaftsbereich eliminiert, werden die ursprünglichen Gegebenheiten in dem Bereich der menschlichen

---

10    Vgl. Arendt ²⁵2015, S. 12.
11    Das Lexikon der Politik definiert Herrschaft als „asymmetrische soziale Beziehung mit stabilisierter Verhaltenserwartung, wonach die Anordnungen einer übergeordneten Instanz von deren Adressaten befolgt werden". Lexikon der Politik 2004, Band 7: Poli-tische Begriffe, S. 249.
12    Arendt ²⁵2015, S. 36.
13    Ebd., S. 39.
14    Pluralität ist übrigens auch der Grund, warum Arendt die Souveränität von National-staaten ablehnt: ein souveräner Staat setzt sich über die Gemeinschaft mit anderen Staaten hinweg und pocht auf seine Unabhängigkeit, wo Kooperation und Pluralog, der erweiterte Dialog, angebracht wären.
15    Arendt ²⁵2015, S. 44.

Angelegenheiten in der ihnen eigentümlichen Vielfalt wieder sichtbar werden."[16] Mit ihrer Unterscheidung versucht sie also, die Gewalt aus dem Bereich des Politischen auszuklammern, um den eigentlichen Sinn von Politik freizulegen: (positive) Freiheit.[17] Politik ist für Arendt demnach keine *techne*, keine Kunstfertigkeit der Machtausübung, sondern ein Überbegriff für die kommunikative Art und Weise, in der Gesellschaften sich selbst steuern.

Arendts politisches Verständnis widerspricht der These, die Aristoteles in seiner staatsphilosophischen Schrift *Politeia* aufstellt, nämlich, dass der Mensch ein *zoon politikon*, ein politisches Wesen sei: „[A]ls ob es im Menschen etwas Politisches gäbe, das zu seiner Essenz gehöre. Dies gerade stimmt nicht; *der* Mensch ist a-politisch. Politik entsteht in dem *Zwischen-den*-Menschen, also durchaus *außerhalb* des Menschen."[18] Er ist auf die Gemeinschaft von anderen Menschen angewiesen, um überhaupt politisch agieren zu können. Dabei organisiert „Politik [...] die absolut Verschiedenen [Individuen] im Hinblick auf *relative* Gleichheit [die gemeinsam geteilte Welt] und im Unterschied zu *relativ* Verschiedenen [anderen Völkern und Nationen]".[19] Gemeint ist damit, dass sich unterschiedliche Individuen zusammenschließen können, um sich auf das Gemeinsame zu besinnen, und zwar in erster Linie durch den Austausch von Meinungen und Ansichten, also durch Sprache.[20]

Durch das Sprechen im öffentlichen Raum konstituiert sich das Individuum als ein Jemand, der sich von anderen unterscheidet.[21] In ihrem Nachlass bestätigt sie, dass die politische Tätigkeit in der antiken Polis vorzugsweise „eine Tätigkeit des Miteinander-Redens"[22] war.[23] Es geht vor allem um die gemeinsame Ver-

---

16  Ebd. S. 45.

17  Arendt unterscheidet zwischen Befreiung und Freiheit. Erst die Befreiung aus Unterdrückungsverhältnissen und materieller Not bietet die Voraussetzung, sich an der Gestaltung der gemeinsamen Welt beteiligen zu können. Genau dies ist es aber, was Arendt unter politischem Handeln versteht. Wirklich frei ist nach Arendt erst, wer als Gleicher unter Gleichen am öffentlichen politischen Leben teilnehmen kann (vgl. Arendt 2018).

18  Arendt ⁴2010, S. 11. Hervorhebung im Original.

19  Ebd., S. 12.

20  Vgl. Arend 2018, S. 37.

21  Vgl. Arendt ⁹2010. S. 217f.

22  Ebd., S. 40.

23  Sklaven, Frauen und Metöken hatten in der griechischen Antike kein Mitspracherecht, weil sie von der Öffentlichkeit und Gemeinschaft der Polis ausgeschlossen waren. Auch wenn in modernen Demokratien zumindest auf dem Papier die Teilhabe an den öffentlichen Dingen gewünscht bzw. erforderlich ist, gibt es viele Faktoren (Berufs-

ständigung und das Abgleichen unterschiedlichster Interessen, die es in einer pluralen Gesellschaft immer geben wird. Das ist die Seite der Macht, die in der Arendt-Forschung als „Kommunikationsmodell" (Habermas) oder „horizontales" bzw. „narratives Handlungsmodell" (Benhabib) hervorgehoben wird und die eine *Ermächtigungsmacht* ist. Scheinbar im Widerspruch dazu steht die sogenannte *Durchsetzungsmacht*, die weiter unten noch ausführlicher vorgestellt wird.

Das Generieren von Macht entspricht für Arendt dem Handeln, einer der drei Grundtätigkeiten, die sie in *Vita activa* beschreibt. Dabei unterscheidet sie aktives Handeln von einem passiven, „bloß reaktiven Sichverhalten (behavior)" und schreibt dem aktiven Handeln die Funktion zu, „Prozesse zu unterbrechen, die sonst automatisch und damit voraussagbar verlaufen würden".[24] Dieses Element der Spontaneität und Unvorhersehbarkeit ist es, was das Handeln vom Herstellen unterscheidet, das relativ vorhersehbar ist, da beim Herstellen auf ein vorher festgelegtes Ziel hingearbeitet wird.

Der Macht entgegengesetzt ist für Arendt die Gewalt. Sie ist nicht auf andere angewiesen und weder gebunden an Verständigung noch abhängig von der Übereinkunft mit Anderen: „Gewalt schließlich ist […] durch ihren instrumentalen Charakter gekennzeichnet. Sie steht dem Phänomen der [personengebundenen, individuellen, K.F.] Stärke am nächsten, da die Gewaltmittel, wie alle Werkzeuge, dazu dienen, menschliche Stärke bzw. die der organischen ,Werkzeuge' zu vervielfachen, bis das Stadium erreicht ist, wo die künstlichen Werkzeuge die natürlichen ganz und gar ersetzen."[25] Arendt weist allerdings selbst darauf hin, dass sie mit idealtypischen Begriffen operiert, da Macht und Gewalt gewöhnlich kombiniert auftreten und „nur in extremen Fällen in ihrer reinsten Gestalt anzutreffen sind […]".[26]

Gewalt verortet Arendt in der Zweck-Mittel-Kategorie; sie korrespondiert bei ihr mit der weiter oben erwähnten Grundtätigkeit des Herstellens, weil Gewalt – zumindest laut Arendt – ein bestimmtes Ziel verfolgt, das mittels Gewalt erreicht werden soll. Gewalt ist also ein Mittel zum Erreichen eines Zweckes und, analog zum Herstellen, eine technische Angelegenheit.

Unter dieser Prämisse wird auch verständlich, warum Arendt der Gewalt eine so große Verführungskraft zuschreibt: Aufgrund ihrer relativen Vorhersehbarkeit stellt sich Gewalt als äußerst effizient dar, während politisches Handeln, also der

---

tätigkeit, soziales Umfeld, gesundheitlicher Zustand etc.), die Menschen daran hindern, sich zu engagieren.

24  Arendt [25]2015, S. 35.
25  Ebd., S. 47.
26  Ebd., S. 48.

Austausch von Argumenten und Meinungen, oftmals als langwierig und unvorhersehbar empfunden wird.

In der Soziologie geht man allerdings inzwischen davon aus, dass Gewalt eine soziale Tatsache ist und als solche nicht immer zweckgerichtet sein muss: „Eine Gesellschaft ohne Gewalt existiert nicht und hat es nie gegeben",[27] so die Soziologin Michaela Christ in ihrem Essay über Gewaltforschung. Macht und Gewalt sind auch deshalb so eng miteinander verknüpft, weil das legitimierte Gewaltmonopol in modernen Gesellschaften dem Staat obliegt: Er kann Gewalt androhen, wenn Gesetze gebrochen werden, oder Gewalt durch die Exekutive realisieren (Freiheitsentzug, Bußgeldbescheide etc.). Der Staat hat damit eine Durchsetzungsmacht. Dahinter steht auch der Wunsch, spontane bzw. „autotelische Gewalt"[28] zu verhindern, also gewalttätige Handlungen als Selbstzweck, aus Freude an der Gewalt – ein Aspekt, den Arendts oben genannte Kategorisierung nicht vorsieht, was angesichts der von ihr miterlebten Gräuel der NS-Herrschaft erstaunen mag.

Die viel zitierte Definition von Max Weber – „Macht bedeutet jede Chance, innerhalb einer sozialen Beziehung den eigenen Willen auch gegen Widerstreben durchzusetzen, gleichviel worauf diese Chance beruht"[29] –, kann bei Arendt nicht greifen, weil Macht nach ihrer Definition erst gar nicht über einen (instrumentalen) Willen verfügt. Von ihr wird Macht ausschließlich positiv bewertet und als „Urphänomen der Pluralität"[30] verstanden: „*Macht* entspricht der menschlichen Fähigkeit, nicht nur zu handeln oder etwas zu tun, sondern sich mit anderen zusammenzuschließen und im Einvernehmen mit ihnen zu handeln."[31] Auch diese Aussage legt die Deutung von Macht vor allem als konsensorientiertes Miteinanderreden nahe.

Der Philosoph Byung-Chul Han folgert, dass nach Arendts Verständnis von Macht als einem kommunikativen Modell eine vollkommene Eintracht die höchste Form der Macht darstellen müsste – doch Arendt definiert den Extremfall der Macht bekanntermaßen wie folgt: „Der Extremfall der Macht ist gegeben in der Konstellation: Alle gegen Einen, der Extremfall der Gewalt in der Konstellation: Einer gegen Alle."[32]

---

27  Christ 2017, S. 9–15, hier: S. 10.

28  Vgl. Reemtsma 2008.

29  Weber ⁵1985, S. 28. Zwar ist auch für Weber das soziale Gefüge eine Voraussetzung für Macht, doch Arendt betont ausdrücklich den Stellenwert der gemeinsamen Übereinkunft, des Konsenses.

30  Arendt 2002, Bd. 1 von 2, S. 160.

31  Arendt ²⁵2015, S. 45.

32  Ebd., S. 43.

In diesem zweifachen Gegen, das in Arendts Definition auftaucht, erkennt Han ein strategisch-polemologisches Moment und er resümiert, dass sich „das Politische [...] nicht aufs Zusammenhandeln reduzieren [lässt]".[33] Es scheint, als habe sich Weber durch die Hintertür in Arendts Gedanken eingeschlichen. In der Forschung ist diese eigentümliche Spannung häufig thematisiert worden. Die Arendt-Interpretin Katrin Meyer nennt dies eine Verschränkung vom „Ideal der Ermöglichungsmacht"[34] und der Durchsetzungsmacht, infolge derer das gemeinsame Handeln der Logik des Streits folge und damit eine normative Ambivalenz erhielte.[35] Wie bereits erwähnt, heben viele Interpret*innen das kommunikative beziehungsweise narrative Element von Arendts Machtdefinition hervor und betonen Macht als Ermöglichungsmacht. Jenes Element, das Han strategisch-polemologisch nennt, wird von Seyla Benhabib als agonales, dem narrativen Handlungsmodell entgegenstehendes Modell bezeichnet. Passerin D'Entrèves deutet dieses Element als Durchsetzungsmacht, die einer expressiven Logik folge und in der sich ein theatralisch-heroisches Konzept des Politischen äußerte.[36] Diese Kluft versucht Meyer zu überbrücken, indem sie dafür plädiert, Arendts zweifaches Machtverständnis „[...] zusammen zu denken."[37]

In *Macht und Gewalt im Widerstreit* legt Meyer plausibel dar, „dass die polemische Dimension der Macht bei Arendt ein interner Effekt der pluralisierenden Ermöglichungsmacht ist und darum nicht ausgespart bleiben kann".[38] Anders als Han deutet sie diesen „Einen", gegen den sich im Extremfall der Macht „Alle" wenden oder, vice versa, der Extremfall der Gewalt, bei dem sich der „Eine" gegen alle anderen wendet, nicht als Fehlüberlegung Arendts, sondern als logische Konsequenz der Paradoxie, dass „ein Machtverhältnis immer durch eine gegnerische Position [eines einzelnen oder einer Gruppe, K.F.] strukturiert [i. e. ermöglicht und begrenzt, K.F.] wird".[39] Mit der Auslegung, dass „das konsensuelle Moment Teil eines konflikthaften Streits ist, und der Streit der Effekt konsensuell orientierter Praktiken",[40] stellt sich Meyer gegen Positionen wie die von Habermas oder Benhabib, die das kommunikative Moment vom agonalen losgelöst verstanden wissen wollen.

---

33  Han 2005, S. 106.
34  Meyer 2016, S. 19.
35  Ebd.
36  Vgl. Passerin d'Entrèves 1994, S. 84.
37  Mayer 2016, S. 89.
38  Ebd., S. 90.
39  Ebd.
40  Ebd., S. 91.

## 2    Gewalt und Sprache

Wenn sich Macht durch Sprache manifestiert, durch das Miteinanderreden und
Miteinanderkommunizieren, dann legt das den Umkehrschluss nahe, dass Gewalt
nicht kommuniziert und Sprachlosigkeit ein weiteres Merkmal der Gewalt darstellt. Bei Arendt findet sich in ihrem Nachlass dazu folgende Anmerkung: „Hier
handelt es sich nicht einfach darum, daß die Sprache hilflos ist, wenn ihr die Gewalt gegenübertritt (es ist in der Tat wahr, daß man der ‚geschwätzigen' Demokratie nur den Revolver auf die Brust zu setzen braucht, um sie verstummen zu machen, nur hat man damit eben auch allem politischen Leben den Garaus gemacht),
sondern vielmehr darum, daß die Gewalt selbst stumm ist, unfähig nämlich, sich
im Wort wirklich adäquat zu äußern.‘⁴¹
      Die Gründe für diese Stummheit sieht Arendt in der Unfähigkeit jener Akteure,
andere in ihr Urteil über die Welt mit einzubeziehen. In ihren Texten zu Kants
politischer Philosophie erkennt Arendt in Kants Analyse der ästhetischen Urteile
eine politische und moralische Dimension, die in seiner Hervorhebung der Ge-
selligkeit als Grundbedürfnis menschlicher Existenz liegt. Wie das Sprechen und
Handeln hat auch das Urteilen als „erweiterte Denkungsart" oder mit Arendt, der
*sensus communis*, der Gemeinsinn, seinen Ursprung in der Pluralität: Urteilen ist
daher für Arendt ein politisches Vermögen, weil es nicht nur die Einstimmigkeit
des Denkenden mit sich selbst einbezieht, sondern die Standpunkte und somit die
„Einstimmigkeit mit Anderen" hinzufügt.⁴²
      Auch Toni Morrison bestätigt den Zusammenhang zwischen Sprachlosigkeit
bzw. gedankenlosem Umgang mit Sprache und Gewalt in ihrer Rede zum Literatur-
nobelpreis 1993: „Oppressive language does more than represent violence; it is
violence; does more than represent the limits of knowledge; it limits knowledge.
[…] Sexist language, racist language, theistic language – all are typical of the po-
licing languages of mastery, and cannot, do not permit new knowledge or encour-
age the mutual exchange of ideas.‘⁴³
      Darin klingt an, dass Gewalthandlungen durch Sprache sehr wohl bewusst und
leider auch effektiv eingesetzt werden, um bestehende Verhältnisse aufrecht zu erhalten oder die politische Stimmung zu lenken. Gewalttätige Menschen, ob sie sich
nun im politischen Rahmen an große Massen richten oder als Haustyrannen im
privaten Raum herrschen, fehlt es an der kantischen „erweiterten Denkungsart",

---

41   Arendt 2006, S. 108–109.
42   Vgl. Arendt 2002, S. 569f.
43   Morrison: Nobelpreisrede vom 7. Dezember 1993. URL: https://www.nobelprize.org/
     nobel_prizes/literature/laureates/1993/morrison-lecture.html.

die ja dazu führen würde, mit ihrem Gegenüber in Dialog zu treten und die Ungewissheit auszuhalten, möglicherweise einen Kompromiss eingehen zu müssen. Um zu verdeutlichen, dass Gewalt nicht immer als immanenter Bestandteil des Politischen angesehen wurde, rekurriert Arendt auf die Antike: „Wenn die athenische Polis von ihrer Verfassung als Isonomie sprach, einer Organisation der Gleichen im Rahmen des Gesetzes, oder wenn die Römer ihre *res publica*, das öffentliche Ding, eine *civitas*, eine Bürgervereinigung nannten, so schwebte ihnen ein anderer Macht- und Gesetzesbegriff vor, dessen Wesen nicht auf dem Verhältnis zwischen Befehlenden und Gehorchenden beruht und der Macht und Herrschaft oder Gesetz und Befehl nicht gleichsetzt."[44]

Hierin liegt auch der Grund für Arendts strikte Trennung von Oikos und Polis, also dem häuslichen privaten und dem öffentlichen politischen Leben: „Politisch zu sein, in einer Polis zu leben, das hieß [die Möglichkeit zu haben, K.F.], daß alle Angelegenheiten vermittels der Worte, die überzeugen können, geregelt werden und nicht durch Zwang oder Gewalt. Andere durch Gewalt zu zwingen, zu befehlen, statt zu überzeugen, galt den Griechen als eine gleichsam präpolitische Art des Menschenumgangs, wie er üblich war in dem Leben außerhalb der Polis, also im Umgang mit den Angehörigen des Hauses und der Familie [...]."[45]

Das Politische ist für Arendt jener künstlich geschaffene öffentliche Raum, der sich zwischen den Menschen bildet, wenn sie sich frei von Notwendigkeiten und Zwängen auf Augenhöhe über Dinge austauschen, die sie gemeinsam betreffen und in dem sie handelnd und sprechend in Erscheinung treten können. Die gemeinsame Welt bildet dabei das verbindende Element, die unterschiedlichen Ansichten und Standpunkte das trennende. Der Austausch zu politisch-öffentlichen Angelegenheiten unterscheidet Arendt von privaten Angelegenheiten dadurch, dass „[d]ie öffentliche Debatte [nur] Dinge behandeln [kann], die wir [...] nicht mit Sicherheit errechnen können".[46] Die unterschiedlichen Sichtweisen (oder einfach: der Faktor Pluralität) garantieren die generelle Unabschließbarkeit von Entscheidungsprozessen. Ausschlaggebend ist jedoch der Umgang mit dem Trennenden: „Wichtiger als das Faktum, unter sich einig zu sein, wird die Art und Weise, wie eine Gemeinschaft mit Dissens und Differenz umgeht. Nur wenn garantiert ist, dass alle Menschen ebenbürtig und gleich behandelt und in ihrer jeweiligen Einzigartigkeit und Besonderheit anerkannt werden, sind die Bedingungen ge-

---

44  Arendt [25]2015, S. 40.
45  Arendt [9]2010, S. 37.
46  Arendt [7]2016, S. 73–115, hier: S. 91.

geben, dass Menschen tatsächlich miteinander einen gemeinsamen Anfang schaffen können."[47]

Arendt sieht den Handlungsraum durch zwei Punkte gefährdet: Zum einen warnt sie vor dem zunehmenden Einzug der Bürokratie in die Politik: „Woran Macht heute scheitert, ist nicht so sehr die Gewalt als der prinzipiell anonyme Verwaltungsapparat."[48] Der nächste Punkt ist schwieriger anzugehen, da die Kritik auf ein grundmenschliches Phänomen hinweist: der oft nur schwer in Einklang zu bringende Gegensatz zwischen dem (lebenszeitlich begrenzten) Eigeninteresse und der (die eigene Lebenszeit überdauernden) gemeinsamen Welt. Entsprechend nüchtern fällt ihr Resümee aus: „Von Leuten, die nicht die leiseste Ahnung haben, was ein Gemeinwesen ist bzw. was die *res publica*, das ‚öffentliche Ding' ist, zu erwarten, sie sollten, wenn es um ihr persönliches Interesse geht, gewaltlos reagieren und vernünftig argumentieren, ist weder realistisch noch vernünftig."[49] Der zweite Punkt setzt noch eine weitere Qualität voraus, die die Teilhabe am Gemeinwesen überhaupt erst ermöglicht: die Freiheit von materieller Not und Unterdrückung. Der ökonomische Zwang zur Erwerbsarbeit lässt kaum genügend Freiraum und Muße, um sich mit Themen zu befassen, die außerhalb des eigenen Selbst liegen. Erst wenn Engagement und Beteiligung an der *öffentlichen Sache* besser in den Alltag der Menschen integriert werden, sodass tatsächlich grundsätzlich alle Menschen die Möglichkeit haben, ihr Recht auf Mitbestimmung verwirklichen zu können, besteht die Möglichkeit, eine neue Diskussionskultur zu etablieren, die sich den aktuellen Tendenzen entgegenstellt, lediglich die eigene Meinung durchzusetzen, anstatt im Austausch mit anderen für die gemeinsame Welt zwischen den Menschen zu argumentieren.

## 3    Terrorismus und Populismus als Gefahren für die Pluralität

Gewalt (verbale wie nonverbale) dient gewissen Akteur*innen als Mittel, um durch die Verbreitung von Sprachlosigkeit und Diskussionsverweigerung politische Macht zu schwächen. Es scheint ihr Ziel zu sein, die Demokratie zu entkräften, indem sie durch ihre Taten verbreiten, dass durch Kommunikation und Austausch nichts mehr zu gewinnen sei. Man kann sagen, dass Macht in dem Maße weicht, in welchem Gewalt beziehungsweise die Unfähigkeit zum Dialog zunimmt.

---

47    Meyer 2016, S. 18.
48    Arendt [25]2015, S. 82.
49    Ebd., S. 78.

Im Folgenden werden daher die aktuellen Phänomene Terrorismus und Populismus hinsichtlich ihres Gewaltpotenzials untersucht und miteinander verglichen. Wurde nach 9/11 laut vieler Medien eine „Ära des Terrorismus"[50] eingeleitet, stellten sich viele Medienvertreter*innen nach dem Erstarken rechter Parteien im Jahr 2016, ob nun eine „Ära der Populisten" angebrochen sei.[51] Prinzipiell verbindet Terrorist*innen wie Populist*innen, dass sie (sich selbst und ihren Anhänger*innen) die Welt vereinfachen: Freund – Feind, Wir und die Anderen, Gut und Böse. Darüber, wie Terrorismus nun genau zu definieren sei, herrscht immer noch eine gewisse Uneinigkeit. Feststeht, dass der Begriff ursprünglich auf den *terreur* der Französischen Revolution zurückgeht und die Schreckensherrschaft beschreibt, die im Anschluss an die Machtübernahme erfolgte. Beschrieb der Begriff Terrorismus also zuerst den *Terror von oben* wurde er später auf den *Terror von unten* angewandt – auf Gewaltanschläge, die sich gegen den Staat oder die Mehrheitsgesellschaft richten und von nichtstaatlichen Akteuren verübt werden. Richtet sich der Staat gegen seine Bevölkerung, spricht man von Terror. Ein Nachteil der oben genannten Definition des Terrorismus ist, dass er Gewalttaten außen vor lässt, die sich nicht direkt gegen den Staat richten, sondern gegen „Angehörige schwacher Gruppen [Migrant*Innen, Angehörige religiöser Minderheiten, Homosexuelle, Arbeits- und/oder Obdachlose, K.F.] in der Gesellschaft wendet, mit den Zielen, unter diesen Angst und Schrecken zu verbreiten und sie zu unterdrücken und zu vertreiben [...]."[52] Der Soziologe Matthias Quent schlägt daher vor, den Begriff des Vigilantismus aus der US-amerikanischen Debatte zu übernehmen, der sich mit dieser Form des Terrorismus beschäftigt.

Vigilantismus ist ein Überbegriff für Akteure (Einzelgänger*innen oder Mitglieder einer Bürgerwehr), die den exekutiven Kompetenzen des eigenen Staates misstrauen und Selbstjustiz verüben: Gewalttaten, die von diesen Akteuren ausgeführt werden, richten sich nicht per se gegen das Konzept Staat, sondern gegen die vermeintliche Ineffizienz desselben. Dafür nehmen sie auch Verletzungen der bestehenden Gesetze in Kauf. Anders als die Anhänger*innen von Al-Quaida oder denen der Roten Armee Fraktion (RAF), geht es den Gewalttätern in Organisationen wie der rechtsextremen *Bürgerwehr Freital* nicht darum, das System an sich zu ändern, sondern den Status quo (i. e. ihre Privilegien) aufrechtzuerhalten,

---

50  Ulrich: Online vom 04. August 2016. URL: http://www.zeit.de/2016/31/globale-krisen-brexit-europa-tuerkei-chaos-terrorismus-putsch/komplettansicht.

51  So der gleichnamige Titel aus der Sendereihe *Sein und Streit* bei Deutschlandfunk Kultur vom 08. Mai 2016. Möller: URL: http://www.deutschlandfunkkultur.de/sein-und-streit-die-ganze-sendung-was-ist-populismus.2162.de.html?dram:article_id=353544.

52  Vgl. Quent 2016, S. 20–26, hier: S. 20.

den sie durch Einwanderung oder Minderheitenschutz bedroht sehen. Daneben ist ihnen die sogenannte Wiederherstellung einer angeblich ehemals besseren Ordnung ein Anliegen. Kommt der Staat ihrer Ansicht nach dieser Aufgabe nicht nach oder wirkt ihr sogar entgegen, kann sich die Gewalt auch gegen staatliche Vertreter*innen richten, wie im Fall des Attentats auf die Kölner Oberbürgermeisterin Henriette Reker im Jahr 2015, bei dem der Täter mit den Worten zitiert wurde: „Ich wollte sie töten, um Deutschland und auch der Polizei einen Gefallen zu tun."[53] Quent hebt die weitgehende Sprachlosigkeit der rechtsextremen Gewalttaten hervor: Im Gegensatz etwa zur RAF, die ihre Gewalthandlungen gegenüber ihrem Umfeld und der Gesellschaft als rechtfertigungsbedürftig empfanden, sehen Vigilant*innen aufgrund ihres antiegalitären, hierarchisch strukturierten und oftmals rassistischen Weltbilds keinen Rechtfertigungsbedarf ihrer Taten.[54] Für Sympathisant*innen dieser Bewegungen genügt ein Motto, das die Gewalttaten ideologisch legitimiert, wie im Fall der *Bürgerwehr Freital/360* das Narrativ vom „Schutz der Heimat". Quent bezeichnet den vigilantistischen Terrorismus nach Herfried Münkler als „Komplexitätsreduktion mit der Waffe".[55]

Auch der Populismus nutzt die Mittel der Simplifizierung von komplexen Sachverhalten. Seine Waffe ist die Sprache, die primär nicht zur Verständigung, zum Austausch eingesetzt wird, sondern als Transportmittel für Emotionen und Provokation dient. Populismus entstammt dem lateinischen Wort *populus*, das übersetzt Volk bedeutet. Laut dem Duden ist Populismus eine „von Opportunismus geprägte, volksnahe, oft demagogische Politik, die das Ziel hat, durch Dramatisierung der politischen Lage die Gunst der Massen (in Hinblick auf Wahlen) zu gewinnen".[56] Als Phänomen taucht der Begriff erstmals in der zweiten Hälfte des 19. Jahrhunderts in den USA auf und bezeichnet die sogenannte Farmer-Revolution im Jahr 1867. Bauern aus den Provinzen protestierten gegen den Kapitalismus, gegen die Industrie, die Städte und gegen vieles, was auch heutige Populisten anprangern. Einen negativen Beiklang erfährt der Populismus erst in den 1920er- und 1930er-Jahren, in den Zeiten der Weltwirtschaftskrise und der Massenarbeitslosigkeit. Der Nationalsozialismus enthält viele Elemente, die sich im heutigen Populismus wiederfinden, allen voran der Versuch, an die vermeintliche Homogenität eines Volkes zu appellieren. Populist*innen wissen um diesen negativen Beiklang und werten ihn als Kampfbegriff um, indem sie das demokratische Element dieses Begriffes betonen. So verkündet beispielsweise Marine Le Pen, die

---

53  Zitiert nach Quent 2016, S. 26.

54  Vgl. Quent 2016, S. 24.

55  Ebd., S. 26.

56  Duden Online. Populismus. URL: https://www.duden.de/rechtschreibung/Populismus.

Vorsitzende der rechtsextremen Partei Front Nationale in Frankreich: „Bedeutet Populismus die Macht durch das Volk und für das Volk, dann bin ich Populistin."[57] Doch auch hier wird nicht verdeckt, dass es sich bei ihrer Vorstellung von Volk um eine homogene Masse handelt, die offenbar auch nur eine einzige Meinung, nämlich die der Front National, vertritt.

Nach Jan-Werner Müller, Professor für Politische Theorie und Ideengeschichte an der US-amerikanischen Universität Princeton, zeichnet sich Populismus durch eine antiegalitäre und antipluralistische Grundhaltung aus. Das Politische im Sinne von Arendt und der griechischen Antike versteht sich allerdings als ein Topos, in dem sich Menschen als Gleiche begegnen, um unterschiedliche Meinungen zu diskutieren. Eine antipluralistische Grundhaltung hat demnach in der Politik, die ja überhaupt nur eine Folge von Pluralität ist, nichts zu suchen. Im Unterschied zur Demokratie,[58] die dem Umstand der Meinungsvielfalt und unterschiedlichen Lebensentwürfen der Menschen Rechnung trägt, legt es der Populismus darauf an, Pluralismus zu reduzieren: das Volk und die Anderen.

Das ist die Gefahr, auf die Arendt in ihren Werken immer wieder hinweist: Das Bestreben, den Menschen so zu organisieren, als gäbe es ihn nicht im Plural, sondern nur im Singular, sei der Schlüssel zum Terror von totalitaristischen Systemen.[59] Populistische Forderungen bedienen sich dieser Methode der Reduktion und begeben sich damit in eine gefährliche Nähe zu einem totalitären Weltbild. Die Tatsache der menschlichen Pluralität wird von populistischen Akteuren und ihren Anhänger*innen ignoriert. Aufschlussreich dazu sind auch die Ergebnisse der Leipziger Mitte-Studie 2016. Bei der Frage nach der generellen Einstellung zur Demokratie als Staatsform gegenüber anderen erhielt die Demokratie die meiste Zustimmung. Allerdings steigt der Anteil derjenigen, die die Demokratie nur teilweise als beste Staatsform ansehen (6,8 %) oder sie sogar vollkommen ablehnen (1,7 %), je mehr sie mit den Zielen der Pegida-Bewegung sympathisieren.[60] Die Aussage: „Was Deutschland jetzt braucht, ist eine einzige starke Partei, die die Volks-

---

57    Marine Le Pen in einem Interview mit dem ZDF vom 07. Dezember 2016. URL: https://www.zdf.de/nachrichten/heute-sendung/interview-lepen-100.html.

58    Folgt man Arendt darin, die Herrschaft aus der Politik zu eliminieren, müsste es die Demokratie als *Volksherrschaft* eigentlich auch treffen. Platon (427–347 v. Chr.) und Aristoteles (384–322 v. Chr.) sahen in der Demokratie eine Ochlokratie, eine *Herrschaft des Pöbels*, und standen ihr äußerst zurückhaltend gegenüber. Ohne zusätzliche Rechte, die Minderheiten unter Schutz stellen, bestünde auch tatsächlich die Gefahr einer Tyrannei der Mehrheit, die Randgruppen exkludiert und diese mit Verweis auf die Mehrheit zum Nicht-Volk machen.

59    Vgl. Arendt 1991.

60    Decker/Kiess [2]2016.

gemeinschaft insgesamt verkörpert" erhielt ebenfalls umso mehr Zustimmung, je stärker die Befragten die Ziele der Pegida-Bewegung befürworteten. Unter denjenigen, die Pegida vollkommen befürworten, lag der Anteil zur Zeit der Umfrage sogar bei 51,2 %.[61] In ihrem Fazit kommen die Herausgeber der Studie u. a. zu dem Schluss, dass „[…] die hohe Gewaltbereitschaft unter den Befürwortern der Bewegung [...] nicht dafür [spricht], dass lediglich politisch Deprivierte ein Mitspracherecht fordern – im Gegenteil sind demokratische Aushandlungsprozesse und die Befürwortung von Gewalt nicht miteinander vereinbar".[62]

Populisten weltweit nutzen die gleichen Werkzeuge, um Weltbilder herzustellen: Sie schüren Ängste, verbreiten Falschmeldungen und stützen Verschwörungstheorien, sie legen Wert darauf, sich wirkungsvoll zu inszenieren und schließlich nutzen sie alle die Gewalt der Sprache. Das rückt sie in die Nähe der Demagogen. Der Begriff Demagogie (griechisch δῆμος, *dēmos*, *Volk*, und ἄγειν, *agein*, *führen*, also Volksführung oder, pejorativ wertend: Volksverführung) war ursprünglich in der Regel positiv konnotiert und hat erst im 20. Jahrhundert einen Bedeutungswandel erfahren. Demagogen bedienen sich aus dem gleichen Werkzeugkasten wie Populisten, um Macht zu gewinnen: Sie manipulieren durch eine emotional aufgeladene Sprache und schüren Vorurteile.

Auch wenn derzeitigen Populisten wie Donald Trump, Wladimir Putin oder Recep Erdoğan viel daran gelegen scheint, den (islamistischen) Terrorismus zu bekämpfen,[63] finden sich einige Parallelen im theoretischen Gedankengebäude von Populisten und Terroristen: Beide arbeiten mit einem Freund-Feind-Bild und wissen, sich zu inszenieren, beide bauen auf die Wirkmacht von symbolisch aufgeladenen Bildern und weder Terroristen noch Populisten erkennen andere Meinungen an. Der Unterschied ist, dass Terroristen im Dunkeln agieren, während Populisten die Bühne des Politikbetriebs – und bei manchen Gelegenheiten auch die von wissenschaftlichen Institutionen – nutzen, um ihre Anschläge verbal zu verüben und demokratische Prinzipien schleichend auszuhöhlen. Dabei stützen sie sich auf die Kraft des Ortes, an dem sie sprechen: Universitäten oder Think Tanks als Horte der (objektiven) Wissenschaft und des Intellektes. Wohl wissend, dass es Wähler*Innen gibt, denen es schon ausreicht, dass eine Rede an einem solchen

---

61  Ebd., S. 148f.

62  Ebd., S. 151.

63  Vgl. Donald Trump, URL: http://www.spiegel.de/politik/ausland/donald-trump-zu-afghanistan-us-praesident-will-verschaerft-gegen-terroristen-kaempfen-a-1163873.html; Wladimir Putin, URL: https://www.zeit.de/politik/ausland/2016–06/moskau-russland-parlament-anti-terror-gesetze-extremismus; Recep Tayyip Erdoğan, URL: http://www.spiegel.de/politik/ausland/recep-tayyip-erdogan-wirft-deutschland-unterstuetzung-von-terroristen-vor-a-1138599.html.

Ort gehalten werden durfte, um die in ihr enthaltenden (Schein-)Argumente rückwirkend und zukünftig zu legitimieren.

Im Januar 2017 erhielt der umstrittene Politikwissenschaftlers Prof. Werner J. Patzelt Gelegenheit, unter dem Deckmantel der Wissenschaft populistische Ansichten zu verbreiten. Bei seinem Gastauftritt an der Johannes Gutenberg-Universität Mainz im Rahmen des Studium generale wurde er gebeten, eine Vorlesung über den vorbelasteten Heimatbegriff zu halten. Unter dem Titel *Heimatliebe, deutscher Patriotismus und neue rechte Bewegungen* verkündete er, dass es wichtig sei, gewisse Begriffe aus den Reihen der rechten Bewegungen zurückzuerobern und neu zu belegen. Dabei ignorierte er Einwände, die seine Forderungen nach einem *aufgeklärten deutschen Patriotismus* kritisierten und infrage stellten, ob Patriotismus überhaupt erstrebenswert sei. Der Mystifizierung solch einer abstrakten Liebe zur (eigenen) Volksgemeinschaft oder einem Territorium steht Arendts nüchterne Aussage entgegen, mit der sie Gershom Scholem auf seinen Vorwurf hin, ihr mangele es an Ahabath Israel,[64] an der Liebe zu den Juden, antwortete: „[…] Ich [habe] nie in meinem Leben irgendein Volk oder Kollektiv ‚geliebt‘, weder das deutsche, noch das französische, noch das amerikanische, noch etwa die Arbeiterklasse oder sonst was in dieser Preislage. Ich liebe in der Tat nur meine Freunde und bin zu aller anderen Liebe völlig unfähig."[65]

Statt objektiv-wissenschaftlich zu referieren, setzte Patzelt auf emotionsbeladenes Vokabular und nutzte die ihm anvertraute Redezeit in einer Universität, um völkisches Gedankengut zu verbreiten und damit zu legitimieren. Die üblicherweise an solche Vorträge anschließenden Diskussionen konnten nicht geführt werden, da Patzelt vorgebrachte Einwände einfach ins Lächerliche zog und Kritiker*innen „keine Antwort auf ihre wohlbegründeten Fragen und Anmerkungen"[66] gab. Der viel zitierte „zwanglose Zwang des besseren Arguments und das Motiv der kooperativen Wahrheitssuche",[67] auf den Jürgen Habermas seine Diskurstheorie aufgebaut hat, konnte hier nicht greifen, obwohl die Diskussion in einem Rahmen stattfand, der theoretisch die besten Voraussetzungen dafür geboten hätte, sich auf Augenhöhe begegnen zu können.

---

64   Der Ausdruck Ahabath Israel lässt sich auch mit *Liebe zu Israel* übersetzen.

65   Arendt/Scholem 2010, S. 101–102.

66   So Prof. Dr. Eva Borst in einem offenen Brief, den sie nach dem Auftritt Patzelts verfasste: Protestnote gegen den Auftritt von Herrn Prof. Dr. Werner J. Patzelt (Uni Dresden) im Rahmen der Ringvorlesung „Heimat" am 23.01.2017, URL: https://www.allgemeine-erziehungswissenschaft.uni-mainz.de/files/2013/01/Offener-Brief-Borst-vs.-Patzelt-2.pdf.

67   Habermas 2005, S. 20.

Ähnlich desaströs verlief der Auftritt des AfD-Politikers und Sloterdijk-Schülers Dr. Marc Jongen, der im Oktober 2017 in seiner Rolle als philosophischer Redner an das Hannah-Arendt-Institut des Bard College im Bundesstaat New York eingeladen wurde, um auf einer Konferenz zur Krise der Demokratie zu sprechen. Sein Vortrag mit dem Titel *Does Democracy Need to Be More Populist?*[68] ist inhaltlich leicht zu entlarven. Obwohl Jongen einräumte, kein Finanzexperte zu sein,[69] durfte die übliche Kritik am Euro als staatenübergreifende Währung, die er als „*fatal*" bezeichnete, nicht fehlen. Den sogenannten Euro-Rettungsschirm als tatsächlich kritikwürdige Maßnahme nutzt er, um mit einer Aneinanderreihung von teilweise zusammenhanglosen Fakten Stimmung gegen die „Demokratur"[70] Angela Merkels zu machen: Griechenland sei deswegen beinahe zu einem Dritte-Welt-Land herabgestuft worden, Deutschland betreibe eine Null-Prozent-Zins-politik, die Rentensysteme seien erodiert und lediglich die großen Finanzinstitute würden profitieren, nicht die (kleinen) Leute. Es folgt der Hinweis, dass diese Eurorettungsaktion zu einer post-politischen, ja sogar post-demokratischen Situation geführt hätte. Jongen maßt sich sogar an, sich auf den Autor des Buches *Postdemokratie* Colin Crouch zu berufen, der mit seiner kapitalismus- und neo-liberalkritischen Haltung eigentlich keinerlei Berührungspunkte mit der Agenda der AfD teilt.[71]

Statt darauf einzugehen, warum die AfD als populistisch eingestuft wird, be-richtet er von der Gründung der AfD und nennt er als Grund für Zuschreibung lediglich die kritische Haltung seiner Partei gegenüber der gemeinsamen europäischen Währung: „So, maybe you might call this populist [sic!], but I wouldn't say so"[72] sowie die von seiner Partei immer wieder eingeforderten Referenden be-ziehungsweise Volksabstimmungen zu wichtigen Entscheidungen. Er behauptet, dass unter dieser Prämisse auch die Schweiz als populistisches Land gelten müsse, da dort Volksabstimmungen als Instrument der direkten Demokratie an der Tages-ordnung stünden.[73] Außerdem würde das griechische „Demos" dasselbe bedeuten wie das lateinische „Populus", nämlich Volk und eine „Demokratie ohne populis-tische Aspekte" daher „undenkbar" sein.[74]

---

68    Jongen 2017. URL: https://www.youtube.com/watch?v=UUCt_48xzms.
69    Ebd., Minute 00:13:30.
70    Ebd., Minute 00:14:52.
71    Ebd., Minute 00:13:27.
72    Ebd., Zitat aus Minute 00:12:57–00:13:05.
73    Ebd., Minute 00:16:10–00:16:29.
74    Ebd., Minute 00:16:31–00:17:03.

Dabei verschweigt er, dass es bei dem Populismusvorwurf seiner Partei vor allem um die Art und Weise geht, wie die AfD Informationen transportiert und ihre Standpunkte vermittelt. Anhänger*innen und Mitglieder dieser Partei folgen nämlich einer leider bewährten Strategie: Zuerst wird provoziert und die Grenzen des Sagbaren damit ausgeweitet. Anschließend fühlen sie sich demonstrativ missverstanden und scheinen die selbstgemachte Opferrolle sehr zu genießen. Dabei gerieren sie sich gern als die „Unverstandenen"[75], die sich gegen das „links-grünversiffte Establishment"[76] behaupten müssen. Darüber wird offensichtlich vergessen, dass eine Dr. Alice Weidel wie so viele andere Mitglieder der ehemals als „Professorenpartei" betitelten AfD ebenfalls zum Establishment gehören.

Auch Jongens Auftritt evozierte viel Kritik und einen offenen Brief, der von 56 Wissenschaftler*innen unterzeichnet wurde, darunter Arendt-Kennerinnen wie Judith Butler und Seyla Benhabib. Allein die Tatsache, dass einem Rechtspopulisten gewährt wurde, in diesem Rahmen zu sprechen, sorgt bei Unschlüssigen sowie Anhängern dafür, seine kruden Thesen rückwirkend wie zukünftig zu legitimieren. In der an seinem Vortrag anschließenden Debatte wiederholte Jongen lediglich seine Worthülsen, inhaltlich hatte er nichts beizutragen. Überzeugen konnte er das wissenschaftliche Auditorium damit keineswegs. Hannes Bajohr bringt das Dilemma in seinem Artikel *Rechte reden lassen* auf den Punkt, wenn er, unter Berufung auf die Philosophin Judith Shklar, schreibt: „[Man muss] sich der ständigen Gegenwart des Politischen auch dort bewusst sein, wo vermeintlich nur die Logik des Arguments vorherrscht. Das heißt nicht, dass man *nie* mit Rechten reden sollte, aber man muss sich sehr genau überlegen, wo man es tut, unter welchen Umständen und mit welchen symbolischen Konsequenzen."[77]

Oliver Marchart, Professor für Politische Theorie an der Universität Wien, warnt allerdings auch vor einem „liberalen Antipopulismus", der die Ursachen für den Zulauf populistischer Forderungen verschleiern würde: postpolitische oder, mit Colin Crouch, postdemokratische Zustände als Folge einer neoliberalen Politik.[78] Marchart zufolge betreiben Politiker wie Emmanuel Macron, den er dem „neoliberalen Mainstream" zuordnet, einen Etikettenschwindel, indem sie

---

75  Vgl. Steffen 2017. URL: https://www.zeit.de/politik/deutschland/2017–08/afd-waeh-ler-terrorbekaempfung-integration.

76  So der Vorsitzende der Bayern-AfD Petr Bystron wörtlich in seiner Parteitagrede vom 20. November 2016 in Ingolstadt. URL: https://www.afdbayern.de/afd-parteitag-bystron-eroeffnet-die-jagd/.

77  Bajohr 2017. URL: http://www.zeit.de/kultur/2017–11/rechtspopulismus-marc-jon-gen-hannah-arendt-center.

78  Vgl. Marchart 2017, S. 11–16.

vorgeben, sich gegen den Teil des Machtsystems zu wenden, dem sie zuvor noch selbst angehört haben. „Der neoliberale Antipopulismus ist Teil des Problems. Immer häufiger übernimmt, ja implementiert er die autoritären und rassistischen Forderungen seiner vorgeblichen Gegner, während zugleich die dringend notwendige Demokratisierung der Demokratie blockiert wird."[79] Auf der sprachlichen Ebene macht sich diese Übernahme autoritärer und rassistischer Forderungen einzelner Politiker der sogenannten gemäßigten Mitte-Parteien bemerkbar, etwa in der Neuerung der Polizeigesetze in Bayern,[80] die der Exekutive Befugnisse zugesteht, die sie in Deutschland seit 1945 nicht mehr hatten, oder wenn Horst Seehofer verkündet, dass der Islam nicht zu Deutschland gehöre.[81] Diese Entwicklungen sind äußerst besorgniserregend, denn, um mit Arendt zu sprechen: „Wo die Gewalt in die Politik eindringt, ist es um die Politik geschehen."[82] Um einen Rückfall in finstere Zeiten zu verhindern, wäre es wichtig, den Fokus auf den gemeinsamen Austausch von Meinungen zu rücken, Diskussionen zuzulassen und darüber hinaus zu lernen, Argumente von bloßer Rhetorik zu unterscheiden. Arendts Differenzierung von Macht und Gewalt bietet dafür eine Einstiegshilfe.

## 4    Das dialogische Prinzip

Ob ein/e Politiker*In ernstzunehmende Vorschläge einbringt oder lediglich populistische Forderungen proklamiert, lässt sich leicht an der Art und Weise der Verbalisierung ausmachen: Ist der oder diejenige an den Meinungen der Anderen interessiert? Mit wem wird gesprochen und auf welche Weise? Werden Diskussionen zugelassen oder abgeblockt? Ist ein echter Austausch möglich? Oder wird Sprache nur als Werkzeug der Gewalt instrumentalisiert?

Arendts Auffassung des Politischen ist der eines dialogischen Bezugs zur gemeinsamen Welt. Überall dort, wo der Dialog ersetzt wird durch hohle Phrasen, leere Worthülsen und Provokationen, muss er zwangsläufig verstummen. Um Emotionalisierung und Polarisierung offenzulegen, ist es unerlässlich, die demo-

---

79   Ebd., S. 15.
80   Vgl. Thurm 2018. URL: http://www.zeit.de/gesellschaft/zeitgeschehen/2018–03/polizeigesetz-bayern-csu-sicherheit-ueberwachung-gewaltenteilung.
81   Gathmann 2018. URL: http://www.spiegel.de/politik/deutschland/horst-seehofer-der-islam-gehoert-nicht-zu-seehofers-premiere-a-1199543.html.
82   Arendt 2006, S. 109.

kratische Diskussionskultur zu stärken, indem sachlich, respektvoll und rational debattiert wird.

Publikationen wie *Mit Rechten reden*[83] sind gut gemeint, aber verwirken möglicherweise bei grundüberzeugten Neonazis das Ziel. Der vielzitierte Ausspruch aus einer Rede des Propagandaministers Joseph Goebbels verdeutlicht die Krux, die im Versuch liegt, sich mit Menschen mit antiegalitären Einstellungen auszutauschen: „Wenn unsere Gegner sagen: Ja, wir haben Euch doch früher die [...] Freiheit der Meinung zugebilligt –, ja, Ihr uns, das ist doch kein Beweis, dass wir das Euch auch tuen sollen! Eure Dummheit braucht doch nicht auf uns ansteckend zu wirken! Dass Ihr das uns gegeben habt, das ist ja ein Beweis, wie dumm Ihr seid."[84]

Menschen mit einer antipluralistischen Grundhaltung sehen im Meinungsaustausch keinen Sinn, weil sie die Meinung anderer grundsätzlich als nicht wertvoll erachten. Bezeichnend ist in diesem Zusammenhang der Umgang der (neuen) Rechten mit öffentlichen Diskussionen.[85] Auch ihnen scheint an einer verbalen Auseinandersetzung nichts zu liegen. Aussteiger aus der rechten Szene bestätigen, dass sie gar nicht reden wollen; so erinnert sich der Publizist Anselm Neft, der sich während seiner Studienjahre als Rechter einstufte: „Ich suchte solche Gespräche auch nicht. Es lag etwas Doppelbödiges in meiner Haltung: eine Lust daran, nicht verstanden zu werden, ein elitäres Sich-Entziehen."[86] Da Arendt Politik im gemeinsamen Handeln verortet und der Mensch allein aufgrund seiner Sprache zum Politischen fähig ist, verdeutlicht diese Verweigerung, miteinander in Dialog zu treten, eine zutiefst apolitische Haltung, und zwar weil sie zweckmäßig instrumentalisiert wird. Die bewusst inszenierte Kommunikationsverweigerung ist nicht auf Zustimmung aus, steht also dem dialogischen Prinzip entgegen und ist somit zutiefst unpolitisch. Verweigert man sich der Kommunikation, verweigert man sich auch dem Austausch, beraubt sich der Möglichkeit, andere Positionen verstehen und sich selbst dem anderen verständlich zu machen bzw. sich zu vermitteln. Ohne die Fähigkeit, sich in andere hineinzuversetzen, ist man aber auch

---

83  Leo/ Steinbeis/Zorn 2017.

84  Goebbels 1935. URL: https://www.sr-mediathek.de/index.php?seite=7&id=37143 [20.02.2019]. Das obige Zitat bezieht sich auf die Minuten 00:15:07/00:15.

85  Etwa der Eklat in der am 5. September 2017 live ausgestrahlten Wahlsendung *Wie geht's Deutschland?*, bei der die AfD-Politikerin Alice Weidel demonstrativ das Studio verließ: http://www.spiegel.de/kultur/tv/alice-weidel-afd-politikerin-verlaesst-sendung-zdf-verteidigt-marietta-slomka-a-1166395.html.

86  Neft 2017. URL: http://www.zeit.de/kultur/2017–11/rechtspopulismus-rechtsextremismus-debatte-reden-anselm-neft/komplettansicht?print.

nicht frei, politisch zu handeln. Nicht-reden-Wollen ist demnach eine Form der Gewaltausübung.

Hannah Arendts Werke sind keine Anleitung zur gewaltlosen Kommunikation, aber sie verdeutlichen, warum es wichtig ist, miteinander zu reden und sich auch zuzuhören, um idealerweise gemeinsam zu einer neuen Meinung zu gelangen. Arendt ist sich der Unerreichbarkeit dieses Ideals durchaus bewusst: „Wenn ein politisches Handeln, das nicht im Zeichen der Gewalt steht, seine Ziele nicht erreicht – und es erreicht sie eigentlich niemals –, so ist es deshalb weder zwecklos noch sinnlos. Es kann nicht zwecklos sein, denn es hat Zwecke niemals verfolgt, sich nur mit mehr oder minder Erfolg nach Zielen gerichtet; und es ist nicht sinnlos, weil durch das Hin- und Widerreden – zwischen den Menschen und den Völkern, den Staaten und den Nationen – der Raum überhaupt erst erstanden und dann in der Wirklichkeit gehalten ist, in welchem alles Weitere sich abspielt."[87]

## Literatur

Arendt, Hannah und Scholem, Gershom (2010): Der Briefwechsel 1939–1964. Hrsg. v. Marie Luise Knott. Berlin.
Arendt, Hannah (2006): Denken ohne Geländer: Texte und Briefe. Hrsg. v. Heidi Bohnet und Klaus Stadler. München.
Arendt, Hannah (2002): Denktagebuch. 1950–1973. Bd. 1 von 2. Hrsg. v. Ursula Ludz und Ingeborg Nordmann. München.
Arendt, Hannah (2018): Die Freiheit, frei zu sein. München.
Arendt, Hannah 7 (2016): Diskussionen mit Freunden und Kollegen in Toronto (1972). In: Ich will verstehen. Selbstauskünfte zu Leben und Werk. Hrsg. v. Ursula Ludz. München.
Arendt, Hannah 25 (2015): Macht und Gewalt. München.
Arendt, Hannah 9 (2010): Vita activa oder Vom tätigen Leben. München.
Arendt, Hannah (1960): Von der Menschlichkeit in finsteren Zeiten: Rede über Lessing. München.
Arendt, Hannah 4 (2010): Was ist Politik? Fragmente aus dem Nachlaß. Hrsg. v. Ursula Ludz. München.
Arendt, Hannah (1991): Elemente und Ursprünge totalitärer Herrschaft. Antisemitismus, Imperialismus, totale Herrschaft. München.
Benhabib, Seyla (2006): Hannah Arendt. Die melancholische Denkerin der Moderne. Frankfurt am Main.
Christ, Michaela (2017): Gewaltforschung. Ein Überblick. In: Aus Politik und Zeitgeschichte (Gewalt) 4/2017, S. 9–17.
Decker, Oliver und Kiess, Johannes 2 (2016): Die enthemmte Mitte. Autoritäre und rechtsextreme Einstellung in Deutschland. Hrsg. v. Elmar Brähler. Gießen.

---

87   Arendt ⁴2010, S. 126.

Emcke, Carolin (2013): Weil es sagbar ist. Über Zeugenschaft und Gerechtigkeit. Frankfurt am Main.

Habermas, Jürgen (2005): Zwischen Naturalismus und Religion. Philosophische Aufsätze. Frankfurt.

Han, Byung-Chul (2005): Was ist Macht? Stuttgart.

Hartsock, Nancy C.M. (1996): Community/Sexuality/Gender. Rethinking Power. In: Revisioning the Political. Feminist Reconstructions of Traditional Concepts in Western Political Theory. Hrsg. v. Nancy H. Hirschmann und Christine Di Stefano. Boulder.

Leo, Peter/Steinbeis, Maximilian/Zorn, Daniel-Pascal (2017): Mit Rechten reden. Ein Leitfaden. Stuttgart.

Marchart, Oliver (2017): Liberaler Antipopulismus. Ein Ausdruck von Postpolitik. In: Aus Politik und Zeitgeschichte (Wandel des Politischen?) 44–45/2017, S. 11–16.

Meyer, Katrin (2016): Macht und Gewalt im Widerstreit. Politisches Denken nach Hannah Arendt. Basel.

Passerin d'Entrèves, Maurizio (1994): The Political Philosophy of Hannah Arendt. London.

Quent, Matthias (2016): Selbstjustiz im Namen des Volkes: Vigilantistischer Terrorismus. In: Aus Politik und Zeitgeschichte (Terrorismus) 24–25/2016, S. 20–26.

Reemtsma, Jan Philipp (2008): Vertrauen und Gewalt. Versuch über eine besondere Konstellation der Moderne. Hamburg.

Weber, Max 5 (1985): Wirtschaft und Gesellschaft. Grundriß der verstehenden Soziologie. Hrsg. v. Johannes Winckelmann. Tübingen.

Weiß, Dieter Ulrich (2004): Herrschaft. In: Lexikon der Politik. Band 7: Politische Begriffe. Hrsg. v. Dieter Nohlen. Berlin.

## Online-Quellen

Bajohr, Hannes: Rechte reden lassen. In: Zeit Online vom 03. November 2017. URL: http://www.zeit.de/kultur/2017–11/rechtspopulismus-marc-jongen-hannah-arendt-center [25.02.2018].

Borst, Eva: Protestnote gegen den Auftritt von Herrn Prof. Dr. Werner J. Patzelt (Uni Dresden) im Rahmen der Ringvorlesung „Heimat" am 23.01.2017. URL: https://www.allgemeine-erziehungswissenschaft.uni-mainz.de/files/2013/01/Offener-Brief-Borst-vs.-Patzelt-2.pdf [25.02.2018].

Buß, Christian: Weidel-Eklat im TV. ZDF weist Kritik von AfD-Politikerin zurück. In: Spiegel Online vom 6. September 2017. URL: http://www.spiegel.de/kultur/tv/alice-weidel-afd-politikerin-verlaesst-sendung-zdf-verteidigt-marietta-slomka-a-1166395.html [07.02.2018].

Bystron, Petr: Parteitagrede vom 20. November 2016. URL: https://www.afdbayern.de/afd-parteitag-bystron-eroeffnet-die-jagd/ [20.03.2018].

Duden Online. Populismus. URL: https://www.duden.de/rechtschreibung/Populismus [20.01.2018].

Gathmann, Florian: Der Islam gehört nicht zu Seehofers Premiere. In: Spiegel Online vom 23. März 2018. URL: http://www.spiegel.de/politik/deutschland/horst-seehofer-der-islam-gehoert-nicht-zu-seehofers-premiere-a-1199543.html [30.03.2018].

Goebbels, Joseph: Rede zur Eröffnung des Reichssenders Saarbrücken in der Wartburg am 4. Dezember 1935. Die Originaltonaufnahme ist nachzuhören in der Mediathek des Saarländischen Rundfunks unter: SR Fundstücke: Goebbels Rede. URL: https://www.sr-mediathek.de/index.php?seite=7&id=37143 [20.02.2019].

Heinrich-Böll-Stiftung: Filter Bubble – Echokammer – Fake News, 08. Februar 2017. URL: https://www.boell.de/de/2017/02/08/filter-bubble-echokammer-fake-news [05.02.2018].

Jongen, Marc: Does Democracy Need to Be more Populist? Vortrag am Hannah Arendt Center for Politics and Humanities at Bard College am 13. Oktober 2017. URL: https://www.youtube.com/watch?v=UUCt_48xzms [25.02.2018].

Krauel, Thorsten: Kampfbegriffe der Nazis sind nicht resozialisierbar. In: Welt vom 12. September 2016. URL: https://www.welt.de/politik/article158067022/Kampfbegriffe-der-Nazis-sind-nicht-resozialisierbar.html [05.02.2018].

Marine Le Pen in einem Interview mit dem ZDF vom 07. Dezember 2016. URL: https://www.zdf.de/nachrichten/heute-sendungen/interview-lepen-100.html [20.03.2018].

Meiborg, Mounia: Russland führt umstrittene Anti-Terror-Gesetze ein. In: Zeit Online vom 24. Juni 2016. URL: https://www.zeit.de/politik/ausland/2016–06/moskau-russland-parlament-anti-terror-gesetze-extremismus [30.03.2018].

Möller, Christian: Was ist Populismus? In: Sein und Streit vom 08. Mai 2016, Deutschlandfunk Kultur. URL: http://www.deutschlandfunkkultur.de/sein-und-streit-die-ganze-sendung-was-ist-populismus.2162.de.html?dram:article_id=353544 [30.03.2018].

Morrison, Toni: Nobelpreisrede, 7. Dezember 1993. URL: https://www.nobelprize.org/nobel_prizes/literature/laureates/1993/morrison-lecture.html [3.Mai 2018].

Neft, Anselm: Eigentlich waren wir religiös. In: Zeit Online vom 25. November 2017. URL: http://www.zeit.de/kultur/2017–11/rechtspopulismus-rechtsextremismus-debatte-reden-anselm-neft/komplettansicht?print [27.01.2018].

Orden, Sabine am: André Poggenburg sorgt für Eklat. In: taz vom 15. Februar 2018. URL: http://www.taz.de/!5485065/ [17.02.2018].

Roth, Anna-Lena: US-Strategie für Afghanistan. Trump will verschärft gegen Terroristen vorgehen. In: Spiegel-Online vom 22. August 2017. URL: http://www.spiegel.de/politik/ausland/donald-trump-zu-afghanistan-us-praesident-will-verschaerft-gegen-terroristen-kaempfen-a-1163873.html [30.03.2018].

Seibt, Philipp: Streit um Minister-Auftritte. Erdogan heizt Stimmung gegen Deutschland weiter auf. In: Spiegel Online vom 13. März 2017. URL: http://www.spiegel.de/politik/ausland/recep-tayyip-erdogan-wirft-deutschland-unterstuetzung-von-terroristen-vor-a-1138599.html [30.03.2017].

Steffen, Tilman: Nicht nur die kleinen Leute. In: Zeit Online vom 23. August 2017. URL: https://www.zeit.de/politik/deutschland/2017–08/afd-waehler-terrorbekaempfung-integration [20.03.2018].

Thurm, Frida: In Bayern droht bald überall Gefahr. In: Zeit Online vom 28. März 2018. URL: http://www.zeit.de/gesellschaft/zeitgeschehen/2018–03/polizeigesetz-bayern-csu-sicherheit-ueberwachung-gewaltenteilung [30.03.2018].

Ulrich, Bernd: Mutentbrannt. Der Terror ist die schlimmste Nebensache der Welt: Versuch, die Wochen des Wahns zu verstehen. In: Zeit Online vom 04. August 2016. URL: http://www.zeit.de/2016/31/globale-krisen-brexit-europa-tuerkei-chaos-terrorismus-putsch/komplettansicht [30.03.2018].

Werner, Giselind: Warum kommt es in Europa zum aktuellen Rechtsruck, Herr Marcinkiewicz? Ein Interview. URL: https://www.uni-hamburg.de/newsletter/mai-2016/warum-kommt-es-in-europa-zum-aktuellen-rechtsruck-herr-marcinkiewicz.html [05.02.2018].

# Die Macht der Liebe

## Arendts Paria-Identifikation

### Reinhard Mehring

Hannah Arendt betonte in ihrer politischen Theorie die gemeinschaftsbildende Macht der Liebe und Kommunikation. Sie unterschied idealtypisch strikt zwischen Macht und Gewalt, Handeln, Herstellen und Arbeiten und insistierte auf der Differenz zwischen einem instrumentellen Politikverständnis, das auf die poietische Konstruktion herrschaftlicher Organisationen abzielte, und dem spontanen und anarchischen Ereignis politischer Vergemeinschaftung in der kommunikativen Begegnung. Zwischen intimen persönlichen und politischen Begegnungen machte sie dabei kaum einen begrifflichen Unterschied. Dem geläufigen institutionellen Politikverständnis gegenüber, wie es noch Max Weber vertrat, zielte sie auf die Bedeutung des spontanen und anarchischen Moments im politischen Handeln. Deshalb verteidigte sie auch den Rätegedanken im Demokratieverständnis.

   Die folgenden Ausführungen widmen sich nicht den mittleren und späten Ausarbeitungen dieser Theorie und erörtern auch deren Verhältnis zur politischen Essayistik und historischen Analyse nicht, sondern konzentrieren sich auf frühe Erörterungen des Judentums und der „verborgenen Tradition" jüdischer Identität in Arendts Geschichtsbild. Die Einschätzung der Staatsgründung Israels ist hier ebenso wenig ein Thema wie etwa das umstrittene *Eichmann*-Buch. Arendts Identitätspolitik wird hier nur am Varnhagen-Buch und den Essays zur „verborgenen Tradition" des Judentums erörtert.[1]

---

1    Arendt 2000.

© Springer Fachmedien Wiesbaden GmbH, ein Teil von Springer Nature 2019
M. Wischke und G. Zenkert (Hrsg.), *Macht und Gewalt. Hannah Arendts*
*„On Violence" neu gelesen*, https://doi.org/10.1007/978-3-658-27006-3_10

# 1    Romantische Entdeckung der jüdischen Geschichte

Zahlreiche Briefwechsel zeigen uns Hannah Arendt heute als ein wahres Genie
der Freundschaft und Liebe. Die nachhaltige Liebe zu Heidegger vor allem bleibt
dabei jedem Hermeneuten ein Rätsel. Aber auch andere Beziehungen lassen sich
heute in ihrer Substanz nicht wirklich nachvollziehen. Beziehungen sind überhaupt
ein transindividuelles Rätsel. Direkt nach Publikation des Briefwechsels zwischen
Arendt und Heidegger publizierte ich darüber bereits einen Besprechungsaufsatz.[2]
Die Liebe zu Heidegger deutete ich hier als ein zentrales Movens von Arendts
intellektueller Biographie, die auf dem langen Umweg über die Politik zu sokrati-
schen Fragen nach der persönlichen Verantwortung zurückführte. Darüber wurde
in den letzten zwanzig Jahren viel geschrieben.

Im Sommer 1929 schließt Arendt die Überarbeitung ihrer Dissertation über
Augustins Liebesbegriff ab.[3] Eine Rilke-Auslegung markiert 1930 dann einen
Übergang von Augustinus zum Rahel-Projekt, eine Auseinandersetzung mit Karl
Mannheims *Ideologie und Utopie* verteidigt damit den philosophischen Geltungsanspruch gegen die strikte Soziologisierung. Arendt konzediert Mannheim zwar,
dass er „Geist" nicht auf „Sein" reduziert und die Transzendenz des Geistes vielmehr positiv als eine utopische Kraft und „Wille zur Realität"[4] fasst; sie betont mit
Heidegger und Jaspers gegen Mannheim aber den irreduziblen Geltungsanspruch
der „Transzendenz des Geistes".[5] Dafür verweist sie, obgleich nicht konvertiert,
auf die „christliche Nächstenliebe".[6] Damals heiratet sie Günther Stern und sucht
nach Stipendien für ihr Rahel-Projekt. Sie bittet dafür zunächst um Unterstützung
bei der *Akademie für die Wissenschaft des Judentums,* später bei der Lincoln-Stif-
tung und der Notgemeinschaft der deutschen Wissenschaft, die ein Stipendium
bewilligt. Feste Habilitationspläne hat sie damals wohl nicht. 1966 lässt sie sich

---

2    Mehring 2001, S. 256–273; vgl. auch Mehring 2016, 72ff; Mehring 1995a, S. 182–189;
     Mehring 1995, S. 233–246; die Sekundärliteratur auch zum Frühwerk und zur „jüdi-
     schen" Identität ist uferlos. Einführend Straßenberger 2015; orientierend: Grunenberg
     2006, S. 15–20 (vom 25. September 2006); philosophisch breit angelegte und nuan-
     cierte Darstellung von Arendts Verabschiedung des romantischen Liebesbegriffs als
     Antwort auf Heidegger bei Tömmel 2013; literaturwissenschaftlich eingehend Christ-
     ophersen 2002.

3    Arendt 1929; zur grundlegenden Bedeutung Tömmel 2013, S. 199ff.

4    Arendt 1930, S. 129–147, hier: S. 140.

5    Ebd., S. 142.

6    Ebd., S. 144.

aber von Jaspers die Habilitationsabsicht als versorgungsrechtliche „Wiedergut-
machungssache" bestätigen. [7]

Im Briefwechsel mit Jaspers macht Arendt am 24. März 1930 erste wichtige
Aussagen zum Rahel-Projekt: Sie will Rahels „bestimmte Möglichkeit der Existenz" aus der „Selbstobjektivation" anhand der vorhandenen brieflichen Zeugnisse
biographisch interpretieren. Es geht ihr dabei nicht allgemein um das Judentum,
sondern um eine bestimmte Form von „Schicksalhaftigkeit", die auf „Grund einer
Bodenlosigkeit" in der „Abgelöstheit vom Judentum" möglich wurde. Arendt betrachtet Rahel also jenseits der Orthodoxie als emanzipierte Jüdin, und sie analysiert eine bestimmte Form von „Schicksalhaftigkeit", nämlich das erfahrene und
verstandene Schicksal des „Schicksal-Habens", wie es sich in brieflichen Ego-Do-
kumenten äußert. Im nachträglichen Vorwort von 1958 meint sie rückblickend
dazu: „Was mich interessierte, war lediglich, Rahels Lebensgeschichte so nach-
zuerzählen, wie sie selbst sie hätte erzählen können" (RV 10). Dass Arendt dabei
ein – ähnlich von Heidegger vertretenes – Konzept der „Wiederholung" leitete,
deutet sie schon im Brief vom März 1930 an: „Interpretation hat hier eigentlich
den Sinn der Wiederholung."[8]

In einem frühen Text *Aufklärung und Judenfrage*, der in das zweite Kapitel
des Rahel-Buches eingearbeitet und in die hier zitierte Neuausgabe von *Die verborgene Tradition* aufgenommen ist, unterscheidet Arendt damals verschiedene
„Assimilationsgenerationen". Eine klare Selbstverortung ihres Standpunkts in
der Weimarer Republik nimmt sie dabei nicht vor. Eine gewisse historische Pa-

---

7    Dazu Arendts Brief vom 4. Juli 1966 an Jaspers, in: Arendt/Jaspers 1985, S. 681; An-
     ders am 26. November 1975 an Arendt, in: Arendt/Anders 2016, S. 88; Jonas 2003,
     S. 294f: „Diese deutsche Pension war aufgrund einer Neuauslegung des Wiedergut-
     machungsgesetzes für Akademiker durch das Bundesverfassungsgericht zustande ge-
     kommen und hieß bei den wenigen, die davon profitierten, die ‚Lex Arendt'. Denn
     Hannah hatte sieben Jahre lang mit Hilfe eines Anwalts durchgefochten, dass wir,
     die wir in der Nazi-Zeit kurz vor der Habilitation gestanden hatten, so behandelt wur-
     den wie jene, die bereits habilitiert waren und infolgedessen unter das Wiedergut-
     machungsgesetz für entlassene Beamte fielen." Das Verfahren ist ausführlicher dar-
     gestellt in der wichtigen Arbeit von Christophersen 2002, S. 11ff; ob Arendt sich mit
     dem Rahel-Projekt habilitieren wollte, scheint bis heute nicht geklärt. Aus akademi-
     scher Sicht ist es aber sehr unwahrscheinlich, dass die vorliegende Biographie im Ver-
     fahren als Habilitationsschrift anerkannt worden wäre. Allenfalls in der Germanistik
     hätten da Chancen bestanden, nicht aber in der Philosophie. Schon das Faktum einiger
     journalistischer Vorabveröffentlichungen schließt eine Einreichung als Habilitations-
     schrift nach damaligem Standard eigentlich aus. Ich glaube also nicht, dass Arendt die
     Arbeit einreichen wollte.

8    Arendt/Jaspers 1985, S. 48; vgl. Arendt 2000, S. 105.

rallelisierung der Lage in der Berliner Nachkriegsgesellschaft nach 1918 mit der Lage vor und nach 1806 und 1815 ist aber unverkennbar. Arendt gehörte einer Generation und intellektuellen Kreisen an, die auf den Ersten Weltkrieg mit einer Abwendung vom assimilierten liberalen Judentum und einer Politisierung und Polarisierung in einem marxistisch-internationalistischen und einem zionistisch-nationalistischen Flügel antwortete. Im Briefwechsel mit Jaspers bekennt sie sich schon vor 1933 zur politischen Bedeutung des Judentums. Dessen Rede vom „deutschen Wesen" entgegnet sie im Januar 1933, dass sie „als Jüdin dazu weder Ja noch Nein sagen" könne: „Für mich ist Deutschland die Muttersprache, die Philosophie und die Dichtung. Für all das kann und muss ich einstehen. Aber ich bin zur Distanz verpflichtet".[9] Wenige Tage später ergänzt sie: „Nur kann ich das geschichtlich politische Schicksal nicht einfach hinzufügen."[10] Arendt trennt also zwischen einem kulturellen und einem politischen Nationsbegriff und identifiziert sich primär politisch als Jüdin. Später meinte sie zu Jaspers: „Ich möchte so sagen: Politisch werde ich immer nur im Namen der Juden sprechen, sofern ich durch die Umstände gezwungen bin, meine Nationalität anzugeben."[11] Sie reklamiert für sich eine nationale Zwischenstellung, für die sie formelhaft von der Spannung zwischen „Paria" und „Parvenu" spricht. Arendt beschreibt die jüdische Emanzipation und Assimilierung dabei nicht einfach als Aufstieg vom „Paria" zum „Parvenu", sondern sie gewinnt ihre diagnostische Pointe gerade aus der doppelten Rolle und Identität der jüdischen „Möglichkeit der Existenz": Auch der Parvenu bleibt in der Mehrheitsgesellschaft ein Paria und weiß als „Schlemihl" davon.

Die eigene Sicht der Assimilierung des deutschen Judentums zeigt sich schon im frühen Aufsatz *Aufklärung und Judenfrage* von 1932. In der *Zeitschrift für die Geschichte des Judentums* skizziert Arendt hier eine komplexe Dialektik der Judenfrage nach Herder und der Romantik. Sie orientiert sich dabei, anders als etwa Cassirer, nicht an Lessing, Mendelssohn und der Aufklärung, sondern an der späteren „Assimilationsgeneration" seit David Friedländer, die sich von der religiösen Orthodoxie emanzipierte. Nach Arendt schufen erst Schleiermacher und Herder die Voraussetzungen für eine historische Auffassung des Judentums. Während die Aufklärung es nur als Religion begriff, sodass Mendelssohn seine „Apologie" der jüdischen Religion mit voller Assimilation vereinbarte, nationalisierte Herder es demnach: „Die fremde Religion wird zu der Religion einer anderen Nation."[12] Erst seit Herder verstehen sich Juden demnach primär als eigene Nation.

---

9    Arendt am 1. Januar 1933 an Jaspers, in: Arendt/Jaspers 1985, S. 52.

10   Ebd., S. 55.

11   Ebd., S. 106.

12   Arendt 1932, S. 65–77, hier: S. 74.

Arendt adaptiert dafür 1932 noch nicht Webers Rede vom „Paria"; sie schreibt aber: „Es gilt jetzt, das Parasitäre der jüdischen Nation produktiv zu machen."[13] Arendt zitiert Herder nicht direkt, meint mit der Rede von der „parasitären" Existenz aber Herders Nationalisierung des Judentums zu erfassen. Spätestens 1933 verbot sich eine solche Rede zwar von selbst; Arendt meinte sie 1932 aber nicht pejorativ, sondern akzeptierte die Rede von einer nationalen „Sonderstellung" des Judentums. Deshalb schreibt sie auch: „So gibt Herder den Juden ihre Geschichte in einer eigentümlichen Indirektheit zurück; die Geschichte ist zur verstandenen Geschichte geworden."[14] Die jüdische Selbstauffassung trennt sich so historisch reflektiert von der allgemeinen Geschichte ab: „Man erwartet von den Juden ein Verständnis für ihre eigene geschichtliche Situation".[15] Der letzte Satz von *Aufklärung und Judentum* lautet: „So entsteht aus der Fremdheit der Geschichte die Geschichte als spezielles und legitimes Thema der Juden."[16]

Arendt schließt nun aber nicht mit dem Verweis auf die bedeutende Selbstbeschreibung der Geschichte des Judentums seit Zunz und Graetz. Sie grenzt in ihrem frühen Aufsatz die historische Entdeckung der „Judenfrage" nur von den Antworten der jüdischen Aufklärung wie der neueren Wissenschaft des Judentums ab und verweist auf eine Leerstelle, die ihr Rahel-Projekt bearbeiten sollte. Es ist beachtlich, dass sie die Historisierung der „Judenfrage" 1932 nicht an die Aufklärung, sondern ausdrücklich an die „Romantik" knüpft. Die Romantik wird ihr damit zum Laboratorium der Selbstentdeckung jüdischer Identität und Rahel Varnhagen wird Pionier und Heldin. Das Ende religiöser Autobiographien markiert sie damals mit Karl Philipp Moritz.[17] Im Umkreis des Rahel-Projekts publiziert sie einige interessante kleine Artikel zum romantischen Kreis: zum Berliner Salon, zum 100. Todestag von Rahel Varnhagen wie Friedrich Gentz und zur Adam-Müller-Renaissance der Weimarer Republik.[18] Eine dogmatische Antwort meidet sie vor 1933 schon: Sie spricht im Brief an Jaspers 1930 schon sehr bewusst vom jüdischen Schicksal als einem Boden der Bodenlosigkeit oder einer Bedingung der Möglichkeit einer „fremden" Existenz.

---

13 Ebd.
14 Ebd., S. 75.
15 Ebd., S. 76.
16 Ebd., S. 77.
17 Arendt 1930; Wiederabdruck in Arendt 2003.
18 Arendt 1931, S. 173–184; dies. 1932; dies. 1933; dies. 1932; vgl. auch Arendts vernichtende Rezension von Käte Hamburger, 1934, S. 297–298.

## 2     Grundzüge der *Rahel*-Biographie

Arendt konzipierte und schrieb ihr Rahel-Buch also zunächst zwischen den Jahren 1929 und 1932. Am 1. Januar 1933 schrieb sie an Jaspers: „Die Rahel ist schon zu einem großen Teil fertig." (AJB 53) Im Vorwort von 1958 erläutert sie dazu mit dem ersten Satz: „Das Manuskript dieses Buches war bis auf die letzten beiden Kapitel fertig, als ich Deutschland 1933 verließ, und auch die letzten beiden Kapitel sind vor mehr als zwanzig Jahren geschrieben." (RV 7) 1952 heißt es dazu an Jaspers: „Das Manuskript bis auf das letzte Kapitel war 1933 oder sogar 1932 fertig. Ich schrieb es dann schon ärgerlich 1938 im Sommer zu Ende, weil Heinrich und Benjamin mir keine Ruhe ließen."[19] Sie ärgerte sich damals vielleicht über die Arbeit, weil sie mit dem Thema und den publizistischen Ambitionen schon abgeschlossen hatte, reichte sie aber in einem Wettbewerb ein, wo sie u.a. von Thomas Mann begutachtet wurde. In einem Curriculum Vitae von 1941 schrieb Arendt:

> „Ab 1937 bis zu den Novemberpogromen 1938 habe ich mich von aller praktischen Tätigkeit zurückgezogen, um meine wissenschaftlichen Studien wiederaufzunehmen. Damals lebte ich von Philosophiestunden. Ich schrieb in dieser Zeit meine Arbeit über Rahel Varnhagen zu Ende und arbeitete danach an einer Geschichte des Antisemitismus. Über dieses Thema hielt ich eine Vortragsreihe an der Deutschen Hochschule zu Paris"[20]

Die zeitliche Nähe und professionelle Funktion macht diese Aussagen besonders glaubwürdig.

Das Rahel-Manuskript ging bei der Flucht in die USA zunächst verloren. Im Briefwechsel mit Stern (Anders) bittet Arendt deshalb wiederholt um die Sendung des Textes. So schreibt sie am 31. Mai 1941: „Ich brauche die Rahel dringend."[21] Offenbar hatte Anders, längst geschieden, damals wichtige Materialien in Frankreich verwahrt, als Arendt in die USA flüchtete; sie wünschte das Buchmanuskript 1941 wahrscheinlich erneut zu Bewerbungszwecken. Christophersen hat die Entstehungsgeschichte und Textgeschichte des Rahel-Projektes inzwischen recht detailliert geklärt: Schon 1942 erfuhr Arendt von Scholem, dass das Manuskript gerettet sei. Über Käte Fürst erhielt sie den Text dann 1945 zurück. Eine Urfassung ist im Nachlass von Jaspers erhalten, sodass ein Textvergleich möglich wurde,

---

19    Arendt am 7. September 1952 an Jaspers, in: Arendt/Jaspers 1985, S. 233.
20    Arendt/Anders 2016, S. 30–31, hier: S. 31.
21    Arendt/Jaspers 1965, S. 28, vgl. S. 25, 38.

der neben den Erweiterungen der letzten Kapitel durchgängige Überarbeitungen zeigt.[22] Das vorliegende Buch ist also nicht wörtlich identisch mit dem Text der 1930er Jahre. Es gab eine Überarbeitung in den 1950er Jahren.

Die letzten beiden Kapitel betreffen die Jahre nach 1815 und die Terminologie und Verhältnisbestimmung von Paria und Parvenu. Im Vorwort von 1958 schreibt Arendt, sie habe radikale „Korrekturen an dem gängigen Rahel-Bild" (RV 8) vornehmen wollen, wie es durch Varnhagen initiiert wurde. Varnhagen habe „Rahels Umgang und Freundeskreis weniger jüdisch und mehr aristokratisch" (RV 9) und konventionell machen wollen.[23] Arendt bietet dagegen im Buch vor allem Pauline Wiesel als Antipodin auf. Der Briefwechsel mit Wiesel, aus dem sie im materialen Anhang einige Briefe anfügte, wurde inzwischen vollständig ediert.[24] Auch eine kritische Neuausgabe von Varnhagens *Buch des Andenkens* an Rahel liegt vor.[25] Die „Selbstobjektivation" anhand der Korrespondenzen ist heute also umfangreicher möglich. Historische „Korrekturen" an Arendts Rahel-Dokumentation sind hier aber nicht beabsichtigt.

Arendt dokumentiert Rahels „Möglichkeit der Existenz" im Kern als Beziehungsgeschichte. Der Weltbegriff ist hier – wie im Gesamtwerk überhaupt – ein Schlüssel. Die ersten beiden Kapitel heißen: „Jüdin und Schlemihl (1771–1795)" und „Hinein in die Welt. Durch Heirat; durch Liebe (1795–1799)". Beachtlich ist hier zunächst die Differenzierung zwischen der Jüdin und dem Schlemihl. Der Schlemihl bezeichnet einen zentralen Identifikationsmythos, den Arendt auch in ihrem späteren großen Essay zur „verborgenen Tradition" eng mit dem jüdischen Schicksal verbindet. Wikipedia erläutert zum Lemma: „Der Ausdruck Schlemihl (jiddisch: Schlemiel) bezeichnet in der ostjüdischen Kultur den sprichwörtlichen Pechvogel oder einen Narren." Arendt situiert ihn in der Spannung zwischen Paria und Parvenü. Für die Identifikation eines Pechvogels hätte sie sich etwa auch auf das „bucklichte Männlein" berufen können, das Walter Benjamin in seiner *Berliner Kindheit um Neunzehnhundert* als Identifikationsfigur aus des *Knaben Wunder-*

---

22  So Christophersen 2002, S. 32.

23  Arendts scharfe Kritik mag eine Tendenz Varnhagens treffen, ist aber insgesamt polemisch überspitzt. Es entsprach nicht dem biographischen Stil der Goethezeit, kritisch zu objektivieren. Ohne Varnhagens Ruhmesbildung wäre Rahel auch kaum zur Ikone aufgestiegen. Varnhagen publizierte zahlreiche biographische Schriften. In den 1820er Jahren arbeitete er eng mit Julius Eduard Hitzig an einer Chamisso-Biographie zusammen (dazu Busch 2014, S. 101ff). Christophersen arbeitet Arendts Umgang mit den Quellen und die Publikations- und Rezeptionsgeschichte des Buches sorgfältig heraus, ohne die grundsätzliche vergangenheitspolitische Stoßrichtung zu betonen.

24  Hahn 1997.

25  Hahn 2011.

*horn* wählte.[26] Wie Benjamin wählte Arendt einen Mythos aus der romantischen Literatur, ist die Figur heute doch unlöslich mit Chamissos Novelle verbunden.[27] Die Wendung zum romantischen Volksmythos findet sich ausgeprägt schon bei Heinrich Heine, den Arendt als einzigen „Erben" (RV 210) Rahels bezeichnet und dem sie eine Schlüsselstellung in der Schlemihl-Tradition des assimilierten Paria-Judentums zuweist. Arendt wurde zwar in Hannover geboren, wuchs aber in Königsberg auf, das an das russisch-polnische Ostjudentum angrenzte. Jiddische Traditionen dürften ihr aus ihrer ostpreußischen Jugend vertrauter noch gewesen sein als Benjamin.

Arendt nennt im zweiten Kapitel zwei Wege zur Welt: Heirat und Liebe. Rahel heiratete allerdings erst 1814 und scheiterte nach Arendts Darstellung in ihrer ersten großen Liebe zum Grafen von Finckenstein am adeligen Standesvorurteil. Arendt beschreibt die Heirat mit einem Adeligen als typischen Weg der Assimilierung. Im *Totalitarismus*-Buch heißt es dazu: „Ein Jahrzehnt sah es so aus, als ob die preußischen Judenmädchen in kürzester Zeit von den preußischen Adeligen einfach aufgeheiratet würden."[28] Als „Welt" bezeichnet Arendt eine gehobene, öffentlich sichtbare soziale Stellung in der Gesellschaft. Die briefliche Dokumentation der „Selbstobjektivation" zeigt ein Scheitern der Liebe an der Ehe und eine „Flucht in die Fremde" nach Paris.

Man könnte sagen, dass die Rahel-Biographie die Beziehungsgeschichten, etwas anlehnend an Hegels *Phänomenologie des Geistes,* mit verschiedenen phänomenologischen Typen der Beziehung verbindet: Liebe, Affäre, Ehe und Freundschaft. Arendt zeigt, dass die erste Liebe an Finckensteins Ehehemmnis scheiterte und Rahel sich in Paris dann zunächst in verschiedene Affären flüchtete, bis sie mit Varnhagen und Pauline Wiesel die rivalisierenden Modelle der Ehe und Freundschaft erfuhr. Die soziale Etablierung des Paria als Parvenu verbindet Arendt dabei soziologisch für die – 1933 in der *Jüdischen Rundschau*[29] bereits erörterten – „Einzelfälle" der Romantikerfrauen mit der Alternative der Adels-

---

26  Arendt 1989, S. 190ff.

27  Dass die romantischen Identifikationsmöglichkeiten nicht an eine jüdische Herkunft gebunden sind, zeigt schon Thomas Manns frühe Identifikation mit dem Schlemihl und Taugenichts, wie Mann sie in seinem frühen Chamisso-Essay (1911) sowie in den Betrachtungen eines Unpolitischen ausführte. Arendt schickte Mann 1944 ihren Aufsatz über die „verborgene Tradition" und Mann antwortete darauf ausführlich in seinem Brief vom 10. Juni 1944 an Arendt (ausgiebig zitiert bei Christophersen 2002, S. 226). Er schlug eine Brücke zurück von Kafka zu seinem Tonio Kröger und stellte sich damit neben Kafka in die Schlemihl-Tradition.

28  Arendt 1955, S. 101.

29  Arendt 1933, S. 143.

heirat und Heirat eines reichen jüdischen Bürgers. Stets verknüpft sie den sozialen Aufstieg und die Weltfindung der Frau im Buch aber mit Heirat. Als Möglichkeitsbedingung der Adelsheirat kennzeichnet sie dabei den „sozial neutralen Raum" (RV 45) der „Dachstube" und des jüdischen „Salons":

> „Der jüdische Salon in Berlin war der soziale Raum außerhalb der Gesellschaft, und Rahels Dachstube stand noch einmal außerhalb der Konventionen und Gepflogenheiten auch des jüdischen Salons. Die Berliner Ausnahmejuden in ihrer Jagd nach Bildung haben drei Jahrzehnte lang Glück gehabt. Der jüdische Salon, das immer wieder erträumte Idyll einer gemischten Gesellschaft, war das zufällige Produkt der zufälligen Konstellation in einer gesellschaftlichen Übergangsepoche." (RV 62)

Rahel flieht im Juli 1800, nach dem Ende der Beziehung zu Finckenstein, nach Paris und lebt dort in „Unglück" und „Verzweiflung", bis sie sich in neue Beziehungen und Affären flüchtet. In einer Liebesbeziehung erfährt sie, dass „das Leben" auf ihre verkümmerte Schlemihl-Seele keine Rücksichten nimmt (RV 92). In Rebecca Friedländer findet sie damals aber eine tröstende Freundin, wie Pauline Wiesel später ein Gegengewicht zur Ehe mit Varnhagen wurde. Mit Goethes *Wilhelm Meister* reflektiert sie auf eine „Zweideutigkeit" (RV 115) des Lebens zwischen Sein und Schein, privater und öffentlicher Existenz und Rolle, die Arendt auch mit „Humanität", „Wahrheit" und „Wahrhaftigkeit" verbindet: Die Beziehung zur Freundin gibt Möglichkeiten intimer und wahrhaftiger Erfahrungsaussprache, der Aussprache „innerer" Welt und Existenz jenseits sozialer Vorurteile rein als „Mensch unter Menschen" (RV 117).

Arendt betont den Untergang der „neutralen" Assimilierungsräume in der allgemeinen Nationalisierung nach der preußischen Niederlage gegen Napoleon, nach 1806. Dieser „Untergang der alten Welt" wurde vom Paria auch als Chance erlebt:

> „Die Katastrophe von 1806 zerstörte nun nicht nur die luftige, idyllische und illusionistische Welt der Salons, sondern zeigte vor allem die Zerbrechlichkeit der anderen festen, beharrlichen Welt, in der man nur als ‚Glied einer Kette' hatte leben können. Vielleicht also ist der Untergang der alten Welt gerade Rahels Chance, in eine neue hineinzukommen." (RV 125)

Arendts Narration knüpft diese Chance wieder an neue Männerbeziehungen: an die Bekanntschaft mit Varnhagen, der Rahel, dem „Mädchen aus der Fremde" (RV 104), zunächst als „Bettler am Wege" (RV 139ff) begegnet. Varnhagen ist zunächst ein Paria wie Rahel: ohne Herkommen und Stellung. Arendt beschreibt aber einen schnellen Aufstieg zum Parvenu: Varnhagen entdeckt seine adelige

Herkunft, erlangt den Adelstitel und etabliert sich dann im Krieg, beim Militär und in der Adelsgesellschaft, als Diplomat und Journalist schnell als Parvenu. Die Liebe zu Finckenstein war einst am Standesvorurteil gescheitert. Arendt betont nun als Möglichkeitsbedingung der Ehe, dass Varnhagen aus einer verwandten Pariarolle zum Parvenu aufstieg. Die Ehe mit Varnhagen versteht sie dabei primär als Freundschaft. Varnhagen respektiert und bewundert seine Frau und macht sich zum „Propheten" (RV 144) ihrer exemplarischen Bedeutung. Arendt marginalisiert diese Beziehung – etwas ungerecht oder undankbar – durch zwei Konkurrenzbeziehungen: durch die Liebe zu Marwitz (RV 151ff) und spätere Freundschaft mit Pauline Wiesel. Sie betont die erzieherische, d.h. mütterliche Beziehung Rahels zum beträchtlich jüngeren Varnhagen und die romantische Neigung Varnhagens, Rahel in Literatur zu verwandeln:

> „Ihr Leben wird die Anekdote, von der er sein Leben lang zehrt." (RV 142). „Mit Marwitz also ist sie fertig. Das will sie nicht mitnehmen, will nichts für sie tun. Besser ist es noch, eine Anekdote zu werden, einsam mit einem zweiten zusammenzuleben, der einen liebt" (RV 165).

Arendts Wort von der Anekdote[30] greift vielleicht eine romantische Formulierung des Novalis auf: Dem Romantiker wird alles zum „Anfang eines unendlichen Ro-

---

30  Den späten Text Der [Frankfurter] Auschwitz-Prozess beschließt Arendt mit einzelnen „Anekdoten". Dazu schickt sie erklärend voraus: „Anstelle der ganzen Wahrheit wird der Leser [in den Prozessberichten] jedoch Momente der Wahrheit finden, und einzig vermittels dieser Momente kann man dieses Chaos aus Grauen und Bosheit artikulieren. Diese Augenblicke tauchen unerwartet auf, wie Oasen in der Wüste. Es handelt sich dabei um Anekdoten, und diese erzählen in äußerster Kürze, worum es eigentlich geht." (Der Auschwitz-Prozess, in: Arendt 1989, S. 99–136, hier: S. 135) Als letzte „Anekdote" erzählt Arendt hier von einer Frau, die willkürlich von der Ermordung ausgenommen wurde: „Die Frau, die anscheinend die Regeln von Auschwitz immer noch nicht kennt – wo alle Mütter mit Kindern unmittelbar nach der Ankunft vergast wurden –, verlässt den Gerichtssaal, ohne zu begreifen, dass sie, die auf der Suche nach dem Mörder ihrer Familie war, dem Retter ihres eigenen Lebens gegenübergetreten war. So etwas geschieht, wenn Menschen beschließen, die Welt auf den Kopf zu stellen." (S. 136) Arendts Rede von „Momenten der Wahrheit" oder Authentizität ließe sich als lebensphilosophisches, fast surrealistisches Wahrheitskonzept formulieren. Die pointierte Rede von „Anekdoten", die den literaturwissenschaftlichen Formbegriff bewusst ins Philosophische verschiebt, ist allerdings mehrdeutig: Die „Anekdote" bezeichnet für Arendt wohl einerseits einen Authentizitätsmoment und andererseits einen Authentizitätskern, der romanhaft umschrieben und ausbuchstabiert wird.

mans".[31] Arendt betrachtet Varnhagens posthume Rahel-Dokumentationen als diesen Roman und distanziert sich mit ihrer „objektivistischen" Auffassung des biographischen Unternehmens von solchen Romantisierungen und Idealisierungen, die sie als strategischen Verrat an der Paria-Identität kritisiert. Sie deutet die Flucht in die Ehe als notwendige Mesalliance. Entstehungsgeschichtlich ist dabei nicht ganz klar, wie sie die Biographie nach 1815 ursprünglich: vor 1933, erzählen wollte. Die Schlusskapitel, die Arendt 1938 im Pariser Exil schrieb, vor der Rettung in die USA, fügen die Beziehung zu Pauline Wiesel und Verhältnisbestimmung von Paria und Parvenu hinzu. So sehr Arendt hier betont, dass Varnhagen anfangs selbst in der Lage des Paria war und erst durch die Beziehung zu Rahel den Aufstieg zum Parvenu erlangte, so deutlich markiert sie einen Unterschied in der Parvenuexistenz: Während Varnhagen ganz in der Rolle des Parvenu aufgeht, bewahrt Rahel sich ihre Humanität durch ihr fortdauerndes Pariabewusstsein, das nicht zuletzt durch die Beziehung zu Pauline Wiesel fortlebt. Arendt findet dafür starke Formulierungen:

> „Der Parvenu bezahlt den Verlust der Pariaeigenschaften damit, dass er endgültig unfähig wird, Allgemeines zu erfassen, Zusammenhänge zu erfassen, sich an anderes als für seine eigene Person zu interessieren." (RV 199) „Die Menschenwürde, die Achtung vor dem menschlichen Angesicht, die der Paria instinktartig entdeckt, ist die einzig natürliche Vorstufe für das gesamte menschliche Weltgebäude der Vernunft." (RV 199) „Rahel ist Jüdin und Paria geblieben. Nur weil sie an beidem festgehalten hat, hat sie einen Platz gefunden in der Geschichte der europäischen Menschheit." (RV 210)

Es ist zu beachten, dass diese Zitate aus den Schlusskapiteln stammen, die Arendt erst nach 1933 schrieb. Wenn sie Heinrich Heine in den letzten Absätzen als einzigen „Erben" (RV 211) Rahels bezeichnet und – mit einem Jaspers-Terminus – von „Wahrhaftigkeit" (RV 211) spricht, ist eine Abstimmung mit dem Essay über die „verborgene Tradition" und auch eine spätere – von Jaspers 1952 gewünschte – redaktionelle Überarbeitung anzunehmen. Die beiden Schlusskapitel verstärken die „jüdische" Identifikation und Soziologisierung von Arendts Beziehungsgeschichte, die sich nach 1933 im Pariser Exil weiter klärt.

---

31  Von Schmitt 1925, S. 26, S. 108, S. 121f. zitiert als eigentliche „Formel" der Romantik. Schmitt bezieht sich vermutlich auf folgende Bemerkungen aus den Blütenstaub-Fragmenten: „Alle Zufälle unseres Lebens sind Materialien, aus denen wir machen können, was wir wollen. Wer viel Geist hat macht viel aus seinem Leben – jede Bekanntschaft, jeder Vorfall wäre für den durchaus Geistigen – erstes Glied einer unendlichen Reihe – Anfang eines unendlichen Romans." (Novalis ⁴2001, S. 336).

Rekapituliert man einige Kernaussagen der *Rahel Varnhagen*-Biographie, so ist festzuhalten: Arendt vertritt ein Personenkonzept (vgl. RV 160), das die Weltfindung und Personwerdung an eine gehobene soziale Rolle bindet. Nur mit einer klar konturierten Rolle in der sozialen „Welt" ist man nach Arendt „Person". Eine Jüdin erlangt diese Rolle nur durch Heirat. Arendt trennt deutlich zwischen Liebe und Ehe und betont die „Verzweiflung" an einer Liebe ohne Ehe. Frauen suchen bei Männern Liebe und Ehe und finden bei anderen Frauen die Solidarität der Freundschaft. Arendt problematisiert diese Genderpolitik nicht. Feministische Instrumentalisierungen[32] hätte sie sich aber jederzeit verbeten.

## 3    Autobiographische Lesart

Das Rahel-Projekt ist von Anfang an autobiographisch konnotiert. Seit Young-Bruehl wurde das immer wieder ausgeführt und auch Christophersen[33] spricht von einem „autobiographischen Unternehmen". Es ist zwar fraglich, wieweit es als Schlüsseltext gelesen werden kann, es liegt aber verführerisch nahe, jenseits der allgemeinen Identifikation mit dem deutsch-jüdischen Schicksal mit der Spannung von Liebe, Ehe und Freundschaft auch Arendts Leben hineinzuschreiben. Die frühe Identifikation entstand im Gespräch mit der Jugendfreundin Anne Mendelssohn, die den bedeutenden Philosophen Eric Weil heiratete und Arendt lebenslang verbunden blieb. Sie machte Arendt in den frühen 1920er Jahren schon mit Rahel-Büchern bekannt und ließe sich im Buch vielleicht mit Rebecca Friedländer assoziieren.[34] Der ersten großen Liebe zu Finckenstein entspricht dann nach heutigem Wissen die Liebe zu Heidegger, der Flucht in die Ehe mit Varnhagen Günter Stern. Nachdem in den letzten Jahren zahlreiche Editionen von Arendt-Korrespondenzen erschienen sind,[35] sind die Identifikationen einigermaßen möglich und es ließe sich heute eine analoge „Selbstobjektivation" der Arendt-Biographie anhand der Briefwechsel einigermaßen dicht und präzise schreiben.

Die Korrespondenz mit Heidegger krankt dabei an der asymmetrischen Beziehung. Es fehlt die Authentizität und Wahrhaftigkeit direkter Erlebnisaussprache, die andere Briefwechsel zeigen. Im Briefwechsel mit Jaspers sprach Arendt dazu aus dem Abstand der Jahre einigermaßen abgeklärt von notorischen „Lügnerei-

---

32   Kristeva 2001.
33   Christophersen 2002, S. 209.
34   Ebd., S. 9ff.
35   So mit Günther Anders, Walter Benjamin, Kurt Blumenfeld, Heinrich Blücher, Martin Heidegger, Karl Jaspers, Mary McCarthy, Gershom Scholem u.a.

en mit [...] ausgesprochen pathologischem Einschlag".[36] Eine Übersendung der Rahel-Biographie an Heidegger ist im Briefwechsel nicht erwähnt. Die einzige Erwähnung klingt gewohnt ignorant. Am 21. März 1925 schreibt Heidegger: „Nach dem genauen bibliographischen Titel des neu erschienenen Briefwechsels der Rahel mit Alexander von der Marwitz hab ich mich vergeblich umgesehen."[37] Damit war das Thema für ihn erledigt. Bald darauf schreibt Arendt ihr Schatten-Credo.[38] Später weist sie Heidegger zur Identifikation der Beziehung auf Thomas Manns *Zauberberg* hin.[39]

Jenseits der direkten biographischen Parallelen mit Arendts Leben vor 1932 gibt es starke Affinitäten in der romantischen Begabung zur Liebe, Freundschaft, Ehe und auch Korrespondenz. Der Briefwechsel mit Mary McCarthy ließe sich in seiner schwelgerischen Authentizität vielleicht mit Rahels Verhältnis zu Pauline Wiesel vergleichen und beim Briefwechsel mit dem zweiten Ehemann Heinrich Blücher ließe sich fragen, ob Arendt hier in die Rolle eines Varnhagen übertrat und die „Anekdote" ihrer Ehe allzu romantisch in eine schwelgerische Liebe verwandelte. Viele bedeutende Korrespondenzen sind heute von der großen „Seele" und Epistularin überliefert. Ihre Sprache der Liebe und Beziehung lebte dabei nicht zuletzt im Gedicht.

Arendt gehörte noch einer Generation an, die Intimität über Dichtung kommunizierte. So publizierte sie 1930 bald nach der Heirat mit Günther Stern (Anders) zusammen eine Auslegung von Rilkes *Duineser Elegien*.[40] Die als Hochzeitsfeier oder Eheresignation verfasste, 1930 publizierte Auslegung spricht von der „Echolosigkeit"[41] der „kommunikationsentfremdeten Dichtung"[42] und betont die – platonisch-romantische – Transzendenz der Liebe jenseits von Mensch, Gott und Welt. Anders' Vorbemerkung zur Neuveröffentlichung von 1981 distanziert sich von dieser Auslegung. Für Arendts Abschied von Heidegger und Übergang von Augustinus zu Rahel ist sie aber signifikant: Auch Rahel betonte in echter Romantik die Transzendenz der Liebe, die sich gerade in der unerfüllten und gestaltlosen Sehnsucht als (platonische) Liebe erweist. Ohne Welt ist Gott nicht Gott? Erst

---

36  Arendt/Jaspers 1965, S. 84; vgl. Arendt/Jaspers 1965, S. 178: „Charakterlosigkeit", „verzwickt-kindische Unehrlichkeit".

37  Arendt/Heidegger 1998, S. 17.

38  Dazu vgl. Arendt/Heidegger 1998, S. 21–25.

39  Dazu Mehring 2019.

40  Rilkes Duineser Elegien, Wiederabdruck in: Arendt/Anders 2016, S. 105–127.

41  Hannah Arendt/Günther Stern 1930, Wiederabdruck in: Arendt/Anders 2016, S. 105–127, hier: S. 126.

42  Ebd., S. 105.

jenseits von Gott, Mensch und Welt ist Liebe als panerotisch reine Sehnsucht bei sich. Solche Transzendenz ist in der lyrischen Sprache eher geborgen als in prosaischen Verhältnissen und Gerede. Die *Varnhagen*-Biographie zitiert Verse des amerikanischen Lyrikers Edwin Arlington Robinson (1869–1935). Arendt hat sie gewiss erst spät als Motto gewählt. Sie suchte vielfältige Beziehungen zu Dichtern wie Brecht, Broch, W. H. Auden oder auch McCarthy. Ihr Dichterkanon war dabei zunächst vom lyrischen Aufbruch der Jahrhundertwende geprägt: von Hölderlin und George. Arendt öffnete sich aber auch der Prosa der Moderne und gehörte zu den frühen Förderern von Kafkas Werk.

Die lyrische Beziehungsaussprache findet sich im Briefwechsel mit Heidegger in zahlreichen Gedichten Heideggers dokumentiert, denen man eher biographische als ästhetische Qualität zusprechen mag. Die Arendt-Edition hat unlängst Arendt-Gedichte publiziert,[43] die ästhetisch auch nicht sonderlich überzeugen. In der *Varnhagen*-Biographie zitiert Arendt für Rahel (RV 104) etwas versteckt und beiläufig Schillers Gedicht *Das Mädchen aus der Fremde,* mit dem Arendt sich schon Heidegger gegenüber identifizierte. Im ersten erhaltenen Brief an Heidegger vom 9. Februar 1950 heißt es: „Ich habe mich nie als deutsche Frau gefühlt und seit langem aufgehört, als jüdische Frau zu fühlen. Ich fühle mich als das, was ich nun eben einmal bin, das Mädchen aus der Fremde."[44] Die selbstverständliche Formulierung deutet auf eine große Geläufigkeit der Identifikation und evtl. Vertrautheit Heideggers mit diesem Identifikationsstereotyp hin. Das Gedicht lautet:

In einem Tal bei armen Hirten
Erschien mit jedem jungen Jahr,
Sobald die ersten Lerchen schwirrten,
Ein Mädchen schön und wunderbar.

Sie war nicht in dem Tal geboren,
Man wusste nicht, woher sie kam,
Und schnell war ihre Spur verloren,
Sobald das Mädchen Abschied nahm.

Beseligend war ihre Nähe,
Und alle Herzen wurden weit,
Doch eine Würde, eine Höhe
Entfernte die Vertraulichkeit.

---

43   Arendt 2015.
44   Arendt/Heidegger 1998, S. 76.

Sie brachte Blumen mit und Früchte,
Gereift auf einem andern Flur,
In einem andern Sonnenlichte,
In einer glücklichern Natur.

Und teilte jedem eine Gabe,
Dem Früchte, jenem Blume aus,
Der Jüngling und der Greis am Stabe,
Ein jeder ging beschenkt nach Haus.

Willkommen waren alle Gäste,
Doch nahte sich ein liebend Paar,
Dem reichte sie der Gaben beste,
Der Blumen allerschönste dar.

Gemeint ist hier wohl eine mythologische Frühlings- und Vegetationsgöttin wie Flora. Die Rede vom „Mädchen" säkularisiert, idealisiert und allegorisiert dies. Als eine solche Göttin haben viele Zeitgenossen Arendt sogleich geschätzt: so der Marburger Studienfreund Hans Jonas,[45] der existentialistische Kategorien mit Heidegger in die Gnosis-Forschung übersetzte und Arendts Motiv der Fremdheit und Fremde zweifellos anregte.

Die Entstehungskontexte des Rahel-Projektes lassen sich noch genauer ausleuchten und die weltweite Arendt-Forschung hat hier zweifellos viele Aspekte erschlossen. Beachtlich ist neben den Beziehungen zu Jonas und Stern etwa auch die Bekanntschaft mit Benno von Wiese,[46] dessen Schlegel-Dissertation ebenfalls in Jaspers' Reihe *Philosophische Forschungen* erschienen war. Die Reihe thematisierte diverse Grenzgänger, sodass das Rahel-Projekt auch gut hineingepasst hätte. Im Briefwechsel mit Jaspers betont Arendt den Einfluss gerade Kurt Blumenfelds auf das Rahel-Projekt.[47] Das Personalitätskonzept ließe sich mit *Vita activa* schärfen. Von einer ausgearbeiteten Philosophischen Anthropologie oder Existenzphilo-

---

45  Jonas 2003, S. 108ff.

46  von Wiese 1927; Jaspers' Psychopathologie und Weltanschauungspsychologie neigte zu Grenzgängen zwischen Psychologie, Literatur und Kulturwissenschaft. So erschien in der Reihe neben Arendts Dissertation, die Augustinus philosophisch las, und Jaspers' psychopathologischen Studien zu Strindberg und Van Gogh auch Otto Mann über die Kulturprobleme des Dandys, Heinsius über Konversionen zum Protestantismus, Salditt über Hegels Shakespeare-Interpretation, Julius I. Löwenstein über das „Doppelgesicht" von Hegels Staatslehre, Kress über soziologische Gedanken Kants.

47  Arendt/Jaspers 1965, S. 234.

sophie kann freilich keine Rede sein. Philosophische Grundlegungsfragen sind in der biographischen Rekonstruktion bewusst gemieden, und schon deshalb ist es sehr fraglich, dass die Rahel-Biographie jemals als philosophische Habilitationsschrift geplant war und hätte eingereicht werden können. Die formelhafte Rede von Parvenu und Paria bleibt aber für Arendts Humanitätskonzept leitend, das auch in der späten Sammlung *Menschen in finsteren Zeiten*, an die „verborgene Tradition" anknüpfend, exemplarisch verhandelt ist. Im Vorwort von 1968 schreibt Arendt hier über die sozialen Bedingungen öffentlicher Anerkennung:

„Und es sind die gleichen Bedingungen, die vor vierzig Jahren Heidegger (wenn auch mit ganz anderen Absichten) unheimlich treffsicher in jenen Paragraphen von *Sein und Zeit* beschrieb, die sich mit dem ‚Man', dem ‚Gerede' beschäftigen, allgemein gesprochen, mit allem, was unverborgen und von der Privatheit des Selbst nicht geschützt, in der Öffentlichkeit erscheint. In der menschlichen Existenz, wie er sie beschrieb, wird alles, was wirklich oder authentisch ist, von der überwältigenden Macht des ‚Geredes' angegriffen."[48]

Dieser Brückenschlag zwischen Heideggers Jargon der Eigentlichkeit und Arendts Auffassung von humaner Wahrhaftigkeit und Authentizität ist einigermaßen kühn und fragwürdig. Die dialektische Konstruktion des öffentlichen und des privaten Bereiches hatte Arendt in *Vita activa* auch mehr von der primären Voraussetzung einer politischen Öffentlichkeit und Gesellschaft her ausgearbeitet. Die Selbstoffenbarung der Person im öffentlichen Auftritt problematisierte sie im fragilen „Zwischenraum" und „Bezugsgewebe menschlicher Angelegenheiten" vielfach.[49] Eine Orientierung am frühen Marburger Heidegger mag für die Hermeneutik des Rahel-Projektes leitend gewesen sein. Die Liebesbeziehung war allerdings bereits aus, als *Sein und Zeit* erschien. Heidegger beendete sie nicht zuletzt um der Abfassung von *Sein und Zeit* willen. So schrieb er am 10. Januar 1926 von seiner „notwendigen Isolierung" um der Arbeit willen:

„Ich habe Dich vergessen – nicht aus Gleichgültigkeit, nicht weil äußere Umstände sich dazwischen drängten, sondern weil ich Dich vergessen musste und vergessen werde, so oft ich auf den Weg der konzentrierten Arbeit komme."[50]

---

48    Arendt 1989, S. 15.
49    Arendt 1981 (Taschenbuchausgabe), S. 213ff. (§ 25: „Die Enthüllung der Person im Handeln und Sprechen"); dazu vgl. dies. 1979, S. 40ff.
50    Arendt/Heidegger 1998, S. 54.

Den autobiographischen Spuren im Rahel-Projekt ist hier nicht weiter nach-
zugehen. Es bleibt noch der Zusammenhang mit dem späteren Werk herauszu-
arbeiten.

## 4 Gestaltwandel des Paria

Die Rahel-Biographie endet mit einem Ausblick auf die Julirevolution von 1830
und mit Heine als „Erben" der Rahel. In ihrem großen Buch *Elemente und Ursprünge totalitärer Herrschaft* fasst Arendt im Kapitel „Ausnahmejuden" die Er-
träge der Rahel-Studien auf wenigen Seiten zusammen. Sie spricht hier erneut von
der „gemischten Gesellschaft" der jüdischen Salons und Rahels Dachstübchen
„außerhalb der Gesellschaft und ihrer Konventionen", vom „Bildungsenthusias-
mus" sowie von den „großen Rebellen" als Erben des Aufbruchs.[51] Die soziologisch-politische Verortung dieser „Assimilationsgeneration" in der Geschichte
des modernen Judentums und des Antisemitismus ist hier genauer und breiter ausgeführt.

Die erste Buchpublikation in Deutschland seit 1929 waren 1948 aber die *Sechs
Essays*. Arendt tritt hier mit einer biographischen Identifikation vor das deutsche
Publikum, stellt sich als Jüdin in der „verborgenen Tradition" vor und rechtfertigt
ihren publizistischen Auftritt ausdrücklich durch die intime Adressierung und
„Zueignung" an Jaspers. Sie spricht also eigentlich gar nicht das ganze deutsche
Publikum an, sondern primär den bewährten väterlichen Freund. Die Sammlung
erschienen 1976 in neuer, noch von Arendts selbst festgelegter Zusammenstellung
als *Die verborgene Tradition*. Die Sammlung von 1948 enthielt noch den Essay
*Was ist Existenz-Philosophie*, der die Existenzphilosophie von Kant und Kierkegaard her beschrieb und Jaspers positiv gegen Heidegger ausspielte. Das wollte
Arendt 1976 offenbar nicht mehr wiederholen, hielt es vielleicht für überflüssig
und auch unpassend nach ihrer Heidegger-Eloge von 1969. Sie ließ den philosophischen Essay also 1976 heraus und konzentrierte sich auf die literarischen
Spiegelungen der Problematik.

Arendt hat die Berliner Romantikerszene zwar niemals literaturwissenschaftlich eingehend ausgeleuchtet. So erörterte sie Heines Kontakte zu Rahel nicht und
verzichtete auf eine biographische Deutung der Nachfolge Heines in der Reihe
der Schlemihl und Paria. Vor der Abfassung des *Totalitarismus*-Buches arbeitete sie aber an der „Reihe" der „Gestalten" des Paria, die eng mit der „jüdischen
Volksfigur" des Schlemihl verbunden sind. Die Rede von „Gestalt" klingt dabei

---

51 Arendt 1955, S. 94–118.

an Hegels *Phänomenologie des Geistes* an, die schon die Dialektik der Beziehungsgeschichten Rahels prägte. Die Rede von einer „verborgenen Tradition" führte Arendt schon im Januar 1943, gut ein Jahr vor dem gleichnamigen Essay, im Essay *We Refugees* ein, einem der ersten englischsprachigen Texte, bald nach der Ankunft in den USA verfasst. Er verknüpft die Entscheidung für den „bewussten Paria" mit dem Scheitern der Assimilation und Eingeständnis der nackten „Wahrheit", dass die deutschen Juden trotz aller Assimilierungsbereitschaft für die Mehrheitsgesellschaft „nichts als Juden"[52] blieben. Arendt beruft sich hier auf Bernard Lazare und schreibt:

> „Die moderne jüdische Geschichte, die mit Hofjuden begonnen hatte und sich mit jüdischen Millionären und Philanthropen fortsetzt, unterschlägt leicht diese andere Richtung jüdischer Tradition – die Tradition, in der Heine, Rahel Varnhagen, Schalom Aleichem, Bernard Lazare, Franz Kafka und selbst Charlie Chaplin stehen. Es handelt sich um die Tradition einer Minderheit unter den Juden, die keine Emporkömmlinge sein wollten und den Status des ‚bewussten Paria' vorzogen."[53]

Arendt nennt diese Paria die „Avantgarde" des Judentums; sie spricht von den „Ausnahmejuden" auch mit elitärem Beiklang. Diese Fassung von 1943 zeigt einige Unterschiede zur Ausführung von 1944: Sie betont den Konnex von Diskriminierungserfahrung und Paria-Entscheidung und erwähnt Rahel Varnhagen und Scholem Alechjem (1859–1916), einen nach New York emigrierten russisch-aschkenasischen Begründer der jiddischen Literatur, noch in der Reihe der „verborgenen Tradition", während Stefan Zweig fehlt. Die Linie ist 1944 dann für ein amerikanisches Publikum einfacher und weniger exzentrisch angelegt. Die Paria-Liste von 1943/44 ist also zweifellos elastisch und ergänzungsfähig. Arendt akkomodiert und konventionalisiert sie auch für das größere US-Publikum.

Im grundlegenden Essay *Die verborgene Tradition* von 1944 skizziert Arendt einen Gestaltenwandel des Paria von Heinrich Heine und Bernard Lazare über Chaplin zu Kafka und Stefan Zweig. Die – hier zitierte – Neuauflage von 2000 fügt noch zwei weitere Essays hinzu: *Aufklärung und Judenfrage* sowie *Der Zionismus aus heutiger Sicht*. Arendts Selbstedition schloss 1976 nicht mit der Kritik des Zionismus, sondern mit Franz Kafka, der – nach Arendts Auffassung – eine poetisch-politische Antwort auf die allgemeine Lage gab, auf den Totalitarismusbefund, den Arendt in ihrer Sammlung einleitend mit den Essays *Über den Imperialismus* und *Organisierte Schuld* beschreibt.

---

52   Arendt 1989, S. 7–21, hier: S. 19.
53   Ebd., S. 20.

Mit Heine knüpft Arendt direkt an das Rahel-Buch an. Im titelgebenden Essay erwähnt sie Rahel zwar nicht, den Zweig-Besprechungsessay *Juden in der Welt von gestern* eröffnet sie (VT 80) aber mit einem Hinweis auf Rahel. Die Stellung Rahels bleibt damit zweideutig: Rahel steht als Jüdin zwar am Anfang, nicht aber als Begründerin einer Tradition. Ihre Exzentrik wirkte erst indirekt über Heine.

In diesen in den USA geschriebenen Essays der Kriegsjahre ist Arendts Sicht der Paria-Tradition, verglichen mit dem Rahel-Projekt, stärker politisiert. So nennt Arendt die Figur des Paria eingangs eine „neue Idee vom Menschen" (VT 51). Sie verknüpft sie als „jüdische Volksfigur" zwar eng mit der Chiffre des Schlemihl, knüpft für die poetische Schlemihl-Auslegung des Paria aber nur an Heine an. Arendt hält sich im titelgebenden Essay auch nicht lange im 19. Jahrhundert auf, sondern führt über Bernard Lazare (1865–1903) schnell zu Chaplin und Kafka.

Zum Anfang mit Heine betont sie: „Heine ist der einzige deutsche Jude, der wirklich von sich hätte sagen können, dass er beides zugleich und ineins gewesen sei: Deutscher und Jude." (VT 58) Das zielt auch gegen die erste Assimilationsgeneration der Spätaufklärung, die zwischen Nation und Religion scharf trennte und ihr Judentum nicht als eigene Nation und Lebensform betrachtete. Arendt schreibt Lazare dann zu, dass er „den Paria aus seinem Schlemihl-Dasein befreien und auf die Bühne der Politik stellen wollte" (VT 63). Mit Chaplin und Kafka skizziert sie eine Re-Poetisierung und Re-Romantisierung des Paria als Schlemihl. Die Internationalisierung dieser Gestaltskizze beiseitegelassen, die auch mit der Emigration in die USA und einem publizistischen Adressatenwechsel verbunden war, betont Arendt, dass Chaplin dem Schlemihl die „Unschuld" zurückgegeben habe: allerdings in einer Form, die noch politisch „suspekt" war, während Kafka ein Scheitern der Assimilationsgeschichte markierte, in der das Zeitalter der totalen und bürokratischen Herrschaft und der „Mensch des guten Willens" unvereinbar auseinandertraten.

Kafka ist in der Sammlung *Die verborgene Tradition* eigentlich die zentrale Gestalt; Stefan Zweig figuriert dagegen mehr als eine reale Verkörperung und ein Exempel für Kafkas K.: dem Menschen des „guten Willens", der sich als „normales" Mitglied der Gesellschaft assimilieren möchte und die „Schande" der gesellschaftlichen Diskriminierung und Vernichtung erfährt. Arendt wirkte damals an der Etablierung Kafkas im Kanon der Weltliteratur mit, wie sie später sich als begnadete Lektorin und Publizistin auch für Benjamin, Heidegger und andere Autoren publikationspolitisch stark engagierte. Ihre Kafka-Deutung ist sehr prononciert: Einerseits entwickelt Arendt eine starke „jüdische" Deutung und andererseits betont sie die allgemeine Bedeutung des Humanitätsproblems, das Kafka artikulierte.

Der unversöhnliche Gegensatz zwischen Individuum und Gesellschaft, dem Menschen des „guten Willens" und der totalen Herrschaft, reflektiert das Scheitern der jüdischen Assimilation am Terror der Mehrheitsgesellschaft sowie den Untergang der neuhumanistischen Verheißungen in der totalitären Moderne. Arendt skizziert in den 1940er Jahren ein sehr düsteres und negatives Fazit der Assimilation und bestätigt dies abschließend – posthum 1976 – noch durch die Selbstedition ihrer letzten Sammlung. Die abschließenden Essays über Stefan Zweig und Kafka explizieren dabei in der wiederholenden Auslegung, was die grundlegende Skizze über *Die verborgene Tradition* knapp formulierte.

Das Individuum bleibt der Gesellschaft unterworfen, dem Gestaltenschicksal geht deshalb die soziologisch-politische Analyse voran. Wenn Arendt diesen gesellschaftlichen Rahmen innerhalb ihrer letzten Sammlung durch Essays *Über den Imperialismus* und *Organisierte Schuld* kennzeichnet, weist sie mit der *Organisierten Schuld* auch auf den Nationalsozialismus und die besondere deutsche Schuld innerhalb dieser Geschichte hin. Wenn die Neuausgabe von 2000 die Sammlung mit dem Essay *Der Zionismus aus heutiger Sicht* beschließt, verschiebt das die Akzente: Zwar ist damit auch hervorgehoben, dass die „neue Idee vom Menschen" nach 1945 nur jenseits von Deutschland und Europa eine positive Antwort finden konnte; als letztes Wort und Antwort erscheint nun die Kritik des Zionismus: eine Nationalstaats-Ideologiekritik, mit der Arendt auch ihr Diaspora-Judentum verteidigte. So naheliegend die Ergänzung durch die beiden abschließenden Essays publizistisch gewesen sein mag, liegt hier doch eine beachtliche Akzentverschiebung gegenüber der Sammlung von 1976 vor, die Arendt noch selbst zusammengestellt hatte. Autorschaftlich gültig ist die Fassung letzter Hand von 1976.

## 5  Der Rektor des Geschlechtes derer von Schlemihl: Julius Eduard Hitzig

Arendt schrieb, wie gesagt, niemals als Literaturwissenschaftlerin. Ihre Romantikforschungen zielten existentialphilosophisch überformt auf eine Phänomenologie der Möglichkeiten und Typen des Daseins. Sie transponierte ihr Rahel-Projekt auch etwas flüchtig in die Konstruktion der „verborgenen Tradition". So klärte sie Rahels Stellung in dieser Tradition nicht ganz. Die Brücke von Rahel zu Heine schlug sie sehr schnell, ohne die Berliner Romantikerszene mit ihrer Übersetzung der Volksfigur des Schlemihl in den literarischen Kanon ganz auszuleuchten. Heines Schlemihl-Gedicht zitierte sie zwar, hielt sich aber nicht weiter in der Literaturgeschichte auf, sondern bezeichnete Kafka und Chaplin ohne Weiteres – essayistisch und thetisch zugespitzt – als Ahnen und Erben des Schlemihl. Arendt zitierte eigentlich nicht die romantische Kunstfigur, sondern das ältere Volksstereotyp. Auf den ersten Blick ist die Schlemihl-Identifikation nicht sonderlich zwingend. Adelbert von Chamisso (1781–1838), der die Schlemihl-Gestalt in die Weltliteratur hineinschrieb, hatte als französischer Aristokrat und Revolutionsflüchtling keine jüdische Herkunft. Chamissos Novelle geht aber auf den romantischen Freundschaftsbund von Chamisso, Fouqué und Hitzig zurück. Die erste Ausgabe von *Peter Schlemihl's wundersame Geschichte* wurde 1814 in Nürnberg von Friedrich Baron de la Motte Fouqué (1877–1843) herausgegeben. Fouqué, aus alter Hugenottenfamilie, wie Chamisso aus französischem Adel, leitete die Erstausgabe mit einem Widmungsgedicht an Chamisso ein, das auf den damaligen Kampf gegen Napoleon anspielte. Fouqué hatte als preußischer Offizier an den gegenrevolutionären Kämpfen teilgenommen und zog damals erneut gegen Napoleon in die Schlacht, im Range eines Majors. Nicht minder wichtig ist aber der Dritte im Bunde. Gewidmet ist der *Schlemihl* „dem Herrn Regierungs-Assessor und Buchhändler" Julius Eduard Hitzig (1780–1849).

Hitzig hieß ursprünglich Isaac Elias Itzig und stammte aus dem jüdischen Großbürgertum. 1799 konvertierte er zum Protestantismus und wechselte den Namen. Er war ein glänzender Jurist, Verleger und Publizist mit hoher Karriere im preußischen Justizdienst. 1807 verlor er zwar infolge der preußischen Niederlage seine Stellung als Regierungsassessor in Warschau; 1814 kehrte er aber in den Justizdienst an das Berliner Kammergericht zurück und stieg dort in hohe Positionen auf. In den Jahren der napoleonischen Besetzung begründete er in Berlin einen Buchhandel und wurde einer der wichtigsten Verleger, Organisatoren und Freunde romantischer Autoren. Hitzig war eng befreundet mit E. T. A. Hoffmann, Chamisso und Fouqué. Seine Ziehtochter Antonie Piaste heiratete Chamisso. Seine zentrale Bedeutung im Berliner Literaturbetrieb, den Romantikerkreisen und auch für den Goethekult hat Anna Busch[54] in einer glänzenden literatursoziologischen Arbeit umfassend ausgeleuchtet: Hitzig verlegte romantische Literatur, gab diverse Zeitschriften – u.a. von Kleist – heraus, begründete die literarische Mittwochsgesellschaft und wirkte neben seiner Arbeit am Berliner Kammergericht auch als Herausgeber wichtiger rechtspolitischer Zeitschriften. Mit Willibald Alexis (Wilhelm Häring) zusammen publizierte er zuletzt den *Neuen Pitaval*, der merkwürdige Kriminalfälle mit liberalen rechtspolitischen Absichten bekannt machte. Hitzig schrieb u.a. auch umfassende Biographien über seine Freunde Hoffmann und Chamisso. Er war eine Zentralgestalt der Berliner Aufklärung und des assimilierten Judentums. Arendt hätte ihn vermutlich zur ersten „Assimilations-

---

54  Busch 2014.

generation" gerechnet, die assimilationsoptimistische Positionen vertrat und das romantische Individualitätsbewusstsein noch nicht essentialistisch nationalisierte. Die Erstausgabe des *Schlemihl* von 1814 enthält ein Vorwort mit zwei Briefen von Fouqué und Chamisso an Hitzig. Während Chamisso hier an die gemeinsame Entdeckung der Gestalt „in früheren Jahren" beim „poetischen Tee" erinnert, rechtfertigt Fouqué die Publikation gegenüber Hitzig mit dem unwägbaren Schicksal von Manuskripten. Beide Briefe machen deutlich, dass die Freunde die Schlemihl-Gestalt vor 1806 gemeinsam als kollektive Identifikationsgestalt entwickelten und Hitzig eine Publikation offenbar nicht gewollt hatte. Sonst wäre die Novelle vermutlich auch in seinem Verlag erschienen. So hatte es Fouqué gegenüber Hitzig auch selbstverständlich vorausgesetzt: „Natürlich kannst nur Du und kein Andrer der Verleger sein."[55] Mit dem ersten Satz seiner entschuldigenden Rechtfertigung erinnert Fouqué an mahnende Worte:

> „Bewahren, lieber Eduard, sollen wir die Geschichte des armen Schlemihl, dergestalt bewahren, dass sie vor Augen, die nicht hineinzusehen haben, beschirmt bleibe. Das ist eine schlimme Aufgabe."[56]

Der erste Satz klingt wie ein mahnendes Zitat Hitzigs. Chamisso rechtfertigt sich dagegen mit den unwägbaren Rezeptionsschicksalen. So fährt er fort:

> „Es gibt solcher Augen eine ganze Menge, und welcher Sterbliche kann die Schicksale eines Manuskripts bestimmen, eines Dinges, das beinah noch schlimmer zu hüten ist, als ein gesprochenes Wort. Da mach ich's denn wie ein Schwindelnder, der in der Angst lieber gleich in den Abgrund springt: ich lasse die ganze Geschichte drucken."[57]

Man könnte hier mit Arendt vermuten, dass Hitzig eine Publikation des Schlemihl scheute, weil er die Gestalt in der „verborgenen Tradition" des Judentums sah und jüdische Vergangenheiten als assimilierter Aufklärer lieber tabuisierte. Es soll hier zwar nicht behauptet werden, dass Hitzig den Titel des Schlemihl an die Freunde vermittelte. Zweifellos aber schrieben Fouqué wie Chamisso die Gestalt einer koautorschaftlichen romantischen Entdeckung zu. Das wird auch durch weitere frühe Ausgaben des *Schlemihl* unterstrichen, die das Herausgeberspiel des Vorwortes erweiterten. So enthält die zweite Auflage von 1827 eine Antwort Hit-

---

55   von Chamisso 2003, S. 96.
56   von Chamisso 1975, Bd. I, S. 15.
57   Ebd.

zigs, die Fouqués „eigenmächtiges Verfahren" der Herausgabe nachträglich akzeptiert. Hitzig besteht aber erneut auf einem skeptischen Vorbehalt gegenüber der öffentlichen Resonanz. So schreibt er eingangs:

> „Da haben wir denn nun die Folgen Deines verzweifelten Entschlusses, die Schlemihlshistorie, die wir als ein bloß uns anvertrautes Geheimnis bewahren sollten, drucken zu lassen."[58]

Hitzig erwähnt die internationale Popularität, rechtfertigt den Geheimnisverrat aber auch mit einer eigenen Inkonsequenz:

> „Nie werde ich die Stunde vergessen, in welcher ich es Hoffmann zuerst vorlas. Außer sich vor Vergnügen und Spannung, hing er an meinen Lippen, bis ich vollendet hatte; nicht erwarten konnte er, die persönliche Bekanntschaft des Dichters zu machen, und, sonst jeder Nachahmung so abhold, widerstand er doch der Versuchung nicht, die Idee des verlornen Schattens [...] ziemlich unglücklich zu variieren."[59]

Hitzig akzeptiert hier das eigenmächtige Vorgehen Fouqués, indem er die Publikation durch die romantische Stiftung von Freundschaften rechtfertigt. Die Freunde trieben damals weiter ihr Spiel mit der Schlemihl-Gestalt. So schrieb Hitzig 1819 an Fouqué: „Schlemihl entbehrt nicht mehr des Schattens": Seine Ziehtochter Antonie sei durch die Heirat mit Chamisso sein wahrer Schatten.[60] Nach dem Tode

---

58  Ebd., S. 16.
59  Ebd., S. 17; Hoffmann hat die Schlemihl-Geschichte sofort in seiner Novelle Die Abenteuer der Silvesternacht, einer der Phantasiestücke in Callots Manier, variiert oder ergänzt. Hitzig wird dort als „Justizrat" wohl direkt angesprochen. Der Ich-Erzähler begegnet dort in einer Kellerkneipe in der Berliner Jägerstraße Peter Schlemihl und einem „Kleinen", der sein Spiegelbild seiner geliebten Guiletta zum Abschied überließ. Der große Mann ohne Schatten und der kleinen Mann ohne Spiegelbild gingen „Kompagnie". Während Schlemihl aber seinen Schatten verkaufte, gab der Kleine sein Spiegelbild aus Liebe hin. Jacques Offenbach identifizierte Hoffmann in seiner grandiosen Oper Hoffmanns Erzählungen selbstverständlich mit diesem Mann ohne Spiegelbild. Wenn Hoffmanns Novelle kein Fall von Ideenklau war, so schrieb sich Hoffmann mit seiner Variation in das kooperative Freundeswerk des Schlemihl hinein. In weiter und riskanter Auslegung ergänzt er das jüdische Stereotyp – Verführung durch Geld – dabei durch das christliche Stereotyp von der Verführung durch Liebe. Hitzig meidet im Vorwort eine starke Deutung von Hoffmanns Variation. In seiner Hoffmann-Biographie geht er nicht darauf ein. Von Hoffmann ist auch eine Zeichnung der Figur des Schlemihl bekannt (dazu vgl. Hitzig 1986, S. 305).
60  Chamisso 1839 Bd. II, S. 72f.

von Chamisso veranstaltete Hitzig auch die erste sechsbändige Gesamtausgabe sowie eine Art Volksausgabe, der er eine längere Vorrede vorausschickte. Er betonte hier 1839, dass Chamisso die Novelle gleichsam in einer Pause im Kampf gegen Napoleon schrieb, äußerte sich ironisch über die hermeneutischen Bemühungen, den Schatten auf eine Bedeutung festzulegen, und ironisierte die internationale Popularität der Novelle, um abschließend aber zu sagen:

> „Denn das Volk war es, welchem zu gefallen das höchste Ziel des Dichters war, das Volk, für welches alle Pulse des seltenen Mannes schlugen, der, einem der ältesten erlauchten Geschlechter Europas entsprossen, seinen Stammbaum in grader Linie bis zu dem Jahre 1305 hinaufführend, sein ganzes Leben hindurch Befriedigung nur darin suchte und fand, ein bescheidener Bürger, ein wahrer Mann aus dem Volke zu sein."[61]

Chamisso kannte die jüdische Bedeutung des Schlemihl. An seinen Bruder schrieb er am 17. März 1821 erklärend:

> „Schlemihl oder besser Schlemiel ist ein Hebräischer Name und bedeutet Gottlieb, Theophil oder aimé de Dieu. Dies ist in der gewöhnlichen Sprache der Juden die Benennung von ungeschickten oder unglücklichen Leuten, denen nichts in der Welt gelingt. Ein Schlemihl bricht sich den Finger in der Westentasche ab, er fällt auf den Rücken und bricht das Nasenbein, er kommt immer zur Unzeit."[62]

Arendt geht auf diese Quellen nicht ein; sie rekonstruiert nicht die Volksfigur, schweigt von Hitzig und beruft sich nur auf Heinrich Heine. Heine aber verwies in seinem großen Fragment *Jehuda Ben Halevy*, auf das Arendt sich bezieht, selbst auf Hitzig. Da heißt es:

„Was das Wort Schlemihl bedeutet,
Wissen wir. Hat doch Chamisso
Ihm das Bürgerrecht in Deutschland
Längst verschafft, dem Worte nämlich.

Aber unbekannt geblieben,
Wie des heil'gen Niles Quellen,
Ist sein Ursprung; hab' darüber
Nachgegrübelt manche Nacht.

---

61 Ebd., S. 776–780, hier: S. 780.
62 Chamisso 1975, Kommentar I, S. 770.

Zu Berlin vor vielen Jahren
Wandt ich mich deshalb an unsern
Freund Chamisso, suchte Auskunft
Beim Dekane der Schlemihle.

Doch er konnt mich nicht befried'gen
Und verwies mich drob an Hitzig,
Der ihm den Familiennamen
Seines schattenlosen Peters

Einst verraten. Alsbald nahm ich
Eine Droschke, und ich rollte
Zu dem Kriminalrat Hitzig,
Welcher eh'mals Itzig hieß."[63]

Heine erzählt im Gedicht weiter davon, wie er Hitzig damals die Erläuterung abpresste. Hitzigs Unwillen, die Etymologie zu erklären und also das „Geheimnis" zu verraten, versteht er dabei aus der Psychologie der protestantisch-pietistischen Konversion; er bezeichnet Hitzig etwas abschätzig als „frommen Pietist"; Arendt dagegen deutet die Reserve eher als jüdischen Selbstschutz und Abneigung gegen eine abstrakte universalistische Übersetzung. Heine plaudert im weiteren Verlauf seines Gedichtes aus, welchen „Stammbaum" Hitzig schließlich benannte: Schlemihl begründete eine Tradition von Dichtern; Dichter sind die geborenen Pechvögel; sie treiben Theorie statt Praxis, singen von Liebe und schreiten nicht zur Tat. Der „Ahnherr des Geschlechtes derer von Schlemihl" wurde als unschuldiger Pechvogel für einen ethischen Frevel und Ehebruch ermordet, den er nicht begangen hatte. Die verführerischen Liebeslieder des Dichters wurden mit der Tat verwechselt.[64]

Heines Gedicht begründete die „verborgene Tradition" als eine mündliche Überlieferung, die die jüdische Bedeutung und den Namen des Schlemihl durch Hitzig an Chamisso überlieferte. Mit seinen *Hebräischen Melodien* legte Heine das „Wonnebrot" Israels als „Perlenträncnlied" der „jüdischen Poetenschule" aus und wies alle „stinkenden" theologischen Dogmen zurück. Heine identifizierte das „Geschlecht" der von Schlemihl als Dichtertradition. So habe es Hitzig einst in esoterischer Überlieferung gestanden; Chamissos Verweis auf Hitzig besagt auch

---

63 Heine 1951, Bd. II, S. 313; dazu vgl. Grundmann 2008.
64 Heine 1951, S. 315.

wohl, dass er die jüdische Bedeutung des Namens, und also den Namen selbst, durch Hitzig erfuhr.

Arendt weiß also schon durch Heine von Hitzig als Vermittler der Schlemihl-Gestalt. Sie selbst aber expliziert diese Überlieferung nicht und wahrt damit, im Sinne Hitzigs, das jüdische Geheimnis oder Tabu. Das Tabu betrifft allerdings weniger religiöse Praktiken als die Auslegung von Religion als Geschichte und Poesie. Mit Heidegger könnte man meinen: „Aber diese Mitteilung ist gerade das Verschweigen. Wir verraten das Schweigen nämlich, solange wir schweigen."[65] Arendts Verzicht auf einen eingehenderen literaturwissenschaftlichen Brückenschlag von Hitzig und Rahel zu Heine könnte solchen Überlegungen resultieren. Jedenfalls zitierte Arendt die Schlemihl-Figur ohne nähere Ausführungen. Chamissos *Schlemihl* ist zwar nicht einfach und unstrittig als „jüdische Volksfigur" zu deuten;[66] Hitzig aber hätte ihr als ein Vermittler der Gestalt in die Weltliteratur gelten können, und sie hätte dabei ihre Thesen zum esoterischen jüdischen Vorbehalt gegen die Popularisierung der Gestalt näher erörtern oder bestätigen können.

Arendt legte den Schlemihl allerdings nicht auf jüdische Herkunft fest. Das zeigt sich in der Rahel-Biographie schon in der Bezeichnung des ersten Kapitels: „Jüdin und Schlemihl". Der Schlemihl ist hier nicht exklusiv jüdisch. Hitzig steht aber für die universalistische Übersetzung der Gestalt an ein allgemeines Publikum. Dass Hitzig seine anfänglichen Vorbehalte gegen die Publikation, trotz einiger ironischer Reserven, in die Anerkennung der Popularität zurücknahm, hätte Arendt als Beispiel für perfekte Assimilierung deuten können; sie selbst bestand dagegen auf dem Paria-Vorbehalt der Verteidigung der Herkunft gegen die abstrakte Universalisierung. Es ist bedauerlich, dass sie ihre Paria-Linie nicht deutlicher als Schlemihl-Linie ausbuchstabierte.

Wenn sie die „verborgene Tradition" aber mit der Geschichte der Schlemihl-Gestalt assoziierte, darf der Hinweis nicht unterbleiben, dass Arendts erste existentialphilosophische Selbstbeschreibung mit „Schatten"[67] überschrieben ist. Diese Selbstbeschreibung übergab Arendt 1925 an Heidegger als appellative Geste radikaler Selbstoffenbarung. Buchstäblich bezog sie sich im Text nicht auf romantische Literatur oder gar Chamisso. Es wäre deshalb ziemlich spekulativ, diese „Träume"

---

65  Heidegger 2016, S. 141.

66  Wenn die Figur des Schlemihl als Jude gedeutet wird, steht der Verlust des Schattens zunächst für Stigmatisierung und Exklusion aus der selbstverständlichen Gemeinschaft und Humanität. Die Faust-Novelle steht im antisemitischen Stereotyp aber auch für fahrlässig aus Armut und Geldgier verschuldete Selbstisolierung mit der Folge eines heimatlosen Lebens als Wanderer und Ashaver: als „Fliegender Holländer" mit „Siebenmeilenstiefeln".

67  Arendt/Heidegger 1998, S. 21–25.

von „Zuflucht" mit dem Schlemihl zu verbinden und die „Schatten" der Angst, von denen Arendt schrieb, mit Schlemihls Verlust seines Schattens eng zu verknüpfen. Zweifellos rief sie 1925 aber nach Schutz und Schatten, und es ist durchaus wahrscheinlich, dass sie damals schon die Schlemihl-Gestalt und die Novelle kannte. Sie konfrontierte Heidegger damals ja auch mit Rahel-Briefen.

# 6  Exkurs: Hofmannsthals Dichtung vom Paria als Parvenu

Arendts Linie der verborgenen Tradition war elastisch; sie schloss mit Chaplin, Kafka und Stefan Zweig. Statt Zweig hätte sie beispielsweise gut auch einen anderen Librettisten von Richard Strauss aufrufen können: Hugo v. Hofmannsthal.

Hofmannsthal war ein Kenner romantischer Dichtung. In seiner Sammlung *Deutsche Erzähler* von 1912 fehlt allerdings Chamissos *Schlemihl*. Hofmannsthal rechtfertigte das einleitend: „Sein Schlemihl ist allerdings wundervoll angefangen, die Erfindung ist von hohem Rang, doch fällt die Erzählung ab, wird trüb und matt. Wäre es auch äußerlich ein Bruchstück, wie es innerlich gebrochen ist, ich hätte es gewagt, es den anderen anzureihen."[68] Damals dichtete er bereits am „Zaubermärchen" *Die Frau ohne Schatten*, das er bei Kriegsbeginn, in den Jahren 1914/15, in ständiger Kooperation mit Strauss als Libretto ausarbeitete und 1919, im Jahr der Uraufführung der großen Oper, eines Hauptwerks des Genre, auch als „Erzählung"[69] publizierte: Ein Kaiser heiratet eine Fee. Findet sie aber nicht in den nächsten drei Tagen einen menschlichen Schatten, so versteinert der Kaiser und die Fee muss zurück ins Geisterreich. Eine böse Amme ist die mephistophelische Kupplerin, die den Kauf eines Schattens von einer armen, kinderlosen Färberin einfädelt, weil sie die Menschen verachtet und hasst. In verwickelter Handlung entsagt die Fee am Ende aber mitleidsvoll des Paktes und erlöst gerade dadurch letztlich die ganze Menschheit.

In der Korrespondenz mit Strauss nennt Hofmannsthal die Kaiserin die „Hauptfigur":[70] „Diese hat nicht viel Text und doch ist sie eigentlich die wichtigste Figur des Ganzen. Dies dürfen Sie niemals übersehen. Um ihr Menschwerden dreht es sich, sie ist – nicht die andere – die Frau ohne Schatten."[71] Strauss wünscht von Hofmannsthal, dass hier psychologisch „nichts im Dunkel bleibt, besonders das

---

68    von Hofmannsthal 1933, S. 8.
69    von Hofmannsthal 1919.
70    Strauss 1926, S. 251.
71    Ebd., S. 273.

Motiv, dass die Kaiserin, weil sie das Mitleid fühlen gelernt hat, sich den Schatten verdient hat, das heißt Mensch geworden ist."[72] Mit Goethe – dem *Märchen* wie auch dem *Faust* – formuliert Hofmannsthal die Utopie moralischer Selbstüberwindung als „salomonisches Urteil höherer Mächte":[73] als „Sternengericht" und Stimme der „Ungeborenen", d.h. künftigen Menschheit. Die Oper gestaltet die „Prüfung" der Kaiserin höchst dramatisch: Unter äußerstem Druck verweigert sie die Übernahme des Schattens auf Kosten der Färberin. Was dabei zunächst als Schrei „ich kann nicht" konzipiert war,[74] steht im Libretto als „qualvoller, stöhnender Schrei": „Ich – kann – nicht!"[75] „Ich will nicht den Schatten:/auf ihm ist Blut."[76] Die Menschwerdung wird im Stück, anders als bei Chamisso, letztlich also nicht an die Übernahme der räumlichen Gestalt des Schattens geknüpft, sondern an den moralischen Akt der Verweigerung. Strauss fordert von Hofmannsthal hier höchste Anstrengungen, diese Paradoxie der Menschwerdung zu plausibilisieren. So schreibt er am 15. April 1915:

> „Ich meine: der unlösbare Konflikt, in dem die Kaiserin geraten ist, der nur durch höhere Geistermacht gelöst werden kann, müsste viel deutlicher und plastischer zum Ausdruck kommen. Die Kaiserin opfert doch, da sie den Schatten nicht durch Betrug erwerben will und durch Zerstörung des Glücks des Ehepaares Barak, ihren geliebten Gatten. Hierin liegt an sich etwas Unnatürliches und Unsympathisches."[77]

Hofmannsthals Lösung stellt sich sehr in die gelehrte Nachfolge Goethes und Nietzsches. Was im Märchen als „Verwandlung" erscheint, ist dabei offenbar als Humanitäts- und Menschheitsvision gedacht. Die Kraft zur solidarischen Selbstüberwindung entstammt nicht einfach dem Kinderwunsch der Frauen, im Gattungsdrang sprechen alle „Ungeborenen" als „Wortführer"[78] des „Gerichts" höherer Mächte. Stellt man *Die Frau ohne Schatten* mit Arendt in die Reihe der Schlemihl-Dichtungen, so ließe sich diese Menschheitsutopie auch als Assimilationstraum deuten: Die Fee wäre dann der Paria, der sich in einen perfekten Parvenu verwandelt. Ein solcher Parvenu war wohl auch Hugo von Hofmannsthal, der Vorgänger von Zweig. Seinen dichterischen Originalitätsanspruch

---

72   Ebd., S. 285f.
73   Ebd., S. 287.
74   Ebd., S. 326.
75   von Hofmannsthal 1994, S. 308.
76   Ebd., S. 283.
77   Strauss 1926, S. 293.
78   Ebd., S. 287.

unterstrich er im Jahr der Erstaufführung durch die gerade im Finale erheblich abweichende Prosaversion, die hier aber beiseite bleibt.

# 7   Rekapitulation

Bisher wurde der Wandel des Rahel-Projekt vor und nach 1933 erörtert, das Rahel-Buch analysiert, autobiographisch gelesen und die Paria-Gestaltgeschichte nachgezeichnet. Es wurde nebenbei eine Bedeutungsverschiebung zwischen den Ausgaben der Sammlung *Die verborgene Tradition* – von 1948, 1976 und 2000 – benannt und die Parallelisierung der Paria- und Schlemihl-Linie durch Hinweise auf Julius Eduard Hitzig und Hofmannsthal literaturwissenschaftlich ergänzt. Die Lücke zwischen Rahel und Heine wurde mit Hitzig ausbuchstabiert und es ist nicht ganz klar, ob diese literaturwissenschaftliche Ergänzung einen kritischen Verdacht oder Vorwurf gegen Arendt formuliert: Hat Arendt es bewusst gemieden, den Schlemihl in die ältere jüdische Tradition zurückzuverlegen? Wollte sie das Tabu wahren, wie Hitzig es verstand?

Mit der Paria-Geschichte ist jedenfalls die Ausgangslage des Nachkriegswerks bezeichnet: Arendt stellte sich stets in eine Tradition der Paria. Sie politisierte diese Geschichte nach 1933 und repoetisierte sie in den Essays zur verborgenen Tradition, um sich von der prosaischen Politisierung auszunehmen, die die jüdischen Intellektuellen des 20. Jahrhunderts in die fatale Alternative zwischen Kommunismus und Zionismus trieb. Das Rosa Luxemburg-Portrait in den *Menschen in finsteren Zeiten* kann dabei, ähnlich wie der Benjamin-Essay, als eine Ergänzung des Doppelschlusses mit Kafka und Stefan Zweig gelesen werden.

Die Ergebnisse der vorliegenden Analyse des Frühwerks bis 1948 lassen sich damit in einige starke Thesen zusammenfassen: Arendt begriff die Liebe „zwischen den Menschen" als eine Macht und historisierte sie im zweiten Schritt als Identifikation mit einer Tradition. Wenn sie für diese Tradition formelhaft von der Spannung von Paria und Parvenu sprach, so kannte sie eigentlich je *zwei Auslegungen des Paria und des Parvenu*: Es gibt Parvenus, die den Paria verleugnen (PV-PA), bornierte Paria-Verdränger, und es gibt Parvenus, die um ihre Paria-Traditionen wissen (PV+PA). Beim Paria unterscheidet Arendt zwischen dem poetisch-romantischen Schlemihl-Typus (PAS) und dem aktivistischen, politisch „bewussten" Paria und Helden der Revolution (PAR). So sehr Arendt sich als politische Publizistin auch in der aktivistischen Variante des Revolutions-Parias sah und ja auch aktiv politisch engagierte, so deutlich überwog letztlich wohl doch ihre romantische Neigung zum Schlemihl-Paria (PAS). Dabei gehörte sie als Autorin von Weltrang nach 1948 zu den moralisch sensiblen und herkunftsbewussten

Parvenus, die um der Erinnerung an den Paria willen die Rolle des Parvenu annahmen. Das zeigt sich etwa in der Übersetzung der jüdischen Selbstidentifikation in die Spannung von Antike und Moderne und die großflächigere politische Theorie. Gewiss ließ sich ihr Paria-Selbstverständnis zwar kaum stärker formulieren als mit den Schriften über Rahel und die verborgene Tradition. Die scharfen Auseinandersetzungen um Arendts Zionismus-Kritik und das Eichmann-Buch deuten aber auch darauf hin, dass Arendt unter jüdischen Intellektuellen durchaus ein Verrat des Paria an den Parvenu vorgeworfen wurde. Der entsetzte Protest von Scholem etwa muss hier zu denken geben. Arendts Genealogie der Paria- und Schlemihl-Tradition lässt Fragen offen. Ihre Lesart ist historisch und philosophisch nicht ausbuchstabiert.

## 8    Anschluss ans Spätwerk

Nach 1933 verschob Arendt den Primat verstärkt vom Individuum auf die Gesellschaft. Sie stellte das „jüdische" Schicksal in die Geschichte der Neuzeit und Moderne zurück und nahm die Querelle des Anciens et des Modernes im Kontext diverser Klassiker-Revokationen wieder auf. Zur Neuzeit-Kritik heißt es in *Vita activa* beispielsweise: „Weltentfremdung und nicht Selbstentfremdung, wie Marx meinte, ist das Kennzeichen der Neuzeit."[79] Schon in *Vita activa* unterschied Arendt strikt zwischen Macht und Gewalt und band die Entstehung von Macht an Intersubjektivität. Im einschlägigen § 28 schreibt sie:

> „Macht ist, was den öffentlichen Bereich, den potentiellen Erscheinungsraum zwischen Handelnden und Sprechenden, überhaupt ins Dasein ruft und am Dasein erhält. [...] Macht [...] besitzt eigentlich niemand. Sie entsteht zwischen Menschen, wenn sie zusammen handeln. [...] Die einzige rein materielle, unerlässliche Vorbedingung der Machterzeugung ist das menschliche Zusammen selbst. Nur in einem Miteinander, das nahe genug ist, um die Möglichkeit des Handelns offen zu halten, kann Macht entstehen".[80]

Damit ist der Zusammenhang der vorliegenden Initialgeschichte von Arendts Fragestellung mit dem Macht-Problem geknüpft. Arendt politisierte ihr Paria-Schicksal am Ende einer „verborgenen" Tradition und vertrat eine existenzialistische Identitätspolitik, die das politische Engagement als Identitätsfrage und Ehrensache in einem anspruchsvollen Sinne verstand. Deshalb bejahte sie – als

---

79    Arendt 1981 (Taschenbuchausgabe), S. 325 (§ 35).
80    Ebd., S. 252f.

PAR – auch energisch – etwa in ihren Aufbau-Artikeln[81] – den politischen und militärischen Widerstand und Kampf. So forderte sie den Aufbau einer jüdischen Armee. Ihr Marburger Jugendfreund Hans Jonas zog aus ähnlichen Überzeugungen in den Krieg gegen den Nationalsozialismus.

Arendt bejahte aber nicht nur den Widerstand, sondern auch politische Gründungen. Sie hatte ein ambivalentes Verhältnis zu Revolutionen und unterschied deshalb in ihrem Buch *On Revolution* 1963 strikt zwischen der amerikanischen und der französischen Revolution. Nur solche Revolutionen wertete sie positiv, die zugleich traditionsbegründend waren. Es ließe sich hier von einem konservativ-revolutionären Konzept sprechen, das die Rückbindung an den Anfang propagierte. Dieser Topos findet sich ausgeprägt schon bei Heidegger in der Rede vom „Schritt zurück" und vom „anderen Anfang".[82] Mit ihrem Totalitarismuskonzept formulierte Arendt aber einen scharfen Traditionsbruch, den sie auch mit der „Neuzeit" markierte. Vor dem Hintergrund des Traditionsbruchs fragte sie nach den „fragwürdigen Traditionsbeständen" der Gegenwart. Ihre „dem Andenken Walter Benjamins"[83] gewidmete Essaysammlung *Fragwürdige Traditionsbestände im politischen Denken der Gegenwart*, 1958 erschienen, schloss mit dem Thema „Was ist Autorität?" Im Benjamin-Essay schrieb Arendt über den „Perlentaucher":

„Sofern Vergangenheit als Tradition überliefert ist, hat sie Autorität; sofern Autorität sich geschichtlich darstellt, wird sie zur Tradition. Walter Benjamin wusste, dass Traditionsbruch und Autoritätsverlust irreparabel waren, und zog daraus den Schluss, neue Wege für den Umgang mit der Vergangenheit zu suchen. In diesem Umgang wurde er ein Meister, als er entdeckte, dass an die Stelle der Tradierbarkeit der Vergangenheit ihre Zitierbarkeit getreten war."[84]

Arendt sah sich am Ende einer Tradition. Mit ihren Essays zur „verborgenen Tradition" reflektierte sie auf das Ende der jüdisch-deutschen Assimilationsgeschichte und sie verzichtete nach 1945 weitgehend auf größere Publikationen zur Zukunft Deutschlands und Europas. Über die Lage Israels und der USA schrieb sie weitaus mehr als über Deutschland. Das Deutschland-Thema war nach 1945 zwar eine

---

81  Dazu vgl. Arendt 2000.

82  Mehring 2018; vgl. auch Mehring 2019.

83  Anders schrieb am 16. November 1955 an Arendt (Briefe, 57): „Dass Du nicht über Benj. schreiben willst, ist traurig. Wer soll denn außer uns, wenn man Adorno nicht das Monopol lassen will?" Zur Benjamin-Nachlasspolitik und zum Hass auf Adorno vgl. Arendt/Scholem 2010.

84  Arendt 1989, S. 185–242, hier: S. 229.

Domäne von Jaspers, aber auch ohne Jaspers hätte Arendt, die 1937 die deutsche Staatsbürgerschaft verlor und erst 1951 US-Bürgerin wurde, über die politische Zukunft Deutschlands wohl geschwiegen.

Eine Art exoterisches Schlusswort ist hier ihr amerikanisches Vorwort zu Jaspers' Buch *Wohin treibt die Bundesrepublik?*[85] Jaspers setzte beim Umgang mit den NS-Verbrechen an und konstatierte einen „Strukturwandel" der Bundesrepublik von der parlamentarischen Demokratie zur „Parteienoligarchie" und vom „autoritären Staat" zur „Diktatur". Arendt bejahte diese Darstellung, erinnerte an die „Krise von 1932" und bezeichnete die Bonner Republik in der Lage von 1967, der ersten Großen Koalition, allen Ernstes als „Wiederholungsveranstaltung von Weimar".[86] Diese Bemerkungen waren zwar unbefriedigend; Arendt wollte sich aber über Deutschland damals nicht mehr eingehend äußern. Ihr Deutschland war im Nationalsozialismus unwiderruflich untergegangen und vernichtet worden.

Diese letzten Bemerkungen deuten epilogisch nur den engen Zusammenhang an, der von Arendts Selbstidentifikation in der Paria-Tradition zur ausgearbeiteten politischen Theorie führt. Ohne diese Teilnehmerperspektive, diesen Paria-Betroffenenstandpunkt, wäre Arendt niemals die engagierte politische Publizistin geworden, die sie war, und ohne das starke Identitäts- und Freiheitspathos ihres Werkes wäre sie keine Philosophin gewesen.

## Literatur

Arendt, Hannah (1929): Der Liebesbegriff bei Augustin. Versuch einer philosophischen Interpretation. Berlin.

Arendt, Hannah (1930): Philosophie und Soziologie. Anlässlich Karl Mannheim, *Ideologie und Utopie* (1930).

Arendt, Hannah (1931): Berliner Salon. In: Deutscher Almanach für das Jahr 1932. Leipzig.

Arendt, Hannah (1932): Aufklärung und Judenfrage. In: Zeitschrift für die Geschichte der Juden in Deutschland.

Arendt, Hannah (1932): Friedrich von Gentz. Zu seinem 100. Todestag am 9. Juni. In: Kölnische Zeitung Nr. 308 vom 8. Juni 1932.

Arendt, Hannah (1932): Rezension von Käte Hamburger, Thomas Mann und die Romantik, Berlin 1932. In: Zeitschrift für Ästhetik und allgemeine Kunstwissenschaft 38 (1934).

Arendt, Hannah (1933): Originale Assimilation. Ein Nachwort zu Rahel Varnhagens 100. Todestag. In: Jüdische Rundschau 38 (1933) (Nr. 28/29 vom 7. April 1933).

Arendt, Hannah (1933): Rahel Varnhagen. Zum 100. Todestag, in: Kölnische Zeitung Nr. 131 vom 7. März 1933.

---

85   Jaspers 1966.
86   So übersetzt jedenfalls Ursula Ludz. In: Arendt 2000, S. 64–69, hier: S. 67.

Arendt, Hannah (1941): Curriculum Vitae. Beilage zum Brief vom 31. Mai 1941 an Günther Stern. In: Arendt/Anders. Briefe. München.

Arendt, Hannah (1955): Elemente und Ursprünge totalitärer Herrschaft. Frankfurt.

Arendt, Hannah (1959): Rahel Varnhagen. Lebensgeschichte einer deutschen Jüdin aus der Romantik. München.

Arendt, Hannah (1979): Vom Leben des Geistes. Bd. I: Das Denken. München.

Arendt, Hannah (1981): Vita Activa oder Vom tätigen Leben. München.

Arendt, Hannah/Jaspers, Karl: Briefwechsel 1926–1969, hrsg. (1985) Köhler, Lotte/Saner, Hans. München.

Arendt, Hannah (1989): Der Auschwitz-Prozess. In: Arendt, Hannah (1989): Nach Auschwitz. Essays und Kommentare I. Berlin.

Arendt, Hannah (1989): Walter Benjamin. In: Menschen in finsteren Zeiten. München.

Arendt, Hannah (1989): Wir Flüchtlinge. In: dies., Zur Zeit. Politische Essays. München.

Arendt, Hannah (2000): ‚Wohin treibt die Bundesrepublik?‘. In: In der Gegenwart. Übungen im politischen Denken II. München.

Arendt, Hannah (2000): Die verborgene Tradition. Essays. Frankfurt.

Arendt, Hannah (2000): Vor Antisemitismus ist man nur noch auf dem Monde sicher. Beiträge für die deutsch-jüdische Emigrantenzeitung ‚Aufbau‘ 1941–1945. Hrsg. Marie Luise Knott. München.

Arendt, Hannah (2003): Augustin und der Protestantismus. In: Frankfurter Zeitung vom 4. Dezember 1930. Wiederabdruck in Arendt, Hannah (2003): Liebesbegriff. Berlin.

Arendt, Hannah (2015): Ich selbst, auch ich tanze. Die Gedichte. München.

Arendt, Hannah (2932): Adam-Müller-Renaissance?. In: Kölnische Zeitung Nr. 102 vom 13. September 1932.

Arendt, Hannah/Scholem, Gershom (2010): Der Briefwechsel: 1939–1964. Berlin.

Arendt, Hannah/Anders, Günter (2016): Schreib doch mal ‚hard facts‘ über dich. Briefe 1939–1975. München.

Arendt, Hannah/Heidegger, Martin (1998): Briefe 1925–1975. Frankfurt.

Busch, Anna (2014): Hitzig und Berlin. Zur Organisation von Literatur (1800–1840). Hannover.

Chamisso, Adelbert von (1839): Leben und Briefe. Hrsg. Julius Eduard Hitzig, Bd. II. Leipzig.

Chamisso, Adelbert von (1975): Peter Schlemihls wundersame Geschichte. In: Sämtliche Werke in zwei Bänden, Bd. I. München.

Chamisso, Adelbert von (2003): Peter Schlemihls wundersame Geschichte. Mit einem Kommentar von Thomas Betz und Lutz Hagestedt. Frankfurt.

Christophersen, Claudia (2002): ‚… es ist mit dem Leben etwas gemeint‘. Hannah Arendt über Rahel Varnhagen. Königstein.

Grundmann, Regina (2008): ‚Rabbi Faibisch. Was auf Hochdeutsch heißt Apollo‘. Judentum, Dichtertum, Schlemihltum in Heinrich Heines Werk. Stuttgart.

Grunenberg, Antonia (2006): Hannah Arendts jüdische Schriften. In: ApuZ (2006), Heft 39.

Hahn, Barbara (Hrsg.) (1997): Rahel Varnhagen. Briefwechsel mit Pauline Wiesel. München.

Hahn, Barbara (Hrsg.) (2011): Rahel. Ein Buch des Andenkens für ihre Freunde. 6 Bde. Berlin.

Heidegger, Walter Homolka Arnulf (Hrsg.) (2016): Heidegger und der Antisemitismus. Positionen im Widerstreit. Freiburg.

Heine, Heinrich (1951): Jehuda Ben Halevy. In: Romanzero. In: Gesammelte Werke, Bd. II. Berlin.

Hitzig, Eduard (1986): E. T. A. Hoffmanns Leben und Nachlass, 1823. Frankfurt.

Hofmannsthal, Hugo von (1919): Die Frau ohne Schatten. Erzählung. Berlin.

Hofmannsthal, Hugo von (Hrsg.) (1933): Deutsche Erzähler. Leipzig.

Hofmannsthal, Hugo von: Die Frau ohne Schatten. In: ders. (1994): Operndichtungen, hrsg. Juliane Vogel. Salzburg.

Jaspers, Karl (1966): Wohin treibt die Bundesrepublik? Tatsachen, Gefahren, Chancen. München.

Jonas, Hans (2003): Erinnerungen. Frankfurt.

Kristeva, Julia (2001): Das weibliche Genie. Bd. I: Hannah Arendt. Berlin.

Mehring, Reinhard (1995): Bürgerliche statt demokratischer Legitimität. Dolf Sternbergers Auseinandersetzung um den Begriff des Politischen. In: Von Göbel, A./van Laak, D./ Villinger, I. (Hrsg.): Metamorphosen des Politischen. Grundfragen politischer Einheitsbildung seit den 20er Jahren. Berlin.

Mehring, Reinhard (1995): Hannah Arendt: Politische Denkerin oder Philosophin?. In: Philosophischer Literaturanzeiger 48.

Mehring, Reinhard (2001): Zwischen Philosophie und Politik. Hannah Arendts Verhältnis zu Heidegger. In: Zeitschrift für Religions- und Geistesgeschichte 53.

Mehring, Reinhard (2016): Heideggers ‚große Politik'. Die semantische Revolution der Gesamtausgabe. Tübingen.

Mehring, Reinhard (2018): Heidegger und die „konservative Revolution". Freiburg 2018.

Mehring, Reinhard (2019): Thomas Manns philosophische Dichtung. Freiburg.

Schmitt, Carl (1925): Politische Romantik. München.

Schulz, Gerhard (2001): Novalis Werke. München.

Straßenberger, Grit (2015): Hannah Arendt zur Einführung. Hamburg.

Strauss, Richard (1926): Briefwechsel mit Hugo von Hofmannsthal. Berlin.

Tömmel, Tatjana Noemi (2013): Wille und Passion. Der Liebesbegriff bei Heidegger und Arendt. Berlin.

Wiese, Benno von/Schlegel, Friedrich (1927): Ein Beitrag zur Geschichte der romantischen Konversionen. Berlin.

# Autorinnen und Autoren

**Karl-Heinz Breier**: Universitätsprofessor für Didaktik der Sozialwissenschaften mit dem Schwerpunkt Politische Bildung an der Universität Vechta. Forschungsschwerpunkte: Politische Theorie, republikorientierte politische Bildung. Neuere Publikationen: „Gute politische Bildung macht Geschmack auf eine Lebensweise der Freiheit.", in: Positionen der politischen Bildung 2 – Interviews zur Politikdidaktik, hrsg. von Kerstin Pohl (2016), S. 282–299; Vom Ethos der Freiheit zur Ordnung der Freiheit. Staatlichkeit bei Karl Jaspers, hrsg. von Karl-Heinz Breier und Alexander Gantschow (2017); Grundbegriffe der Politik. 33 zentrale Politikbegriffe zum Einstieg, von Martin Schwarz, Karl-Heinz Breier, Peter Nitschke, darin die Grundbegriffe: Bürger, Demokratie, Freiheit, Gesellschaftsvertrag, Herrschaft, Ideologie, Macht, Politik, Reform, Repräsentation, Republik (2. Aufl. 2017).

**Kristin Freter**: freiberufliche Lektorin und wissenschaftliche Übersetzerin; Studium der Germanistik, Philosophie und Buchwissenschaft an der Johannes Gutenberg-Universität Mainz, studiert seit dem Sommersemester 2019 Pädagogik an der Goethe-Universität in Frankfurt am Main.

**Andreas Großmann**: Wissenschaftlicher Leiter des Forum interdisziplinäre Forschung (FiF) der Technischen Universität Darmstadt und Dozent am Institut für Philosophie. Arbeitsschwerpunkte: Klassische deutsche Philosophie, Phänomenologie und Hermeneutik. Wichtigste Veröffentlichungen: Versprechen und Vertrag. Zu Ansatz und Problem neuzeitlichen Rechtsdenkens, Boorberg: Stuttgart u.a. 1995; Spur zum Heiligen. Kunst und Geschichte im Widerstreit zwischen Hegel und Heidegger (Hegel-Studien, Beiheft 36), Bonn 1996; Hannah Arendts politische Philosophie, Hagen 1998; Metaphysik der praktischen Welt. Perspektiven im Anschluß an Hegel und Heidegger (Hg., mit Christoph Jamme), Amsterdam/Atlanta 2000; Heidegger-Lektüren. Über Kunst, Religion und Politik, Würzburg

© Springer Fachmedien Wiesbaden GmbH, ein Teil von Springer Nature 2019
M. Wischke und G. Zenkert (Hrsg.), *Macht und Gewalt. Hannah Arendts*
*„On Violence" neu gelesen*, https://doi.org/10.1007/978-3-658-27006-3

2005; Martin Heidegger – Rudolf Bultmann. Briefwechsel 1925–1975 (Hg. mit Christof Landmesser), Frankfurt am Main und Tübingen 2009; Kreativität denken und gestalten (Hrsg.), Tübingen 2019.

**Wolfgang Heuer**: Politologe, Privatdozent am Otto Suhr-Institut der FU Berlin, Gastprofessuren in Brasilien, Kolumbien und Chile, Kursdirektor an der IUC Dubrovnik, Managing Editor der Onlinezeitschrift HannahArendt.net, 2006 Ko-Kurator der internationalen Kunstausstellung „Hannah Arendt Denkraum" in Berlin, www.hannaharendt-denkraum.com; Arbeitsschwerpunkte: Aspekte des Werks Hannah Arendts, die politische Philosophie des Föderalismus, Kosmopolitismus als Bezugsrahmen des politischen Urteilens, Mitarbeit in dem spanischen Forschungsprojekt „Los residuos del mal en las sociedades posttotalitarias (FFI2012–31635). Veröffentlichungen u.a.: Arendt Handbuch: Leben – Werk – Wirkung (hg. mit Bernd Heiter und Stefanie Rosenmüller), Stuttgart 2011; Föderationen – Hannah Arendts politische Grammatik des Gründens, Leinebögen 5, Hannover 2016; „Warum?" – „Weil…", oder: „Um zu …." Einige Überlegungen zum Verhältnis von Vernunft und Emotionen in der Politik und von Intuition und Rechtfertigung beim Gebrauch von Ideologien, in: Philipp Mattern u.a. (Hrsg.): Abschied vom Unzeitgemäßen? Politische Ideengeschichte im Widerstreit. Festschrift für Klaus Roth, Marburg 2019, S. 211–231; The Temptations of Lying, in: Russian Sociological Review, 2018, vol. 17, No. 4, S. 27–38; Plurality, in: Arendt Studies, vol. 2 (2018): 51–60.

**Reinhard Mehring**: Professor für Politikwissenschaft und ihre Didaktik an der Pädagogischen Hochschule Heidelberg. Forschungsschwerpunkte: Politische Theorie, Rechtsphilosophie. Veröffentlichungen u. a.: Kriegstechniker des Begriffs. Biographische Studien zu Carl Schmitt, Tübingen 2014, (Hrsg. mit Martin Otto) Voraussetzungen und Garantien des Staates. Ernst-Wolfgang Böckenfördes Staatsverständnis, Baden-Baden 2014; Heideggers „große Politik". Die semantische Revolution der Gesamtausgabe, Tübingen 2016; Carl Schmitt: Denker im Widerstreit: Werk – Wirkung – Aktualität. Freiburg 2017; Philosophie im Exil. Emil Utitz, Arthur Liebert und die Exilzeitschrift „Philosophia". Dokumentation zum Schicksal zweier Holocaust-Opfer, Würzburg 2018; Die Erfindung der Freiheit. Vom Aufstieg und Fall der philosophischen Pädagogik., Würzburg 2018; Martin Heidegger und die Konservative Revolution, Freiburg/München 2018.

**Waltraud Meints-Stender:** Professorin für politische und kulturelle Bildung an der Hochschule Niederrhein. Ihr thematischer Schwerpunkt liegt in den Bereichen politische Theorie, politische Kultur und politische & kulturelle Bildung. Gegenstand ihrer Forschung sind u.a. der Begriff der Politik/Politischen, der Begriff der Macht und politische Urteilskraft. Veröffentlichungen u.a.: Partei ergreifen im Interesse der Welt. Eine Studie zur politischen Urteilskraft im Denken Hannah Arendts, Bielefeldt 2011; Pluralität – ein Konstitutionsprinzip des Politischen, in: hannaharendt.net online November 2018; Form und Prinzip. Die Montesquieusche Unterscheidung als heuristische Hypothese für eine kritische politische Theorie – ein Versuch, in: Politische Ideengeschichte und politische Bildung, (Hrsg. von Ingo Juchler), Wiesbaden 2018, S. 135 – 149.

**Hans-Martin Schönherr-Mann**: Professor für politische Philosophie am Geschwister-Scholl-Institut der Universität München; regelmäßiger Gastprofessor an der Universität Innsbruck. Neuere Buchpublikationen: Dekonstruktion als Gerechtigkeit – Jacques Derridas Staatsverständnis und politische Philosophie, Baden-Baden 2019; Michel Foucault als politischer Philosoph, Innsbruck 2018; Involution oder Revolution – Vorlesungen über Medien, „Bildung und Politik" an der Universität Innsbruck 2013–2017, Norderstedt 2017; Untergangsprophet und Lebenskünstlerin – Über die Ökologisierung der Welt, Berlin 2015; Gewalt, Macht, individueller Widerstand – Staatsverständnisse im Existentialismus, Bd. 77, Baden-Baden 2015; Albert Camus als politischer Philosophie, Innsbruck 2015.

**Mirko Wischke**: Lehrer an der Neuen Schule Wolfsburg und Privatdozent an der Universität Hildesheim. Gastprofessuren in Kolumbien (2015) und der Ukraine (2009–2012). Arbeitsschwerpunkte: Politische Philosophie. Neuere Publikationen: Heuchelei, Lüge und Ironie. Orte des Bösen bei Kant in der Perspektive von Hegel, in: Andreas Arndt (Hrsg.), Hegel Jahrbuch, Berlin 2017, 253–260; Konstellationen der Sozialphilosophie (auf Spanisch), Schriftenreihe der Universidad de Ibagué (Kolumbien) 2018; Das Böse und seine Gewalt, geplant 2020.

**Georg Zenkert**: Professor für Philosophie an der Pädagogischen Hochschule Heidelberg; Forschungsschwerpunkte: Politische Philosophie, Anthropologie, Bildungsphilosophie. Publikationen u. a.: Macht und Meinung. Die rhetorische Konstitution der politischen Welt, Göttingen 1992 (mit P. Ptassek, B. Sandkaulen, J. Wagner); Die Konstitution der Macht. Kompetenz, Ordnung und Integration in der politischen Verfassung, Tübingen 2004; (Hrsg.) Bildungskonzepte und Bildungsorganisation. Zur Dramaturgie der Wissensgesellschaft, Heidelberg 2017; (Hrsg.) Die Macht der Demokratie. Zur Organisation des Verfassungsstaates, Baden-Baden 2018.

The manufacturer's authorised representative in the EU is Springer
Nature Customer Service Centre GmbH, Europaplatz 3, 69115 Heidelberg,
Germany. If you have any concerns regarding our products, please
contact ProductSafety@springernature.com

Printed and bound by CPI Group (UK) Ltd, Croydon, CR0 4YY
27/04/2026
02097619-0001